공부 습관을 잡아주는
초등 방학 탐구생활

초등 6년 공부, 방학이 결정한다

공부 습관을 잡아주는
초등 방학 탐구생활

권정아·전예름 지음

로그인

 프롤로그

　방학을 싫어하는 아이는 없을 것입니다. 크든 작든 공부 스트레스와 부담에서 벗어나, 학교라는 공간에서 벗어나 조금이나마 여유를 갖고 마음 편히 지낼 수 있는 시간이기 때문입니다. 하지만 부모님에겐 조금 다릅니다. 짧지 않은 기간 동안 어떻게 하면 아이에게 알차고 의미 있는 시간을 만들어줄 수 있을지, 맞벌이로 인한 보육 공백은 어떻게 메꿔야 할지 등 여러 가지 고민을 해야 하기 때문입니다.

　당연하게 들리겠지만, 방학은 학기 중에 하지 못했던 다양한 체험을 하고 학습적으로 약한 부분을 채우는 시간입니다. 하지만 이 시간을 유의미하게 쓰기란 생각만큼 쉬운 일이 아닙니다. 여름과 겨울 두 번의 방학을 합치면 80일 정도로 짧지 않은 기간이기에 이 시간을 의미 없이 흘려보낼 수는 없습니다. 결론적으로 방학은 부모님에게도, 아이들에게도 특별한 시간입니다.

그동안 무슨 일이 있었던 거죠?

 방학을 마치고 온 아이들의 표정은 제각각입니다. 매일 곁에서 보는 부모님들 눈에는 크게 드러나지 않겠지만 학교에서 오랜만에 만난 아이들의 모습은 부쩍 다릅니다. 그래서 방학이 지난 아이들의 성장은 비탈길이 아닌 계단식이라고 말하곤 합니다. 부족했던 연산이 눈에 띄게 좋아진 아이도 보이고, 본인이 관심을 갖고 있던 과학 영역에 더 가까이 다가선 아이도 보입니다. 자신 없는 표정으로 글을 읽어 내려가던 아이가 방학을 마치고 온 뒤 큰 목소리로 자신 있게 발표하거나 집중하는 시간이 짧았던 아이가 수업 시간에 적극적으로 참여하는 모습을 보이기도 합니다. 이처럼 초등 학령기의 아이들은 성장 속도가 빠르기 때문에 방학 동안 주어지는 자극에 쉽게 변하고, 성장하는 모습도 두드러집니다.

공부 습관 잡아줄 수 있는 최고의 기회, 방학

안타깝게도 코로나-19는 아이들의 학습 격차를 벌려놓았습니다. 벌어진 격차만큼 자기주도학습의 중요성과 자기주도학습 습관에 대한 중요성은 더 커졌습니다. 부모님 입장에서 방학은, 바쁘게 흘러가는 학기에서 벗어나 미리 계획을 세우고 차분하게 계획을 실행해 가며 아이의 전반적인 발달을 도울 수 있는 최고의 기회입니다. 다시 말해 아이의 공부 습관을 확실히 잡아줄 수 있는 방학을 어떻게 활용하느냐에 따라 초등 6년, 그리고 그 이후가 달라진다는 뜻입니다.

공부 습관은 하루아침에 만들어지지 않습니다. 아이의 발달 단계와 학교 교육 과정에 맞춰서 각 시기마다 노력해야 할 부분이 조금씩 다릅니다. 중요한 것은, 부모님의 적절한 도움과 아이의 반복적인 연습, 노력이 조화를 이루는 것입니다. 이렇게 조화가 이루어질 때 그 노력이 빛을 발합니다.

초등 방학, 크게 보고 로드맵 짜야

　흔히 공부를 마라톤에 비유하곤 합니다. 단거리 달리기가 아닌 마라톤에 비유할 수밖에 없는 이유는, 길게 보고 계획을 세워야 지치지 않고 꾸준히 해 나갈 수 있기 때문입니다. 초등 방학 역시 이러한 관점에서 바라볼 필요가 있습니다. 이 책은 초등 6년의 전반적인 학습 내용과 학교생활을 소개하고, 이를 바탕으로 부모님과 아이들이 각각의 방학을 의미 있게 보낼 수 있는 방법을 알려주고 있습니다. 이 책을 맘껏 활용하여 아이가 가진 역량을 최대한 발휘하고 가능성을 키워나갈 수 있도록 큰 공부 로드맵을 짜보시기 바랍니다. 아울러 이 책이 우리 아이들의 초등 6년 학습 가이드가 되어 초등학생으로서 맞는 열두 번의 방학을 의미 있게 보내는 데 도움이 되기를 바랍니다.

2022년 1월

권정아 · 전예름

프롤로그 04 | 시작하기 전에 15

학교생활에 흥미를 붙이는 1학년

1학년의 특징
- 1학년 아이들의 전반적인 발달 특징 24
- 몸과 마음의 건강한 성장이 가장 중요한 시기 26
- '아직 적응기니 그럴 수도 있지'라는 안일한 생각 28
- 꿀팁 1학년 때 잡아주면 좋은 기본 생활습관과 학습 습관 29

1학년, 무엇을 배울까?
- 한글 쓰기 및 바르게 읽기에 집중하는 국어 33
- 숫자 익히기부터 시작하는 수학 36
- 즐겁게 공부하는 통합교과 37

초등학생이 되어 맞는 첫 여름방학
- 한 학기, 잘 보냈을까? 39
- 수학을 보니 더 중요하게 느껴지는 문해력 44
- 영어 공부, 3학년 때 시작해도 될까? 47
- 꿀팁 우리 아이 영어 수준 파악하기 50
- 예체능, 어디까지 해야 할까? 51
- 꿀팁 소근육 발달, 이것만은 꼭 확인해 주세요! 53
- 한자 공부, 꼭 해야 할까? 54

초등학생이 되어 맞는 첫 겨울방학
- 한 학기, 잘 보냈을까? 56
- 한글 3대장으로 한글 확실히 떼기 59
- 연산 능력이 곧 수학 능력 63
- 꿀팁 수학 연산, 현명하게 연습하기 65
- 수영, 언제 배우면 좋을까? 66
- 체험 학습, 어디가 좋을까? 68

2장 공부 습관을 잡아가는 2학년

2학년의 특징
- 2학년 아이들의 전반적인 발달 특징 72
- 단원평가보다 중요한 수행평가 74
- 꿀팁 초등 저학년 수행평가 Q&A 77
- 학부모의 최대 고민, 선행 학습과 사교육 78
- 꿀팁 사교육 기관, 현명하게 선택하고 활용하기 81

2학년, 무엇을 배울까?
- 여전히 중요한 한글, 국어 83
- '곱셈'과 '도형'으로 기본을 다지는 수학 86
- 독서로 배경지식을 함께, 통합교과 88

공부 습관 잡는 여름방학
- 한 학기, 잘 보냈을까? 90
- 교과서로 다지는 어휘력 94
- 수학, 제대로 읽고 검산하여 실수하지 않기 96
- 꿀팁 '교과 수학', '사고력 수학', '연산' 무엇이 다른가요? 97
- 해외 영어 캠프, 필요할까? 99
- 코딩, 해야 하나요? 100

저학년에서 벗어나 한 걸음 더 나아가는 겨울방학
- 한 학기, 잘 보냈을까? 103
- 글밥이 많아져도 여전히 중요한 소리 내어 읽기 106
- 경시대회, 준비해야 하나요? 109
- 3학년 전에 선행을 해야 하나? 110
- 체험 학습, 어디가 좋을까? 112

3장 | 제대로 된 교과 공부를 시작하는 3학년

3학년의 특징
- 3학년 아이들의 전반적인 발달 특징 116
- 진단평가의 시작 118
- 과목 세분화, 그리고 학습 격차 119
- 꿀팁 아이가 가져온 교과서가 깨끗하다면? 121

3학년, 무엇을 배울까?
- 길어진 지문과 다양한 소재, 국어 122
- 더 깊어지는 내용과 분수의 등장, 수학 126
- 꿀팁 국정교과서와 검정교과서 무엇이 다를까? 128
- 우리 고장을 알아가는 시간, 사회 129
- 배경지식이 경쟁력, 과학 130
- 학교에서 처음 배우는 영어 133

중학년이 되어 맞이하는 여름방학
- 한 학기, 잘 보냈을까? 137
- 독서 편식이 되지 않도록 읽기의 폭 넓히기 140
- 영재원, 준비해야 하나? 140
- 자신감의 원동력, 운동 144
- 음악 시간이 즐겁다, 리코더 연습 145

여러 교과에 대한 흥미를 높이는 겨울방학
- 한 학기, 잘 보냈을까? 146
- 독후 활동을 통한 다양한 글쓰기 연습 148
- 직접 해 보면서 익히는 과학 실험 149
- 더 이상 구체물로 조작할 수 없는 연산 다지기 151
- 체험 학습, 어디가 좋을까? 152

4장 공부에 대한 자존감을 형성하는 4학년

4학년의 특징
- 4학년 아이들의 전반적인 발달 특징 156
- 학년이 올라갈수록 성적이 오르는 아이가 되려면? 158
- 꿀팁 작은 성공의 경험 쌓는 법 160
- 온라인 학습 시대, 자기주도학습 습관 기르기 161

4학년, 무엇을 배울까?
- 독서를 통해 읽기 능력을 높이는 국어 163
- 기계적 연산을 넘어 수에 대한 이해로, 수학 165
- 우리 고장을 넘어 우리 지역으로, 사회 167
- 개념과 지식을 생활에 적용하는 과학 169
- 표현이 더 많아지고 다양해지는 영어 171

독서로 기본기를 다지는 여름방학
- 한 학기, 잘 보냈을까? 175
- 수준과 관심에 맞는 영어 동화책 읽기 177
- 꿀팁 sr지수에 따른 영어 원서 추천 178
- 공책 정리법 시작하기 180
- 수학, 사회, 과학의 핵심 용어 정확하게 알기 182
- 학생건강체력평가(PAPS) 184

점점 많아지는 학습량에 대비하는 겨울방학
- 한 학기, 잘 보냈을까? 185
- 과학탐구 보고서 쓰기 187
- 독서를 독서 토론으로 확장하기 188
- 어린이 신문과 잡지로 배경지식 넓히기 190
- 체험 학습, 어디가 좋을까? 192

5장 자기 주도적으로 계획하는 5학년

5학년의 특징
- 5학년 아이들의 전반적인 발달 특징 196
- 진짜 실력이 슬슬 드러나는 시기 198
- 초등 공부의 핵심은 자존감 199

5학년, 무엇을 배울까?
- 다양한 장르의 글을 읽고 쓰는 국어 202
- 중요한 개념과 내용이 많아지는 수학 204
- 큰 흐름 속에서 역사를 파악하는 사회 205
- 핵심 개념을 정확하게, 과학 207
- 소유격, 과거형, 미래형으로 확장되는 영어 209

고학년이 되어 맞이하는 여름방학
- 한 학기, 잘 보냈을까? 213
- 천천히, 제대로 인문고전 읽기 215
- 몸과 마음의 건강을 위한 운동과 악기 연주 217
- 미리 익혀두면 편한 ppt 218
- 한국사, 전체적인 흐름 파악이 우선 219

자기주도학습을 다지는 겨울방학
- 한 학기, 잘 보냈을까? 221
- 실력 향상을 위한 오답 노트 작성하기 223
- 꿀팁 계산 실수? 고학년 수학 발목을 잡을 수 있다! 226
- 스마트폰 슬기롭게 사용하기 227
- 과학, 역사, 코딩, 축구… 좋아하는 것에 빠지기 229
- 체험 학습, 어디가 좋을까? 230

6장 (예비) 중학생이 된 6학년

6학년의 특징
- 6학년 아이들의 전반적인 발달 특징 **234**
- 진짜 공부는 이제부터 **236**
- 학습 때문에 조급한 부모 vs. 친구 관계가 중요한 아이 **237**
- 중학교 선택, 어떻게 하면 될까? **238**

6학년, 무엇을 배울까?
- 어휘력과 독해력을 더 단단하게, 국어 **242**
- 꿀팁 고학년인데도 글씨 쓰기 연습을? **244**
- 높아진 난이도만큼 완벽한 이해가 필요한 수학 **244**
- 세계지리와 문화로 확대되는 사회 **246**
- 추상적이어서 어렵고 복잡해지는 과학 **247**
- 중학교 입학 전에 완전 점검, 영어 **249**

'나'에 대해 생각해 보는 여름방학
- 한 학기, 잘 보냈을까? **253**
- '나' 알아가기 **255**
- 꿀팁 나만의 진로 포트폴리오 만들기 **256**
- 공부의 기본은 체력! 체력 기르기 **258**
- 선행 학습, 효과를 보려면… **259**
- 메타인지 능력 향상을 위한 3가지 방법 **260**

6년을 마무리하고 새로운 시작을 준비하는 겨울방학
- 한 학기, 잘 보냈을까? **266**
- 중학생이 되어 국영수에 발목 잡히지 않으려면 **268**
- 자유학기제, 자유학년제 대비하기 **268**
- 꿀팁 자유학기제, 자유학년제 현명하게 활용하는 법 **270**
- 중학생 선배들의 말말말 **272**
- 체험 학습, 어디가 좋을까? **273**

 **부록**

일기 쓰기 연습 276
저학년 직업 체험 학습지 280
독서 감상문 쓰기 연습 282
한눈에 보는 초등 수학 진도표 284
한눈에 보는 초등 수학 계통도 286
과학 보고서 쓰기 연습 288
한눈에 보는 역사 연표 290
초등학생이 많이 틀리는 맞춤법 294
나의 여행 계획서 297
나의 여행 보고서 298
초등 공책 정리법 예시 299
초등학교 교과 연계 도서 및 추천 도서 목록 300

 시작하기 전에

1. 1년의 차이를 쉽게 보지 마세요

초등학교에 갓 입학한, 병아리처럼 귀여운 1학년 어린이와 사춘기가 오고 제법 의젓한 6학년 아이의 발달 차이가 매우 크다는 것은 누구나 알고 있습니다. 이렇듯 초등학교는 1학년부터 6학년까지 최대 6년의 차이가 나는 아이들이 함께 있는 공간입니다. 그만큼 아이들을 학교에 보내는 부모님 입장에서도 아이의 학년에 따라 다른 기대와 걱정, 고민이 크고 다양할 것입니다.

특히 초등학교에서는 1년의 차이가 무척 큽니다. '열 살이나 열한 살이나 비슷하지 않을까?'라고 생각하실 수 있습니다. 하지만 아직 선생님이 일일이 설명해야 하는 부분이 많은 열 살과 비교적 규칙을 잘 준수하며 자신이 해야 할 일을 스스로 해내는 열한 살은 다릅니다. 질문이 많고 호기심으로 가득한 열한 살과 자신이 잘 모르는 것이 있을 때 내색하지 않으려 하고 질문을 하지 않기 시작하는 열두 살도 차이가 많이 납니다. 그래서 아이들이 한 학기씩, 일 년씩 커갈수록 그 시기 아이들의 전반적인 발달 단계 특징을 아는 것은 중요합니다. 아이를 제대로 알아야 아이에게 '필요한 도움'을 줄 수 있기 때문입니다. 앞으로 나오는 내용을 통해 그 시기 일반적인 아이들이 갖는 특징과 우리 아이의 현재 상황을 비교하면서 어떻게 하면 아이에게 적절한 도움을 줄 수 있을지 고민해 주세요.

바른 생활습관과 독서 습관 형성이 중요한 1~2학년

저학년인 1~2학년 때는 직접 체험을 통해 학습과 다양한 경험을 해야 합니다. 세상에 대한 호기심으로 반짝반짝 빛나는 이 시기에 책상에 앉아서만 하는 공부, 무조건 암기하는 공부로만 학습이 이루어질 경우 아이는 공부를 '재미없는 것', '지루한 것', '하기 싫은 것'으로 생각할 수 있습니다. 이런 부정적인 생각이 들지 않도록 이 시기에는 다양한 예체능을 통해 두뇌의 균형적인 발달이 이루어지게 해 주십시오. 그렇다고 저학년 아이들은 공부는 하지 않고 놀기만 해도 된다는 의미는 아닙니다. 매일매일의 연습과 반복을 통해 가랑비에 옷 젖듯이 바람직한 생활습관과 독서 습관을 형성하는 것이 중요합니다. 이렇게 기초가 잘 닦인 아이는 3학년부터의 본격적인 교과 공부를 잘 따라갈 수 있습니다. 그만큼 부모님의 손길과 노력이 가장 많이 요구되는 시기입니다.

저학년 때의 생활을 바탕으로 공부 습관을 잡아가는 3~4학년

중학년인 3~4학년은 우리가 흔히 아는 여러 개의 교과를 본격적으로 배우는 시기입니다. 저학년 티를 벗고 어느 정도 성장한 초등학생 티가 팍팍 나는 시기이기도 합니다. 이때는 작은 목표를 세우고, 지루하지만 참고 목표를 이뤄보는 작은 성공의 경험을 통해 성취감을 맛보게 하는 것이 중요합니다. 이렇게 공부에 대한 긍정적인 태도가 갖춰진 아이는 학습량이 많아지는 고학년을 수월하게 넘길 수 있습니다. 또한 교과서를 읽고 핵심 용어와 문장을 찾을 수 있습니다. 논리적 사고력이 조금씩 발달하는 시기인 만큼 저학년 때 형성한 생활습관과 독서 습관을 토대로 점점 공부 습관을 잡아나가야 합니다.

자기주도학습 연습을 통해 한 단계 더 나아가는 5~6학년

고학년인 5~6학년이 되면 어린이 티를 벗고 청소년으로 변신합니다. '내 자식이라고 생각하면 분통이 터지니 옆집 자식이라고 생각하자'라는 슬픈 우스갯소리가 공감을 얻는 시기이기도 합니다. 아이 입장에서는 학교에서 배우는 교과 내용이 어려워지고, 부모님 입장에서는 아이를 다루기 힘들어져서 그동안은 가정에서 아이 학습을 봐주시던 부모님들도 이즈음에는 사교육에 아이를 맡깁니다. 이때 중요한 것은, 학원이나 과외에 모든 것을 일임해서는 안 된다는 점입니다. 우리 아이가 진짜 이해를 하고 있는지, 진도는 얼마나 나갔는지, 기관에 보내면서 아이의 학습을 어떻게 이끌지를 계속해서 고민하고 확인해야 합니다. 아이와 사이가 나빠지지 않도록 노력하면서 아이가 자기주도학습을 연습할 수 있도록 도움을 주는 것이 이 시기 부모님의 역할입니다. 이때 긍정적으로 관계를 유지하고 자기주도학습을 연습해 두면 이후 더 이상 부모의 입김이 통하지 않는 중·고등학교 시기를 거칠 때 큰 도움이 됩니다.

2. 방학, 왜 중요할까?

아이들이 보내는 1년의 학교생활 속에는 1학기 후 맞이하는 여름방학, 2학기 후 맞이하는 겨울방학, 그리고 모든 학습이 끝나고 다음 학년으로 올라가기 전에 맞이하는 학년 말 방학(봄 방학)이 들어 있습니다. (학교에 따라서 겨울방학과 학년 말 방학을 통합하는 경우도 있습니다. 이 책에서는 겨울방학과 학년 말 방학을 합쳐서 겨울방학으로 표기했습니다.)

방학이 다가오면 부모님들의 마음은 바빠집니다. 이번 방학에는 어떤 사교육을 시켜야 의미 있게 보낼 수 있을지, 맞벌이인데 어떻게 해야 돌봄 공백 없이 무사히 보낼 수 있을지 등 아이가 처한 상황에 따라, 가정에 따라 다양한 고민을 해야 하기 때문입니다.

먼저 방학의 의미와 중요성을 알아야 합니다. 방학은 지난 학기에 배운 내용을 확인하여 부족한 부분을 채우고, 다음 학기나 학년을 준비하는 데 의미가 있습니다. 게다가 방학은 1년 중에 80일 정도를 차지할 만큼 일수가 꽤 되기 때문에 이 시기를 어떻게 보내느냐에 따라 아이들이 많이 달라집니다. 무엇보다 학기 중에 학교 수업과 학원 생활 등으로 스케줄을 소화하는 데 바빴던 아이가 비교적 여유를 가지고 그동안 하고 싶어도 못했거나 미리 해 두면 좋은 활동을 할 수 있는 시기가 방학입니다.

방학은 학습적인 면에서도 중요합니다. 그래서 일단 방학을 하면 지난 학기에 배운 내용을 제대로 이해했는지 확인하는 것이 우선입니다. 그런 다음 더 공부할 부분이 있는지를 파악하여 예습이나 다른 공부를 해야 합니다. 확인이나 복습 없이 다음 단계로 넘어가는 것은 구멍을 그대로 둔 채 건물을 쌓는 것과 다름없습니다. 앞으로 배울 내용에 대비하여 약한 부분, 어려워하는 부분을 아이와 부모님이 함께 확인하고 미리 연습해 두면 다음 학기나 학년에서 아이의 자신감이 커질 것입니다.

시간에 쫓기지 않고 마음껏 독서를 할 수 있다는 점에서도 방학이 중요합니다. 독서의 중요성은 아무리 강조해도 지나치지 않으며, 그런 만큼 모든 학년에서 강조됩니다. 꾸준하고 다양한 분야의 독서를 통해 몸과 마음의 양식을 쌓는 것은 의미 있는 방학을 보내는 여러 방법 가운데 하나입니다.

정서적·체력적인 면에서도 방학의 의미를 찾을 수 있습니다. 무엇보다 그동안 국어, 수학, 영어 같은 주지 과목들에 집중하느라 상대적으로 소홀했던 예체능을 접할 수 있기 때문입니다. 운동으로 몸을 튼튼히 하고, 음악과 미술로 정서를 풍요롭게 하는 것은 어찌 보면 국영수를 공부하는 것보다 더 중요한 일일 수 있습니다.

마지막으로, 방학은 부모님과 아이가 좋은 관계를 만들 수 있는 절호의 기회입니다. 학기 중에는 아이는 아이대로, 부모님은 부모님대로 바쁜 날들을 보냈을 것입니다. 이제, 상대적으로 여유가 있는 방학을 이용해 가족 여행을 다녀온다거나 함께 시간을 보내며 소중한 추억을 쌓을 기회가 생겼습니다. 이 기회를 이용해 아이에 대한 부모님의 사랑과 믿음을 확실히 보여주세요. 이렇게 방학을 만족스럽게 보내고 온 아이는 자신감이 넘치는 것은 물론 즐거운 마음으로 학교생활을 다시 시작합니다.

3. 초등 방학 로드맵이 곧 초등 학습 로드맵

입시를 준비할 때는 우선 입시 제도에 대해서 알아야 합니다. 마찬가지로 초등 6년을 알차게 보내기 위해서는 초등학교에서 무엇을 배우는지 알아야 합니다. '교사도 아닌데 아이가 학교에서 무엇을 배우는지 다 알아야 할까?' 하는 의문이 들 수 있습니다. 부모님이 교육 과정을 어느 정도 이해하고 있어야 집에서 아이를 어떻게 공부시킬지, 학습적으로 어떤 도움을 줄 수 있을지에 관해 큰 그림을 그릴 수 있습니다. 그렇기 때문에 전부는 아니어도 대략의 흐름과 내용은 알고 계시는 것이 중요합니다.

교과서는 국가 교육 과정에 맞춰 만들어지고, 학교에서는 그 교과서를 가지고 수업합니다. 그 내용을 바탕으로 시중의 문제집들이 만들어지고, 사교육 기관의 커리큘럼이 구성되지요. 초등 공부의 핵심이 되는 교과서에 어떤 내용이 실리는지, 그리고 6년 동안 어떤 내용을 학습하는지 알아야 부모님께서 아이의 공부 로드맵을 짤 수 있습니다. 특히 요즘처럼 온갖 사교육 정보가 난무하는 상황에서는 중심을 잡기가 힘듭니다. 이때 아이의 상태와 교육 과정을 잘 알고 있으면 우리 아이에게 '진짜로' 필요한 도움이 무엇인지, 더 중요하고 덜 중요한 것이 무엇인지 정확한 판단이 가능합니다.

부모님들의 고민과 걱정을 덜 수 있도록 부모님이 알고 있으면 도움이 되는 정보를 학년별로 구체적으로 담았습니다. 그리고 그에 따라 여름방학과 겨울방학을 어떻게 보내면 좋을지도 설명했습니다. 이 책을 보면 대략적인 학습 로드맵과 우리 아이에게 맞는 계획을 짜는 데 도움을 받을 수 있습니다.

공부는 스스로 할 수 있어야 합니다. 그리고 스스로 할 때 가장 효과를 볼 수 있습니다. 초등 6년의 기간은 자기주도학습을 위한 준비와 연습을 하는 과정입니다. 다시 말해 자기주도학습의 토대를 닦는 시간입니다. 따라서 자기주도학습이 잘 이루어지도록 하는 단계별 적용 방법을 3개 학년에 걸쳐 설명했습니다. 4학년 때는 공부 스케줄 세우기를 시작으로 공책 정리법 가운데 학습 내용을 다지는(배움 공책 또는 복습 공책이라고 부릅니다.) 방법을 소개했습니다. 5학년에서는 오답 노트 작성하는 법을, 6학년에서는 메타인지(여러 가지 복습 방법: 연습하기-설명하기, 문제 내기, 백지 쓰기)를 설명해 놓았으니 참고해 주십시오.

이 책을 통해 해당 학년뿐만 아니라 다른 학년의 내용까지 전체적으로 살피면서 우리 아이에게 맞는 학습 로드맵을 짜보시길 권합니다. 이와 함께 그 로드맵대로 방학을 효율적으로 이용하시길 바랍니다.

1장

학교생활에 흥미를 붙이는 1학년

1학년의 특징

1학년 아이들의 전반적인 발달 특징

(1) 신체적 특징
- 유아 때에 비해 발전했지만 아직은 젓가락질, 종이접기, 가위 질, 끈으로 묶기 등의 소근육 사용이 미숙한 경우가 많습니다.
- 초등학교 생활을 처음 시작하면서 긴장을 많이 하게 되고, 그로 인해 스트레스성 감기 또는 복통을 겪거나 화장실을 가는 빈도가 늘어나는 아이들이 생각보다 많습니다. 아침밥을 꼭 챙겨 먹이는 것이 좋고, 아직은 길게 집중하지 못하고 쉽게 피로를 느끼는 시기인 만큼 활동 중간중간 적당한 휴식이 필요합니다.

- 아직은 바른 자세로 오래 앉아 있는 것을 힘들어하고 주의도 산만합니다. 또 몸을 자주 움직이려고 합니다.

(2) 지적 특징

- 집중하는 시간이 짧고 자기중심적, 현재중심적으로 사고하는 경향이 강합니다.
- 아직 시간 개념이 제대로 확립되어 있지 않은 경우가 많습니다.
- 호기심이 풍성하여 질문을 많이 합니다. 수업 시간에도 서로 발표를 하려고 하며, 자신이 아는 것과 생각한 것을 말로 모두 표현하고 싶어 합니다.
- 상상력이 풍부하지만 논리적으로 사고하는 능력은 아직 부족한 시기입니다.

(3) 정서적 특징

- 선생님의 사랑과 관심을 많이 받고 싶어 하고, 서로 선생님 손을 잡으려고 합니다. 쉬는 시간에 선생님께 와서 자신에 대한 여러 가지 이야기를 해 줍니다.
- 아직은 이성적으로 생각하기 힘든 시기로, 감정 위주로 행동하는 경향이 강합니다.
- 예민한 성향의 아이의 경우 갑작스런 환경 변화에 많은 불안을 느끼기도 합니다.

(4) 사회적 특징
- 개인적인 행동, 혼자만의 놀이 중심으로 활동하다가 점차 학교에서 지켜야 할 규칙을 이해하면서 협동심이 필요하거나 조직적인 놀이도 서서히 즐길 수 있게 됩니다.
- 경쟁심이 강해서 줄을 서거나 줄을 서서 이동할 때 친구들보다 앞에 서려고 합니다. 친구들과 자주 싸우기도 하지만 곧 화해하고 다시 잘 지냅니다.
- 친구의 감정을 살피는 일에 아직 서툴러서 선생님이 친구의 잘못된 행동이나 말에 대해 개인적으로 지도할 때 옆에 와서 "맞아~." 하고 거들곤 합니다.

몸과 마음의 건강한 성장이 가장 중요한 시기

공부 습관은 하루아침에 만들어지지 않습니다. 건강한 몸과 마음을 바탕으로 기본적인 생활습관을 형성하고, 이를 기초로 공부 습관을 잡아 나가는 것이 순서입니다.

여덟 살 아이들은 아직 몸을 움직여야 하고, 또 몸으로 배우는 시기입니다. 그래서 어떠한 내용을 배울 때 머릿속으로만 생각하기보다는 눈으로 직접 보거나 체험해 보거나 조작해 보는 방식으로 익히게 하면 훨씬 잘 이해합니다. 게다가 아직까지는 놀이와 신체 활동 그리고 부모님과의 애착 형성이 중요합니다. 이것이 기본 바탕이 되었을 때 비로소 학습 습관을 잡아 나갈 수 있습니다. 그러므로 아이가 충분히 놀게 해 주는 것이 좋고, 몸을 움직이는 신체 활동이 주중과 주말을 합쳐 어느 정도 확보될 수 있도록 시간을 마련해 주는 것도 필요합니다. 이는 개인적인 놀이 시간이나 친구들과 함께 보내는 시간을 모두 의미하며, 아이에 따라 더 많이 필요로 하기도 합니다. 아이들은 몸을 활발하게 움직이고 신나게 노는 과정에서 신체 능력만 발달하는 것이 아니라 상상력과 창의력도 함께 성장합니다.

 부모님과의 관계에도 신경을 써야 합니다. 부모님과의 관계가 안정적이지 못하거나 집에서 자주 혼나는 아이는 자신도 모르게 위축되거나 다른 사람들의 눈치를 볼 수 있습니다. 이렇게 되면 학교생활에서도 자신감이 떨어지고 긴장감이 커집니다. 이런 불안정한 감정을 수업 시간에 다른 친구들의 공부를 방해하는 식으로 표출하는 아이도 있습니다. 집을 만들 때 아래쪽 벽돌을 제대로 쌓지 않으면 위쪽 벽돌을 아무리 단단히 쌓는다고 해도 그 집은 무너질 수밖에 없습니다.

 학교생활도 마찬가지입니다. 부모님과의 관계가 안정적이어야 학교생활도 원만하게 해 나갈 수 있습니다. 한마디로 부모님과의 관계는 집의 기초에 해당합니다. 고학년이 되고 중고등학생이 되어 아무리 공부를 많이 시키고 뒷바라지를 열심히 한들 부모님과의 유대가 안정적이지 못하면 사상누각에 불과합니다. 부모님께 사랑받고 인정받고 있다는 느낌을 받을 수 있도록 긍정적인 애착 관계를 만들어주시길 당부 드립니다.

'아직 적응기니 그럴 수도 있지'라는 안일한 생각

그렇다고 해서 아직은 학습 및 생활 태도를 전혀 신경 쓰지 않아도 된다는 의미는 아닙니다. 몸과 마음이 건강한 상태에서 기본적인 생활습관을 형성해 나가면서 규칙적으로 공부하는 연습을 해야 합니다. 아직은 '초등학교에 적응하는 시기야'라는 생각으로 생활습관을 바꾸고 공부 습관 잡는 것을 미루다 보면 어느새 1학년이 끝나버리기 때문입니다.

처음 1년은 '학교에서 맞는 봄'도, '학교에서 맞는 여름방학'도, '학교에서 맞는 가을'과 '학교에서 맞는 겨울방학'도 모든 것이 처음입니다. 하지만 매 순간 처음이라고 예외를 두다 보면 1년이 훌쩍 지나가 버리고 맙니다. '아직 적응기니까 늦잠을 잘 수도 있지', '숙제 한 번 정도는 빼먹어도 괜찮아', '아직 1학년인데 게임 좀 오래 하면 어때?'라는 생각이 습관으로 자리 잡아버리면 곤란합니다. 게다가 습관으로 몸에 익은 것을 바로 잡는 데는 더 오랜 시간이 걸립니다.

처음부터 많은 양의 학습과 빡빡한 규칙을 적용하고 지키기를 권유하는 것은 아이와 부모 모두에게 부담입니다. 그렇다고 해서 어린이집이나 유치원에 다니던 때처럼 아이를 마냥 어리게만 대해서는 안 됩니다. 1학년 아이들은 어리지만 또 마냥 어리기만 한 시기는 아닙니다. 1학년 때는 '건강한 몸과 마음을 바탕으로 생활습관과 공부 습관 익히기'를 목표로 함께 노력해야 한다는 것을 기억해 주세요.

1학년 때 잡아주면 좋은 기본 생활습관과 학습 습관

1학년 아이들은 집중력이 짧아서 어떠한 설명이나 지시를 여러 번 반복해야 합니다. 따라서 가정에서 생활습관을 형성할 때 한 번으로 끝내지 말고, 인내심을 갖고 여러 번 반복해 주십시오.

학교에서

1. 시간 지키기

- **수업 시간 5분 전에 착석하기**: 학교가 정한 시간보다 너무 빨리 등교하는 것도 바람직하지 않지만 수업 시간에 딱 맞춰 등교하는 것도 바르지 않습니다. 가능하면 학교가 정한 등교 시간보다 5~10분 정도 먼저 교실에 도착하여 자리에 앉아 있는 것이 좋습니다. 허둥지둥 등교하면 아이들은 더 낯설어하고, 하루를 차분히 시작하는 데 어려움을 겪을 수 있습니다.

- **쉬는 시간에는 화장실**: 쉬는 시간에는 화장실에 다녀옵니다. 이때 다녀오지 않으면 수업 시간에 손을 들어 화장실에 다녀오겠다는 의사를 밝혀야 하는데, 이를 부끄러워하거나 불편해하는 아이들도 있습니다. 또 쉬는 시간에는 전 시간 교과서를 제자리에 넣고 다음 시간 교과서를 미리 꺼내 놓은 뒤에 쉬는 시간을 갖는 것이 좋습니다. 가정에서도 하나의 활동을 마치고 나면 물건을 제자리에 가져다 두는 습관을 들이도록 합니다.

- **점심시간 지키기**: 저학년 때는 아이들의 식사 속도가 천차만별입니다. 빨리 자유 시간을 갖고 싶어서 10분 만에 식사를 마치는 아이도 있고, 40분이 걸려도 밥을 다 먹지 못하는 아이도 있습니다. 만약 아이가 입에 음식을 오래 물고 있는 습관이 있다면

정해진 시간을 지켜서 밥 먹는 데 집중할 수 있도록 지도해야 합니다. 또한 TV나 영상물을 보면서 밥을 먹는 습관이 있는 아이 역시 이제는 바르게 식사하는 습관을 들여야 합니다.

2. '성실'이라는 무기

- **과제 끝까지 완성하기**: 수행하기가 다소 어렵거나 번거로운 과제(여기서 과제는 수업 시간에 이루어지는 활동을 의미)를 완성하지 못하고 빈칸으로 들고 있다가 쉬는 시간을 맞이하거나 그대로 하교하는 아이들이 종종 있습니다. 그런데 수업 시간 내에 과제를 미완성하는 것도 반복되다 보면 '습관'이 될 수 있습니다.

  1학년 때 과제를 미완성 상태로 마무리하는 학생들은 6학년 때도 미완성 상태로 마무리하는 경우가 많습니다. 잘하지 못하더라도, 완성하지 못하더라도 과제를 꾸준히, 그리고 끝까지 완수하는 습관을 들여야 합니다. 이는 아이의 자존감을 향상시키고 학습 습관을 잡기 위해서도 꼭 필요한 과정입니다.

- **바른 자세로 수업 듣기**: '40분 동안 바른 자세로 수업 듣기'는 사실 아이들에게 매우 어려운 도전입니다. 수업 시간에 자리에서 일어나 교실을 돌아다니거나 다른 물건을 만지지 않고 바르게 앉아서 수업에 집중하는 것은 가장 기본적이면서도 중요한 태도입니다.

  특히 1학년 아이들은 그때그때 머릿속에 떠오르는 생각이나 질문들을 주변 친구들에게 말하고 싶어 하기 때문에 수업과 관련 없는 말은 참고, 수업에 집중하는 자세가 필요합니다. 혹시나 선생님께 아이가 수업 시간에 자꾸 일어난다거나 바른 자세로 앉아 있지 못한다는 피드백을 받았다면 시력이나 의자 높이 등 다른 외부적인 요인으로 인한 것은 아닌지 확인할 필요가 있습니다.

집에서

1. 알림장 확인 및 책가방 바로 정리하기

- **바로바로 하는 습관 들이기:** 하교 후 가방을 열어 알림장을 확인하고 다음날 숙제와 준비물을 챙기는 습관은 자기주도적인 학습을 위해 꼭 필요한 행동입니다. 하지만 1학년 아이가 처음부터 이런 습관을 들이는 것은 어려운 일입니다. 부모님과 함께 꾸준히 연습하다 보면 3~4학년 즈음부터는 아이가 어느 정도 스스로 챙길 수 있게 됩니다.

2. 그날 배운 것 떠올리기

- **오늘 배운 것 생각해 보기:** 초등 저학년 교육 과정은 활동 중심입니다. 따라서 아이들에게 "오늘 뭐 했어?" "학교에서 뭘 배웠어?"라고 물으면 대개의 경우 모른다고 하거나 "빙고 놀이 했어."와 같은 답이 돌아올 수밖에 없습니다. '한글 자음자를 이용한 빙고 놀이'의 원래 목적은 사라지고 놀이만 남는 것이지요. 따라서 그날 배운 것을 상기하는 것은 학습 목표와 흐름을 인지하는 데 큰 도움이 됩니다. 사실 초등학교 학습은 아이가 오늘 무엇을 배웠는지만 알아도 절반은 성공입니다.

3. 오후 일정 상기하기

- **스스로 일정 인지하기:** 하교 후 오후 일정에 대해 아이가 스스로 인지하고 시간에 맞춰 챙기는 습관도 만들어줘야 합니다. 부모님이 "이제 태권도장에 갈 시간이야."라고 말해서 가는 아이와 '매주 월수금 2시는 태권도장에 가는 시간이야.'라고 인지하고 있는 아이는 다를 수밖에 없습니다. 아이가 자기주도적으로 계획하고 시간을 꾸려갈 수 있도록 도와주세요.

4. 매일 독서하기

- **매일 꾸준히 읽기:** 유치원 때와 달라진 스케줄로 독서에 소홀해지지 않도록 도와주세요. 매일 그림책 한 권이라도 꾸준히 읽는 것이 습관이 되어야 합니다. 독서 습관의 중요성에 관해서는 계속해서 강조하겠습니다.

5. 내일 책가방 준비해 놓기

- **가방과 준비물은 전날 저녁에 챙겨 놓기**: 숙제와 준비물을 확인하고 다음날 책가방을 미리 준비해 놓는 습관을 들이는 것 역시 중요합니다. 아침이 되어 허둥지둥 책가방을 챙기는 것이 반복되다 보면 규칙적이고 자기주도적인 습관 형성에 방해가 되고, 준비물을 놓치기도 쉽습니다. 시간에 쫓겨 서두르다 보면 아이에게 화를 내게 되는 경우가 발생하는데, 그러면 아이가 기분이 별로 좋지 않은 상태로 등교하게 되고, 이런 날은 아이가 학교생활을 하는 데 도움이 되지 않습니다. 가방과 준비물은 가능하면 전날 저녁에 챙겨놓길 권합니다.

1학년, 무엇을 배울까?

  1학년 때 배우는 과목은 국어, 수학, 통합교과입니다. 안전한 생활이라는 교과서는 창의적 체험활동 시간에 배우는데, 이는 교과목은 아닙니다. 국어는 국어(가), 국어(나)와 국어활동으로, 수학은 수학과 수학익힘으로, 통합교과는 봄, 여름, 가을, 겨울이라는 이름의 교과서로 학습하게 됩니다.

한글 쓰기 및 바르게 읽기에 집중하는 국어

  1학년 공부의 핵심은 바른 생활습관 들이는 것을 바탕으로 바른 공부 습관을 잡는 데 있습니다. 여기서 말하는 공부 습관은 독서 습관을 의미한다고 해도 무방합니다.

바른 독서를 위한 첫걸음은 한글을 제대로 익히는 것으로, 1학년 국어 공부의 핵심은 '한글'이라 할 수 있습니다. 한마디로 1학년 국어는 '한글 읽기와 쓰기'가 전부라고 해도 과언이 아닙니다. 그렇기 때문에 한글 읽기와 쓰기에 어려움이 있는 아이는 학습에 대한 자신감과 이해도가 떨어지고, 심할 경우 학습 결손으로까지 이어질 수 있습니다. 한글을 완벽하게 알지는 못해도 어느 정도 아는 상태로 입학해야 하는 이유가 여기에 있습니다. 국어를 포함한 수학과 통합교과 역시 기본적으로 한글을 알아야 이해할 수 있는 내용들로 구성되어 있습니다.

초등학교 국어는 한 학기당 국어(가), 국어(나)의 두 교과서로 진도를 나가고, 국어활동 교과서를 보조 자료로 활용합니다. 초등학교 1학년 1학기 국어의 첫 단원은 '바른 자세로 읽고 쓰기'입니다. 연필 쥐는 방법, 책상과 의자에 바르게 앉는 기본 자세를 시작으로 자음자부터 한글을 익힙니다. 1학기 때는 이러한 기본한글 공부를 기초로 문장을 읽고 쓰는 법, 문장 부호까지 학습한 뒤 겪은 일을 그림일기로 쓰는 법을 배웁니다. 즉 1학기가 끝난 후 여름방학 때는 그림일기를 어느 정도 쓸 줄 알아야 합니다.

2학기에는 자신이 좋아하는 책을 소개하는 것으로 학습이 시작됩니다. 1학기 때 배운 것을 기반으로 듣기, 읽기, 쓰기, 문학 영역에서 골고루 학습이 이루어지는데, 이를 위해서는 역시나 1학기 학습 내용(기본적인 한글)이 바탕이 되어야만 합니다.

• 1학년 국어 교과서 단원 및 주요 학습 내용

학기	교과서	단원	주요 학습 내용
1학기	국어 (가)	1. 바른 자세로 읽고 쓰기	바른 자세로 낱말을 읽고 쓰기
		2. 재미있게 ㄱㄴㄷ	자음자 알아보기
		3. 다 함께 아야어여	모음자 알아보기
		4. 글자를 만들어요	글자를 읽고 쓰기
		5. 다정하게 인사해요	알맞은 인사말 하기
	국어 (나)	6. 받침이 있는 글자	받침이 있는 글자 읽고 쓰기
		7. 생각을 나타내요	문장을 읽고 쓰기
		8. 소리 내어 또박또박 읽어요	문장 부호를 생각하며 글을 띄어 읽기
		9. 그림일기를 써요	겪은 일을 떠올려 그림일기 쓰기
2학기	국어 (가)	1. 소중한 책을 소개해요	자신이 좋아하는 책 소개하기
		2. 소리와 모양을 흉내 내요	소리와 모양을 나타내는 말을 바르게 읽기
		3. 문장으로 표현해요	자신의 생각을 문장으로 표현하기
		4. 바른 자세로 말해요	바른 자세로 자신 있게 말하기
		5. 알맞은 목소리로 읽어요	글을 소리 내어 읽기
	국어 (나)	6. 고운 말을 해요	고운 말로 말하기
		7. 무엇이 중요할까요	중요한 내용을 확인하며 글을 읽기
		8. 띄어 읽어요	글을 바르게 띄어 읽기
		9. 겪은 일을 글로 써요	겪은 일이 잘 드러나게 글을 쓰기
		10. 인물의 말과 행동을 상상해요	인물의 말과 행동을 상상하며 이야기를 즐기기

숫자 익히기부터 시작하는 수학

　초등학교 수학은 한 학기당 수학과 수학익힘 2개의 교과서로 구성되어 있습니다. 선생님에 따라 수업 시간에 수학 교과서로 공부하고 수학익힘책으로 공부한 내용을 정리하기도 하고, 수업 시간에 수학 교과서로 공부한 진도만큼 수학익힘책을 숙제로 내주시기도 합니다.

　1학년 수학은 한 자리 수의 개념을 이해하는 것으로 시작됩니다. 사실 학교에 입학하기 전에 유치원에 다녔던 아이들은 누리 과정을 통해 학습한 부분이지만 초등 교육 과정은 이를 거치지 않은 아이들도 학습할 수 있도록 함을 전제로 합니다. 그렇다 보니 "우리 아이는 더 많은 것을 할 수 있어요. 학교에서 배우는 것이 지루할까봐 걱정이에요."라고 말씀하시는 분들이 계십니다. 물론 알고 있는 것을 다시 학습하는 데서 오는 시시함과 지루함이 있을 수 있습니다. 하지만 이것이 어떤 아이에게는 익숙한 것에서 오는 편안함과 자신감으로 작용하기도 합니다.

　1학기 때는 50까지의 수를 알고 비교하기에서 받아올림이 없는 연산까지 다룹니다. 그리고 2학기가 되면 100까지의 수 이해하기, 받아올림 및 받아내림이 없는 두 자리 수의 가감산, 받아올림이 있는 한 자리 수의 가감산을 다룹니다. 도형 영역 역시 그 성질을 분석하기보다는 도형을 변별하고 특징을 알아내는 활동 위주입니다. 1학년 때는 육면체, 원기둥, 구와 같은 입체 도형과 사각형, 삼각형, 원과 같은 평면 도형을 알아보고 변별하는데, 아직 그 수학적 명칭을 붙이지는 않습니다.

• 1학년 수학 교과서 단원 및 주요 학습 내용

학기	단원	주요 학습 내용
1학기	1. 9까지의 수	0~9까지의 수 알고 비교하기
	2. 여러 가지 모양	직육면체, 원기둥, 구의 모양 알고 분류하기
	3. 덧셈과 뺄셈	(한 자리 수)+(한 자리 수), (한 자리 수)-(한 자리 수)
	4. 비교하기	길이, 무게, 넓이, 들이 비교
	5. 50까지의 수	50까지의 수 알고 비교하기
2학기	1. 100까지의 수	100까지의 수 알고, 짝수 홀수 이해하기
	2. 덧셈과 뺄셈(1)	(두 자리 수)+(두 자리 수), (두 자리 수)-(두 자리 수)
	3. 여러 가지 모양	사각형, 삼각형, 원 알기
	4. 덧셈과 뺄셈(2)	10을 만들어 세 수 더하기
	5. 시계 보기와 규칙 찾기	'몇 시'까지 읽기, 수 배열표 규칙 알기
	6. 덧셈과 뺄셈(3)	(몇)+(몇)=(십몇), (십몇)-(몇)=(몇)

즐겁게 공부하는 통합교과

통합교과는 활동 위주로 이루어지고, 또 어려운 내용이 아닌 만큼 관련 도서를 많이 읽는 방법으로 접근할 것을 추천합니다. 집에서 따로 문제집을 활용해서 내용을 복습하고 확인해야 할 필요까지는 없습니다. 이는 안전한 생활에도 동일하게 적용됩니다.

1학년 통합교과에서 배우는 중요 내용이 무엇인지 다음에 나오는 표를 통해 확인하고 관련 내용의 대화를 하거나 체험을 다녀오거나 독서를 통해 생활 속에서 자연스럽게 예습과 복습을 하는 정도면 충분합니다.

• 1학년 통합교과 단원 및 주요 학습 내용

학기	단원	주요 학습 내용
1학기	1. 학교에 가면	- 우리 학교 및 학교 주변 알기 - 학교 안전하게 다니는 방법 알기 - '짝' 얼굴 인형 만들기, '학교' 표현하기 - 우리 반 규칙 정하기
	2. 도란도란 봄동산	- 봄에 볼 수 있는 동식물 - 봄의 꽃, 봄의 동물 만들기 - 생명의 소중함, 자연 보호 등 - 씨앗 심고 키우기
	3. 우리는 가족입니다	- 가족 소개하기 - 가족 그리기 - 가족 행사표 만들기 - 감사 카드 만들기
	2. 여름 나라	- 여름철 사람들의 생활 모습 알기 - 에너지 절약의 필요성 알기 - 물 절약 방법 알기 - 비나 태풍이 우리 생활에 미치는 영향 알기
2학기	1. 내 이웃 이야기	- 버스, 놀이터 안전하게 이용하기 - 나눔장터 규칙 정하고, 장터 열기 - 리듬악기 합주하기 - 옛날 사람들의 생활 모습
	2. 현규의 추석	- 추석날 하는 놀이, 먹는 음식, 입는 옷 - 추수하는 분들에 대해 알아보기 - 가을의 동식물 - 전통놀이(강강술래, 투호, 비사치기, 거북놀이 등), 풍물놀이 등
	3. 여기는 우리나라	- 한복의 종류, 우리의 전통 음식, 조상들이 살던 집 알기 - 우리나라 국기 태극기 알기 - 북한, 통일의 필요성 알기
	2. 여기는 겨울	- 얼음 및 눈송이의 모습 관찰하기 - 딱지 및 팽이치기 - 겨울철 사람들의 생활 모습 알기 - 겨울철 놀이 알기

초등학생이 되어 맞는 첫 여름방학

한 학기, 잘 보냈을까?

　교과서는 교육 과정을 바탕으로 만듭니다. 교육 과정에서 꼭 성취해야 할 성취 기준을 바탕으로 방학 때 점검해야 할 리스트를 만들었습니다. 무엇보다 방학은 배운 것을 복습하고 새로운 것을 예습할 수 있는 아주 좋은 시간입니다. 초등학생이 되어 첫 학기를 보낸 우리 아이가 국어와 수학 교과에서 배운 내용을 잘 이해하고 있는지 확인해 보세요.

　방학식 날 대부분의 학교에서는 학습이 끝난 1학기 교과서를 집으로 보냅니다. 아이가 집으로 가져온 교과서를 함께 보면서 다음의 체크리스트를 확인해 보면 도움이 될 것입니다.

• 과목별 알아야 할 주요 학습 내용

과목	알아야 할 주요 학습 내용	체크하기
국어	◆ 바른 자세로 앉아서 낱말을 읽고 쓸 수 있는가? 허리를 펴고 책을 바르게 들며 〈나, 너, 우리, 친구, 선생님, 아버지, 어머니, 아기, 가족〉 따라 읽기 / 연필 바르게 잡고 〈거미, 나무, 참새, 나비, 구두, 제비, 모자, 바지, 지우개, 바구니〉 읽고 따라 쓰기	☐
	◆ 자음자의 모양과 이름을 알고 쓸 수 있는가? ㄱ부터 ㅎ까지 자음자를 바르게 말하며 쓰기	☐
	◆ 모음자의 모양과 이름을 알고, 쓸 수 있는가? ㅏ부터 ㅣ까지 모음자를 바르게 말하며 쓰기	☐
	◆ 자음자와 모음자를 이용하여 글자를 만들고 읽을 수 있는가? 오이, 오리, 고구마, 구두, 자라, 노루, 치과 등	☐
	◆ 여러 가지 모음자의 모양과 이름을 알고, 쓸 수 있는가? ㅐ부터 ㅙ까지 모음자를 바르게 말하며 쓰기	☐
	◆ 때와 장소, 상황에 알맞은 인사말을 할 줄 아는가? 아침에 일어났을 때 부모님께 "안녕히 주무셨어요?" / 아침 등굣길에 만난 친구에게 "안녕?" / 학교에 가면 선생님께 "선생님, 안녕하세요?" / 급식을 받을 때 배식하시는 분께 "잘 먹겠습니다" / 학교 갔다 집에 도착하면 부모님께 "학교 다녀왔습니다" / 친구가 상을 받았을 때 "친구야, 축하해!" / 길거리에서 옆집 아주머니를 만났을 때 "안녕하세요?" / 할아버지 생신 때 "할아버지, 생신 축하드립니다" 등	☐
	◆ 받침이 있는 글자를 읽고 쓸 수 있는가? 빛, 숲, 집, 밭, 돌, 강, 깡충깡충, 폴짝폴짝, 어슬렁어슬렁, 어흥, 둥둥, 풍덩, 칠판, 화분, 책상, 필통, 연필, 책, 친구	☐
	◆ 그림을 보고 문장을 쓰고 읽을 수 있는가? 토끼가 밥을 먹습니다. 사자가 공을 찹니다. 악어가 이를 닦습니다. 기린이 물을 마십니다. 등	☐
	◆ 문장 부호에 맞게 글을 띄어 읽을 수 있는가? 강아지 이름은 복실이예요. 복실이는 조그맣고, 따뜻하고, 간지러워요 "누나, 내 크레파스 써도 돼!" "그래? 그럼 복실이랑 놀아도 돼!"	☐

과목	알아야 할 주요 학습 내용	체크하기
국어	◆ 겪은 일을 그림일기로 쓸 수 있는가? 　그림과 10칸·5칸에 글을 써서 표현하기	☐
	◆ 국어 교과서, 국어활동에 제시된 이야기 글을 소리 내어 정확하게 읽을 수 있는가?	☐
수학	◆ 1~9까지의 수를 알고 있는가? 　하진이네 가족이 귤을 먹고 있습니다. 아빠는 3개, 엄마는 7개, 하진이는 5개를 먹었다면 가장 많이 먹은 사람은 누구일까요? (답: 엄마)	☐
	◆ '몇째'인지 알고 있는가? 　하진-다래-수아-진서-유진-지석 　다음 중 왼쪽에서 세 번째에 있는 친구는 누구일까요? (답: 수아)	☐
	◆ 직육면체, 원기둥, 구 모양 구분하기(이름은 다뤄지지 않음) 　주어진 모양과 같은 모양은 무엇일까요? (답: 첫 번째 그림)	☐
	◆ 직육면체, 원기둥, 구 모양 특징 알기(이름은 다뤄지지 않음) 　다음 중 모든 방향으로 잘 굴러가는 것은 무엇일까요? (답: 세 번째 그림)	☐
	◆ (한 자리 수)+(한 자리 수)=(한 자리 수)의 연산을 할 수 있는가? 　유정이는 딱지를 4개 가지고 있습니다. 딱지 5개를 더 샀다면 유정이가 가진 딱지는 총 몇 개일까요? (답: 9개)	☐

과목	알아야 할 주요 학습 내용	체크 하기
수학	◆ (한 자리 수)-(한 자리 수)=(한 자리 수)의 연산을 할 수 있는가? 선우는 색종이를 7장 가지고 있습니다. 그중 3장을 사용했다면 남은 색종이는 몇 장일까요? (답: 4장)	☐
	◆ 어느 것이 더 긴지 찾을 수 있는가? 다음 중 가장 짧은 것은 무엇일까요? (답: 가운데)	☐
	◆ 어느 것이 더 무거운지 찾을 수 있는가? 다음 중 가장 무거운 사람은 누구일까요? (답: 현준)	☐
	◆ 어느 것이 더 넓은지 찾을 수 있는가? 다음 중 가장 넓은 것은 무엇일까요? (답: 첫 번째)	☐

과목	알아야 할 주요 학습 내용	체크하기
수학	◆ 어느 것에 더 많이 담을 수 있는지 찾을 수 있는가? 다음 중 물이 가장 많이 들어 있는 것과 가장 적게 들어 있는 것은 무엇일까요? (답: 많은 것은 첫 번째, 적은 것은 가운데)	☐
	◆ 50까지의 수를 알고 있는가? 다음에서 설명하는 수는 무엇일까요? (답: 36)	☐
	◆ 50까지의 수를 비교할 수 있는가? 다음 중 가장 큰 수는 무엇일까요? (답: 40) 27　　32　　40	☐

수학을 보니 더 중요하게 느껴지는 문해력

1학기 '비교하기' 단원 수학 문제 중 하나를 살펴보겠습니다.

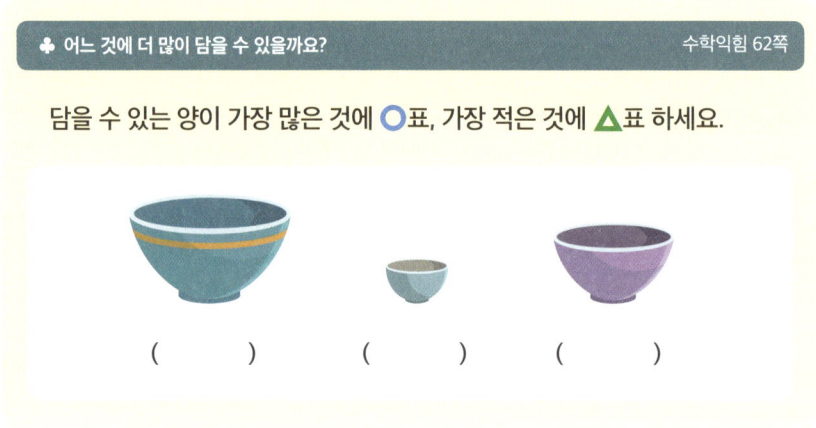

다음은 2학기 '덧셈과 뺄셈' 단원 수학 문제 중 하나입니다.

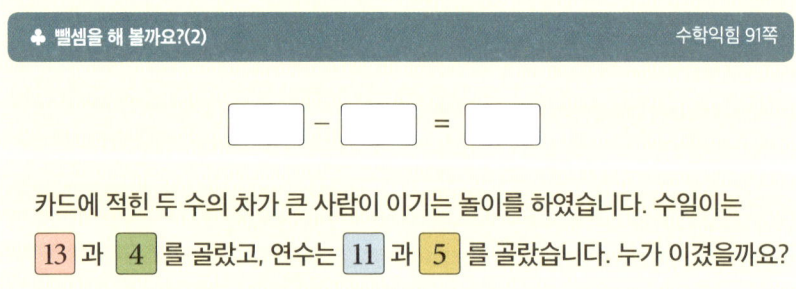

한글을 잘 모르거나, 한글을 잘 이해하지 못하는 상태라면 수학 공부에도 영향이 있을 수밖에 없습니다. 수리 능력이 부족해서 문제를 틀리는 것이 아니라 문제를 이해하지 못해서 풀지 못하기 때문입니다. 문해력이란 무엇을 말할까요? EBS에서 방송된 〈당신의 문해력〉 프로그램에서 설명한 정의를 빌리자면, 문해력은 글을 읽고 의미를 파악하고 이해하는 능력입니다. 말을 잘 이해하지 못하는 사람에게 '말귀'를 못 알아듣는다고 하듯이 문해력이 부족한 사람에게는 '글귀'를 못 알아듣는다고 할 수 있습니다. 결과적으로 문해력이 약하면 모든 과정에서 문제가 생길 수밖에 없습니다.

요즘 초등학생들 중에 한글을 아예 모르는 아이는 드뭅니다. 하지만 1학년 때 문해력을 제대로 성장시키지 못하면 학년이 올라갈수록 그 격차가 커져 결국엔 자존감과 자신감 저하를 넘어 학습 부진으로 이어질 수 있습니다. 따라서 1학년 여름방학과 겨울방학에는 읽기 능력 향상을 위한 연습이 필요합니다. 이때는 독해 문제집을 푸는 것으로 읽기 능력을 향상시키기보다는 교과서와 다양한 독서를 통한 방법이 아이의 발달 단계에 더 적합합니다. 독해 문제집은 중학년 이후에 접해도 괜찮습니다. 너무 일찍 독해나 어휘 문제집을 접할 경우 아이가 거부 반응을 보일 수 있으며, 심한 경우 공부 자체에 싫증을 낼 수 있습니다. 초등학교 저학년 시기에는 독해 문제집을 푸는 시간에 책을 한 권이라도 더 읽을 것을 권합니다.

초등학교 입학 전까지는 한글 익히기를 목표로 글을 읽을 때 글자 자체를 읽는 데 초점을 두었을 것입니다. 하지만 이때부터는 글자가 아닌 글의 의미를 파악하는 데 중점을 두어야 합니다. 아이가 아직 한글이 익숙하지 않다면,

또한 학교에서 보내는 시간만으로는 한글을 익히는 데 어려움을 느낀다면 여름방학 때는 자음과 모음의 조합으로 낱말이 만들어지는 것을 가르치면서 각각의 낱말이 어떻게 발음되는지를 명확하게 이해할 수 있도록 도와주어야 합니다.

이를 파악하기 위해서는 1학년 1학기 국어 교과서와 국어활동을 같이 보면서 낱말과 문장을 소리 내어 읽어보게 하는 것이 좋습니다. 발음이 틀리거나 모르는 낱말이 있다면 한글 자체를 좀 더 연습해야 합니다. 이 단계에서 문제가 없다면 문답 형식으로 글의 의미를 파악하는 연습을 합니다.

1학기 국어 교과서에도 꽤 긴 문장이 나옵니다. 아이에게 이를 소리 내어 읽게 하고 글의 내용과 관련된 질문을 통해 아이가 내용을 제대로 파악했는지 확인해야 합니다. 그런 다음 다양한 책을 부모님이 소리 내어 읽어주거나 아이 스스로 소리 내어 읽게 하거나 또는 아이와 부모님이 한 페이지씩 번갈아 읽은 다음 질문을 통해 글의 내용을 확인합니다. 책 속에 나오는 등장인물은 누구인지, 주인공에게 무슨 일이 일어났는지, 등장인물이 어떤 말과 행동을 했는지, 주인공이 그때 어떤 마음이었을지 등을 묻고 아이의 대답을 들으면 됩니다.

글의 내용을 이해하기 위해서는 어휘력도 필요합니다. 단어나 낱말이 무슨 뜻인지 물어보고 같이 생각해 보거나 글에 나온 어휘를 이용하여 끝말잇기를 하는 등 재미있는 시간을 충분히 갖는 것이 좋습니다. 이렇듯 학습이 아닌 놀이로 익히게 하면 자연스럽게 어휘를 늘릴 수 있습니다.

영어 공부, 3학년 때 시작해도 될까?

학교에서 영어 학습이 처음 시작되는 시기는 3학년입니다. 3~4학년군 영어 교육 과정 성취 기준 중에서 일부를 살펴보면 다음과 같습니다. 학습 내용은 알파벳부터 시작하지만 결국엔 낱말, 어구, 그리고 문장으로까지 이어지는 것을 확인할 수 있습니다.

듣기

> [4영01-01] 알파벳과 낱말의 소리를 듣고 식별할 수 있다.
> [4영01-07] 일상생활 속 친숙한 주제에 관한 쉽고 간단한 말이나 대화를 듣고 세부 정보를 파악할 수 있다.

말하기

> [4영02-04] 한두 문장으로 자기소개를 할 수 있다.
> [4영02-07] 일상생활 속의 친숙한 주제에 관해 쉽고 간단한 표현으로 묻거나 답할 수 있다.

읽기

> [4영03-01] 알파벳 대소문자를 식별하여 읽을 수 있다.
> [4영03-05] 쉽고 간단한 문장을 읽고 의미를 이해할 수 있다.

쓰기

> [4영04-01] 알파벳 대소문자를 구별하여 쓸 수 있다.
> [4영03-03] 실물이나 그림을 보고 쉽고 간단한 낱말이나 어구를 쓸 수 있다.

3~4학년의 경우 영어 교과가 일주일에 두 번 이루어집니다. 초등 수업 시간이 40분이니 일주일에 80분 수업으로 3, 4학년 2년 동안 일상생활 속 주제에 대한 간단한 말과 대화를 이해해야 한다는 뜻입니다. 이렇게 되면 3학년이 되어 영어를 처음 배우거나 익숙하지 않은 아이 입장에선 부담이 될 수밖에 없습니다. 한글이 그러했듯이 영어도 3학년이 되기 전에 어느 정도 익혀두어야 하는 이유가 여기에 있습니다.

　저희가 집필한 초등 입학 가이드 《첫아이가 초등학교에 갑니다》에서 입학 전 한글 익히기의 필요성에 대해 언급했던 내용을 다시 한 번 설명드립니다.

　한글을 전혀 익히지 않고 초등학교에 입학했을 때 아이가 겪을 수 있는 어려움은 크게 세 가지입니다. 첫째, 국어뿐만 아니라 다른 과목의 교과서 역시 모두 한글로 되어 있기 때문에 학습에서 어려움을 겪을 수 있습니다. 둘째, 아이 스스로 또는 친구들이 그 아이를 '한글도 모르는 아이', '공부를 못하는 아이'라고 생각해서 자신감과 자아효능감이 저하될 수 있습니다. 셋째, 학교라는 새로운 공간에 적응하는 것도 힘든데 한글까지 처음 배우게 되면 특히 예민한 성향의 아이는 심리적으로 위축될 수 있습니다. 이러한 이유로 한글을 어느 정도 익히고 입학하는 것이 조금이라도 수월하게 1학년 생활을 하는 데 도움이 됩니다.

　영어도 마찬가지입니다. 영어를 전혀 접하지 않고 3학년이 되어 처음 배우면 당연히 생소하고 어려울 수밖에 없습니다. 안타깝게도 4, 5학년 교실에 이미 영어를 포기하거나 다른 시간과 달리 영어 시간에만 풀이 죽어 있는 아이들이 있습니다. 또한 초등 영어는 문법이나 쓰기 위주로 이루어지는 수업이 아니기 때문에 자칫 이런 부분을 강조하다가는 영어 거부감이 심해지는 등 더 큰 부작용을 낳을 수 있습니다. 중요한 것은 아이가 영어에 흥미를 잃지 않도록 하는 것입니다. 영어를 '공부'가 아닌 '언어'로 받아들일 수 있게 어렸을 때부터 자연스럽게 노출시켜 주는 것이 좋습니다.

영어를 처음 시작하는 아이들에게 도움이 되는 영어 자료

아이들이 집에서 영어를 자연스럽게, 그리고 재미있게 받아들이는 데 도움이 되는 영어 자료를 소개합니다.

- **파닉스를 놀이로 익히는 어플:** 스마트파닉스, starfall, 퍼스트파닉스, 파닉스 쇼 등
- **유튜브 무료 애니메이션:** A bunch of munsch, Arthur adventure, Max and ruby, Odd squad, Peppa pig, Sofia the first, The berenstain bears 등
- **추천 영어책:** ort, 펀투리드, I can read의 biscuit 시리즈, usborne first reading, scholastic hello reader, step into reading, learn to read, Elephant and piggie 등
- **온라인 영어 도서관:** 리딩게이트, 라즈키즈, 르네상스러닝 등

우리 아이 영어 수준 파악하기

SR, AR, lexile…, 이게 다 뭔가요?

아이의 책을 고르다 보면 sr지수, ar지수, lexile지수라는 단어들이 등장합니다. sr지수(star reading test)는 미국 르네상스사에서 만든 읽기 능력 지수입니다. 컴퓨터베이스 테스트를 수행하여(35문제, 20분) 이 시험 점수에 따라 sr지수가 산정됩니다. 예를 들어 sr지수가 1.2가 나왔다면 미국 초등학교 1학년 2학기에 대항하는 수준의 읽기 실력을 가졌다고 생각하면 됩니다. ar지수(accelerated reader)는 르네상스사에서 제시한 '책에 부여되는 읽기 난이도 지수'입니다. ar 1.2는 미국 초등학생 1학년 2개월째 학생들이 읽을 수 있는 난이도의 책이라는 것을 의미합니다. lexile은 미국 교육 연구 기관인 메타매트릭스(metametrics)에서 개발한 영어 읽기 능력 평가 지수입니다. 미국 학력 평가 시험의 표준으로 사용되는 지수로 0~1300까지의 숫자로 표현됩니다.

우리 아이의 sr, lexile지수는 어떻게 알 수 있나요?

아이에게 맞는 책을 구매하고 싶은데 도서에 부여된 ar지수는 알아도 우리 아이의 읽기 능력 지수를 모르면 도서를 선정하는 데 어려움을 겪을 수 있습니다. 그렇다면 우리 아이의 읽기 능력 지수는 어떻게 알 수 있을까요?

영어 사교육 기관에서는 기관의 특성에 맞게 정기적으로 아이들의 읽기 능력을 테스트하는 프로그램을 사용합니다. 하지만 그렇지 않은 기관에서 공부하거나 별도의 사교육 기관을 이용하고 있지 않은 아이의 경우 읽기 능력 지수를 알기 어렵습니다. 가끔 시립도서관에서 sr지수를 테스트할 수 있는 기회를 제공하기도 하니 아이와 함께 기관을 방문하여 테스트해 보는 것도 방법입니다. 사설 영어 도서관에서 읽기 능력 테스트만 하는 것도 가능합니다. 도서관마다 이용하는 프로그램과 일정을 미리 확인하고 방문할 것을 권합니다.

읽기 능력 지수, 중요할까요?

사실 초등 저학년 때는 실력을 가늠할 수 있는 객관적인 평가 결과가 없습니다. 그렇다 보니 읽기 능력 지수가 아이의 영어 실력을 이해하는 데 큰 비중을 차지하는 것처럼 느껴집니다. 물론 읽기 능력은 중요합니다. 하지만 중학년 이상의 선배맘들은 읽기 능력도 중요하지만 듣기, 읽기, 말하기, 쓰기의 4대 영역이 골고루 발달되어 있는 것이 더 중요하다고 말합니다.

한글책을 고를 때 2학년 아이에게 다섯 살짜리가 읽는 책이나 열두 살짜리가 읽는 책을 사주지 않습니다. 읽기 능력 지수를 절대적으로 믿기보다는 영어책을 고를 때 아이의 실력에 맞게 고르기 위한 참고 자료로 이용하실 것을 권합니다.

예체능, 어디까지 해야 할까?

저학년의 예체능은 아이가 학교생활을 함에 있어서 자신감을 갖고 지낼 수 있는 수준, 취미 생활의 기초 정도로 접근하는 것이 좋습니다.

1학년 아이들은 색칠 활동을 좋아합니다. 유아기에 비해 소근육이 많이 발달해서 색칠을 꽤 잘하는 아이들도 많습니다. '봄/여름/가을/겨울의 모습을 그림으로 표현하기', '책을 읽고 인상적이었던 장면 그리기'처럼 초등 저학년 때는 그리기 활동이 많이 이루어집니다. 그렇다 보니 그리기에 자신이 없는 친구들은 자칫 의기소침해지기도 합니다.

미술 활동에서 아이들의 최대 난제는 바로 '사람 그리기'입니다. "선생님, 졸라맨처럼 그려도 돼요?" "뒷모습만 그려도 되는 거죠?"라는 질문들이 어김없이 나옵니다. 사실 어른들도 사람을 그리는 것은 어렵습니다. 기존의 그림

위에 투명 종이를 올려놓고 그려보거나 쉬운 것부터 따라 그려보기 등의 연습을 통해 자신감을 길러주는 것도 방법입니다.

종이접기를 많이 해 보는 것도 좋습니다. 2학년 1학기 통합교과에도 종이접기 관련 내용이 다루어지는데, 이는 소근육 발달뿐 아니라 기호에 대한 이해, 공간 감각 향상에 도움이 됩니다. 또 학교에 따라 조금씩 다르긴 하지만 1학년 체육 시간에는 줄넘기와 달리기, 훌라후프를 많이 합니다. 건강은 물론 성취감 향상에 도움이 되는 줄넘기는 방학을 이용해 꾸준히 연습하는 것이 좋습니다. 아이마다 운동 신경에 차이가 있어서 어떤 아이에게는 줄넘기가 그냥 뛰기만 하면 되는 매우 쉬운 운동이지만 어떤 아이에게는 따로 연습이 필요한 어려운 운동일 수 있습니다. 비교적 간단한 두 발 모아 뛰기를 잘못된 자세로 연습할 경우 다음 단계에 해당하는 x자 뛰기, 뒤로 뛰기, 2단 연속 뛰기 등을 수행하기 어려운 경우가 많으니 두 발 모아 뛰기를 바른 자세로 연습하는 것이 필요합니다. 줄넘기 급수제가 있는 학교의 경우 급수표를 보며 쉬운 단계부터 연습하다 보면 금방 실력이 늘어납니다.

또 요즘은 학교마다 1인 1악기 활동을 하는 경우가 많습니다. 하지만 이것 때문에 가정에서 사교육을 통해 따로 악기를 배울 필요는 없습니다. 학교에서 단체로 한 가지 악기를 정해 그 악기를 한 학기 또는 일 년 동안 함께 배우는 경우가 많기 때문입니다. 예전에는 1, 2학년은 소고나 북 등의 타악기를 많이 선택하고, 3학년부터는 리코더나 오카리나 등의 악기를 배웠습니다. 하지만 최근에는 코로나-19로 인해 입으로 부는 악기보다 칼림바나 소고, 모둠북, 사물놀이 등의 악기를 선택하기도 합니다. 악기를 배우고 연주하는 것은 아이들의 정서와 두뇌 발달 등 여러 측면에서 많은 도움이 됩니다.

소근육 발달, 이것만은 꼭 확인해 주세요!

포크보다는 젓가락이에요

저학년 때는 아직 젓가락질을 하지 못하거나 어려워하는 아이들이 많습니다. 하지만 초등학교 급식 시간에는 학교에 비치된 스테인리스 수저를 사용하는 경우가 많습니다. 게다가 젓가락질은 소근육 발달에도 도움이 되므로 충분히 연습하는 것이 좋습니다.

우유팩 여는 연습도 필요해요

유치원이나 어린이집에서는 선생님이 우유팩 입구를 다 열어서 빨대까지 꽂아주셨겠지만 초등학생이 되면 그렇지 않습니다. 물론 선생님께 요청하면 도와주시겠지만 선생님께 말하는 것을 어려워하는 아이도 있고, 아이가 '다른 친구들은 다 하는데 나만 못해'라는 생각을 할 수도 있습니다. 친구들의 우유팩을 잘 열어주는 아이가 다른 친구들에게 그 능력을 인정받기도 하니 집에서 우유팩 따는 연습을 할 수 있도록 도와주세요.

어린이 가위를 이용해 종이를 잘라요

어른에게는 별것 아닌 가위질이 아이들에게는 다소 어려운 일이 될 수 있습니다. 초등 저학년 교육 과정은 활동 중심이기 때문에 가위질을 어느 정도 할 줄 알아야 합니다. 혹시나 안전가위를 사용하고 있다면 어른의 관찰 하에 일반 어린이 가위를 사용할 수 있도록 도와주세요. 더 편한 가위질을 할 수 있습니다.

마음에 드는 모양으로 종이를 접어요

종이접기 역시 초등 저학년의 학교생활에서 꽤 많은 부분을 차지하는 활동입니다. 종이를 손끝으로 꾹꾹 눌러 반으로 접는 조작 활동을 어려워하는 아이들이 있습니다. 종이가 마음에 들게 접어지지 않으면 속상해 하기도 하니 익숙해지도록 도와주는 것도 필요합니다.

한자 공부, 꼭 해야 할까?

요즘 아이들의 어휘력이 부족하다는 것은 많은 선생님들의 공통적인 의견입니다. 얼마 전 고등학생들의 일화를 소개한 한 기사가 있었습니다. '이지적'이라는 말에서 '이지'를 'easy'로 이해하고 '내가 쉬워 보이냐'며 불쾌해했다는 이야기였습니다. '고지식한 면이 있는 것 같다'는 말을 '고(high)+지식'으로 생각해서 칭찬으로 받아들였다는 웃지 못할 이야기도 있었습니다. 이렇게 아이들의 어휘력이 심심찮게 기사화되고 있는데, 아이의 어휘력 향상과 관련하여 부모님들이 가장 많이 고민하는 것 중에 하나가 바로 한자 교육일 것입니다.

우리나라 말과 글 중에는 한자로 된 경우가 많고, 한자의 뜻을 알면 더 쉽게 이해되는 낱말과 관용구가 많은 게 사실입니다. 학교에서도 아이들이 모르는 낱말을 물어볼 때 한자 뜻으로 풀어서 설명해 주는 경우도 많습니다. 그래서 기초 한자를 공부해 두면 어휘력 향상에 도움이 됩니다.

물론 독서를 통해서도 어휘력을 향상시킬 수 있습니다. 독서는 어휘력뿐만 아니라 문해력 향상에도 도움을 줍니다. 그리고 이때 한자 공부를 하면 어려운 어휘를 이해하는 데 좀 더 도움이 됩니다. 독서가 달리는 자동차라면 한자는 자동차에 윤활유를 넣어주는 셈입니다.

하지만 시기에 관해서는 한자 학습의 특징과 한자를 공부하는 목적, 아이의 성향을 고려해야 합니다. 너무 어린 나이에 암기를 목표로 한자를 배우게 되면 아이가 쉽게 싫증을 낼 수 있습니다. 그보다는 책을 읽으면서 한자로 뜻을 접하게 하는 것이 좋습니다. 자연스럽게 한자 공부의 필요성을 느끼게 하는 방법이기 때문입니다. 또한 한글이 제대로 학습되어 있지 않은 저학년의 경우 한글과 영어, 그리고 한자까지 익히다 보면 인지 과부화가 걸릴 수도 있습니다. 한자는 획순, 부수 등 은근히 복잡하고 외울 것이 많기 때문입니다. 게다가 고학년이 되어서 한자를 공부하기에는 시간을 투자하기가 어렵습니다. 결국 이것저것 따져볼 때 한자 공부의 적기는 한글이 어느 정도 익숙해진 저학년에서 중학년 정도까지라고 할 수 있습니다.

목표와 방법 역시 복잡한 한자를 쓰는 것이 아닌 보고 읽는 것 위주로 하는 것이 적합합니다. 특히 독서량이 급증하는 시기에 자신이 아는 한자를 이용해서 낱말의 뜻을 유추하면 효과가 더 좋습니다. 이렇게 하다 보면 고학년 이후의 어휘력이 자연스럽게 향상됩니다.

한자를 익힐 때는 아이 성향에 따라 공부 방법을 달리하는 것도 좋습니다. 기본 한자를 익히는 정도만으로도 적합한 아이가 있고, 한자를 소개하는 책을 읽으면서 한자를 받아들이는 아이도 있을 것입니다. 목표가 있어야 동기 유발이 잘되는 아이는 급수 따기에 도전하는 것도 괜찮습니다. 8급 시험의 경우 50자 정도의 한자가 나오니 급수 시험을 통해 작은 성공 경험을 만들어주면 됩니다. 다시 한 번 강조하건대, 한자 자체가 목표가 아니라 독서와 어휘력 향상의 보조적인 관점에서 부담스럽지 않게 접근하기를 권합니다.

초등학생이 되어 맞는 첫 겨울방학

한 학기, 잘 보냈을까?

초등학생이 되어 맞이하는 두 번째 방학입니다. 방학을 하면 1학년 2학기 국어와 수학 교과서를 부모님과 함께 점검해 보기를 권합니다. 특히 국어활동과 수학익힘책을 다시 한 번 풀어보면서 배운 내용을 복습하는 것이 좋습니다. 국어의 경우 국어 교과서와 국어활동에 제시된 이야기 글을 소리 내어 정확하게 읽어보는 것이 매우 중요합니다.

이는 아이의 학습 상태와 수준을 점검하는 것을 넘어 한 학기를 정리하는 의미가 있습니다. 초등 입학을 앞두고 설레고 분주했던 마음이 새록새록 생각날 것입니다.

• 과목별 알아야 할 주요 학습 내용

과목	알아야 할 주요 학습 내용	체크하기
국어	◆ 좋아하는 책을 소개할 수 있는가? 　자신이 좋아하는 책을 말하며 그 책에서 재미있었던 부분이나 새롭게 알게 된 점 말하기	☐
	◆ 소리와 모양을 떠올리며 바르게 읽을 수 있는가? 　주렁주렁, 반짝반짝, 다닥다닥, 멍멍, 주룩주룩, 쨍쨍, 쏙쏙, 활짝, 빌링벌렁, 다다다다, 씽씽, 혁혁 등	☐
	◆ 그림을 보고 그림의 내용을 여러 개의 문장으로 말하고 쓸 수 있는가? 　교과서 및 다양한 그림이 있는 책 활용하여 연습하기	☐
	◆ 바른 자세로 자신 있게 말할 수 있는가?	☐
	◆ 알맞은 목소리로 시와 이야기를 소리 내어 읽을 수 있는가?	☐
	◆ 고운 말로 자신의 기분을 표현할 수 있는가? 　장난감이 망가져서 속상해. / 장난감을 망가뜨려서 미안해. / 그림이 망가져서 속상하지만 괜찮아. 다음부터는 조심해 줘. / 미안해! 옷 많이 젖었니? / 괜찮아, 곧 마를 거야. 등	☐
	◆ 중요한 내용을 확인하며 글을 읽을 수 있는가? 　글에서 일이 일어난 순서, 누가 무엇을 했는지, 내용에 알맞은 제목은 무엇인지 등을 교과서 및 여러 책을 활용하여 연습하기	☐
	◆ 글을 소리 내어 바르게 띄어 읽을 수 있는가?	☐
	◆ 겪은 일이 잘 드러나게 글을 쓸 수 있는가? 　겪은 일과 겪은 일에 대한 생각이나 느낌 나타내기(일기 쓰기로 연습하기)	☐
	◆ 인물의 말과 행동을 상상하며 이야기를 즐길 수 있는가?	☐
	◆ 국어 교과서, 국어활동에 제시된 이야기 글을 소리 내어 정확하게 읽을 수 있는가?	☐

과목	알아야 할 주요 학습 내용	체크 하기
수학	◆ 100까지의 수를 알고 있는가? 　다음 중 가장 작은 수는 무엇일까요? (답 ㉢) 　㉠ 88 　㉡ 아흔 　㉢ 10개씩 묶음 8개와 낱개 3개	☐
	◆ 짝수와 홀수를 알고 있는가? 　다음 중 홀수는 무엇일까요? (답 ㉢) 　㉠ 54 　㉡ 70 　㉢ 87	☐
	◆ (두 자리 수)+(두 자리 수)를 할 수 있는가? 　은우와 지민이는 주말 농장 체험을 했습니다. 은우는 블루베리를 25개 땄고 지민이는 23개 땄다면 은우와 지민이가 딴 블루베리는 모두 몇 개일까요? (답 48개)	☐
	◆ (두 자리 수)-(두 자리 수)를 할 수 있는가? 　유하와 유준이는 주말 농장 체험을 했습니다. 유하는 블루베리를 55개 땄고 유준이는 43개 땄다면 유하는 유준이보다 몇 개를 더 땄을까요? (답 12개)	☐
	◆ 사각형, 삼각형, 동그라미를 알고 있는가? 　다음 물건에서 찾을 수 없는 모양은 무엇일까요? (답 동그라미)	☐
	◆ 10을 만들어 세 수를 더할 수 있는가? 　지연이는 구슬을 6개 가지고 있었습니다. 세윤이가 구슬 4개를 주고, 정민이가 3개를 더 주었다면 지연이가 가지고 있는 구슬은 모두 몇 개인가요? (답 13개)	☐

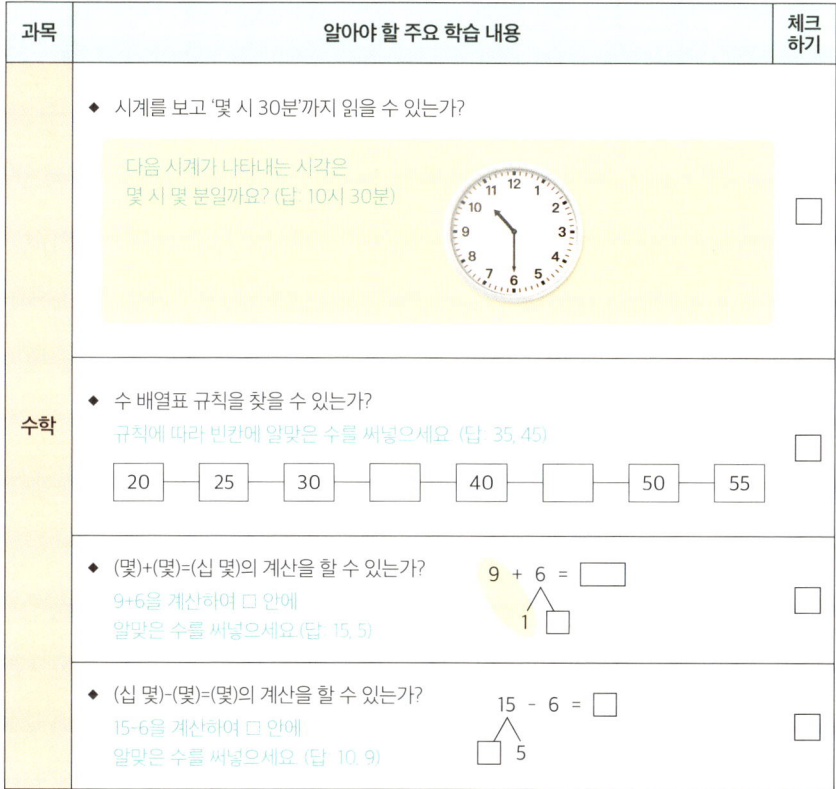

한글 3대장으로 한글 확실히 떼기

　2학년이 되기 전, 1학년 겨울방학 때는 한글을 확실히 떼야 합니다. 일명 '한글 3대장'으로 불리는 ① 받아쓰기 ② 일기 쓰기 ③ 독서 감상문으로 우리 아이의 한글 실력을 쑥쑥 향상시켜 보세요.

　먼저 받아쓰기에 대해 설명합니다. 1학년 1학기 때는 학교에서 받아쓰기를 하지 않는 경우가 많습니다. 보통 2학기 때부터 받아쓰기를 하는데, 담임선생님이나 학교 방침에 따라 차이가 있기는 합니다. 받아쓰기는 아이들이 한글을 익히는 데 필수적인 활동입니다. 그래서 저학년 때는 받아쓰기 연습을 통해 한글을 제대로 익히게 해 주어야 합니다. 아이들이 자주 틀리는 받아쓰기 예시는 다음과 같습니다.

- 쌍자음이나 겹받침을 발음 나는 대로 쓰기(잡았다-잡앗다, 잡아따)
- 발음 나는 대로 쓰기(맛있는-마싰는, 마싯는/ 합니다-함니다)
- 띄어쓰기를 해야 하는데 하지 않는 경우(어디 갔니?-어디갔니? / 두 짝-두짝)
- 띄어쓰기를 하지 않아야 하는데 하는 경우(사이좋게-사이 좋게)
- 쉼표를 쓰지 않는다거나 느낌표나 물음표, 따옴표 등의 위치 틀리게 쓰기

• 자주 틀리는 받아쓰기 예시

①	첫	V	번	째		생	일	
②	젓	가	락		두	V	짝	윷 가 락	네	V	짝
③	무	엇	이		들	었	을	까	?
④	꾹		밟	아		놓	았	어	.
⑤	나	눠		주	었	어	요	.
⑥	끈	을		묶	는	다	.
⑦	모	자	를		썼	다	.
⑧	잠	을		잤	다	.
⑨	깊	은		물	,	얕	은		물
⑩	이	야	기		했	어	요	.
⑪	잔	치	가		벌	어	졌	어	요	.

가정에서 받아쓰기 연습을 할 때는 특히 소홀히 하기 쉬운 띄어쓰기와 문장 부호까지 함께 정확하게 연습하는 것이 좋습니다.

다음은 일기 쓰기입니다. 그림일기 쓰기는 1학년 1학기 국어 마지막 단원에서 배웁니다. 여름방학에는 이때 배운 그림일기 쓰기를 규칙적으로 연습하면서 한글에 좀 더 익숙해지는 시간을 가져야 합니다. 그림일기에 익숙해지면 점차 줄글로 일기를 쓰는 단계로 넘어갑니다.

하루를 기록하는 일기 쓰기는 쓰기 활동의 기본으로, 매일 짧은 글쓰기를 반복하다 보면 쓰기 실력을 향상시킬 수 있습니다. 대부분의 부모님들이 어린 시절 쓰기 싫은 일기를 의무적으로 쓰면서 '참 재미있었다', '즐거운 하루였다'라고 마무리했던 경험이 있을 것입니다. 우리 아이들도 마찬가지입니다. 처음부터 일기를 잘 쓰는 아이는 드뭅니다. 부모님이 그러했듯 의무적으로만 일기를 쓴다면 우리 아이들도 결국엔 '참 재미있었다', '즐거운 하루였다' 정도의 일기밖엔 쓸 수 없습니다. 한 가지 팁을 드리자면, 글을 쓰기 전 아이와 함께 전·중·후 단계를 연습하는 것이 좋습니다.

주의할 점은, 일기를 쓸 때 맞춤법을 과하게 점검하다 보면 글 쓰는 재미가

1. 글쓰기 전 활동	오늘 시간대별로 했던 활동과 생각 떠올리기 → 그중에서 일기에 쓸 내용 정하기 → 일기에 쓸 내용을 순서대로 정리하기
2. 글쓰기 중 활동	있었던 일뿐만 아니라 나의 기분과 느낌까지 함께 쓰기
3. 글쓰기 후 활동	관련 없는 내용 삭제하기, 중복되는 내용 수정하기 맞춤법 확인하기

반감될 수 있으니 맞춤법 교정은 최소한으로 합니다. 예를 들어 다섯 군데의 맞춤법이 틀렸다면 그중에서도 자주 틀리거나 더 쉬운 맞춤법 위주로 두세 군데를 고쳐주면 됩니다.

그런데 일기 지도를 하다 보면 오늘이나 어제나 내일이나 특별히 다를 게 없어서 소재를 어디서 가져와야 할지 고민이라는 얘기를 종종 듣습니다. 일기를 쓰기 위해 의도적으로 특별한 이벤트를 만들겠다는 의무감을 가질 필요는 없습니다. 일기는 아이의 소소한 일상 속에 담긴 생각이나 느낌을 담아내는 과정이니까요. '매일 반복되는 일상이 무료하다'는 것도 '어제와 똑같은 날이지만 오늘은 엄마랑 얘기를 하며 떡볶이를 먹었다'는 것도 일기의 주제가 될 수 있습니다. 종종 주제 일기나 감사 일기를 써보는 것도 방법입니다. 부록에 학년별 일기 주제를 수록해 두었으니 참조하면 됩니다.

학교와 학원을 오가는 게 일상인 아이도 일기 소재로 인한 고민이 있을 것입니다. 이런 경우엔 학습한 내용을 정리해 보는 학습 일기도 좋습니다. 그 외에 여행이나 체험 보고서 내용의 일기, 과학 실험에 대한 일기 등 다양한 형태와 주제가 가능합니다.

다음은 한글 3대장의 마지막, 독서 감상문입니다. 아직 한글이 익숙하지 않은 상태에서 처음부터 줄글로 그럴싸한 독서 감상문을 쓸 수는 없습니다. 아이의 한글 수준에 따라서, 그리고 독서 수준에 따라서 쉬운 단계부터 조금씩 어려운 단계로 올라가야 합니다. 독서 감상문 쓰기는 글을 더욱 탄탄하게 다지는 것은 물론 아이의 바른 독서 습관을 형성하는 데도 도움이 됩니다. 역시 부록에 단계별 독서 감상문 쓰는 방법을 소개했으니 참고해 주십시오.

연산 능력이 곧 수학 능력

2015 개정 교육 과정에서 수학 교과는 '수와 연산', '도형', '측정', '규칙성', '자료와 가능성'의 영역으로 구성되어 있습니다. 사실 1·2학년 수학은 많은 부분이 '수와 연산' 영역이라고 생각해도 무방합니다. 저학년 수학에서는 수의 범위를 확장시키고 간단한 덧셈뺄셈에 익숙해지도록 하는 데 집중하고 있습니다. 그런 만큼 이때는 연산만 잘 잡아주어도 교육 과정에서 다루고 있는 내용을 무리 없이 소화하는 게 가능합니다.

흔히 사교육 기관이나 엄마표 문제집으로 별도의 수학을 접하고 있는 아이들의 경우 '사고력 수학'과 '교과 수학', '연산' 등을 별도로 다룹니다. 2학년 때까지는 '연산'과 '교과 수학'의 차이가 크지 않습니다. 따라서 수를 자유롭게 조작할 수 있도록 수에 대한 경험을 충분히 확장시켜 주면 됩니다. 그리고 연산은 '조금씩이라도 꾸준히' 하는 것이 중요합니다. 아이들은 아직 수 개념이 완벽하지 않아서 한두 달 만에도 잘하던 뺄셈을 못하거나 헷갈려 하는 경우가 생기기도 하기 때문입니다.

한편 최근의 연산 교육은 기계적인 연산이 아니라 '수를 조작하는' 연산을 하도록 하는 추세입니다. 예를 들어 과거에는 15+37을 계산할 때 세로셈으로 '일의 자리인 5와 7을 더하면 12이고, 이 중 1을 십의 자리로 올려 십의 자리인 1과 3을 더해 5, 그래서 정답은 52'와 같은 방식으로 계산했습니다. 하지만 요즘은 10을 만들어 더하거나 자리 수별로 더하는 등 다양한 방법으로 조작할 것을 유도하고 있습니다.

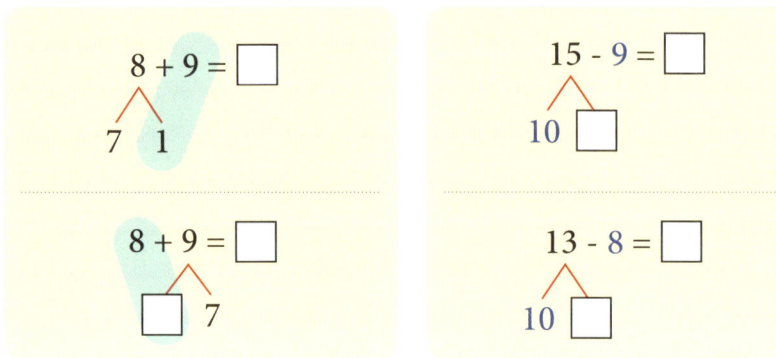

이는 아이들이 단순한 기계적 연산에서 벗어나 수 조작 능력을 기르고 수 개념을 기르는 데 도움을 주기 위함입니다. 하지만 지나치게 원리를 강조하다 보면 아이가 연산에 질려버릴 수 있고, 흔히 말하는 '진도 빼기'에 어려움을 겪을 수도 있습니다. 이럴 때는 오히려 기계적 연산이 원리를 파악하고 수에 대한 감각을 형성하는 데 도움이 될 수 있습니다. 아이에게 '다양한 방법으로 수를 조작할 것'을 지나치게 강조하지 않아도 된다는 의미입니다.

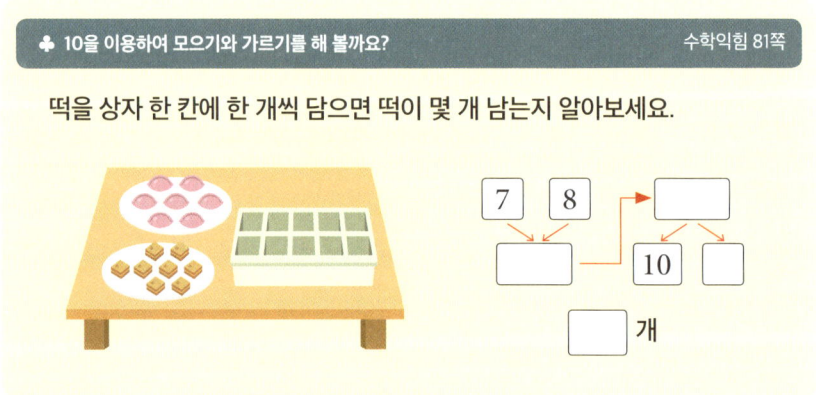

수학 연산, 현명하게 연습하기

처음 연산을 접할 때는 먼저 '구체물을 통한 수에 익숙해지기' 과정이 필요합니다. 이때 구체물을 꼭 따로 구입해야 할 필요는 없습니다. 학교에서는 수막대를 활용하는 경우가 많은데, 가정에서는 작은 장난감이나 바둑알, 동전, 비슷한 크기로 자른 작은 종이 등과 같은 재료면 충분합니다.

과일이나 과자를 이용할 수도 있습니다. 값비싼 교구보다 이런 생활 속 소품을 아이들은 더 흥미로워합니다. 구체물로 이해를 했다면 동그라미 등의 그림을 그리거나 수직선을 활용해서 문제를 해결하는 단계를 거쳐 머릿속으로 생각하며 문제를 푸는 반복과 연습 단계로 들어갑니다.

연산 능력 향상을 위해서는 꾸준한 반복과 연습이 필요합니다. 반복과 연습을 어떻게 하느냐는 아이와 부모님의 성향, 그리고 각 가정의 상황에 따라 달라집니다. 엄마표 학습을 한다면 하나의 문제집을 정해 아이가 매일 정해진 양을 풀고 부모님께서 확인해 주시면 됩니다. 이때 문제집은 가능하면 아이와 함께 선택하는 것이 효과적입니다.

맞벌이 가정이나 아이가 부모님과의 공부를 즐거워하지 않는 상황이라면 학습지를 선택할 수도 있습니다. 학습지를 꾸준히 하면 학습 습관을 잡아줄 수 있습니다. 하지만 이 역시 아이의 성향과 맞지 않는다면 역효과가 날 수 있습니다. 학습지마다 방향성과 유형, 문제의 양이 다르기 때문입니다. 중요한 것은 내 아이에게 맞는 학습지를 선택하는 것입니다.

아이와 선생님의 궁합도 중요합니다. 대부분의 학습지는 '반복'을 기반으로 합니다. 사실 하나의 개념을 완전하게 이해함에 있어 반복만큼 좋은 방법은 없습니다. 하지만 지나치게 반복할 경우 아이가 질릴 수 있으므로 학습지 선생님과 상의 하에 진도를 조절하는 것이 바람직합니다.

문제집이건 학습지이건 연산 학습 방법을 선택할 때는 '매일 꾸준히 한 장이라도 할 수 있도록 돕는다'는 부모님의 마음이 있어야 합니다. 다른 아이와 비교한다거나 진도 욕심을 내서는 안 됩니다. 이는 아이와 부모 모두에게 스트레스일 뿐입니다. 처음 1년 동안은 아이가 습관을 가질 수 있도록 도와주세요. 그러면 그 이후에는 아이 스스로 '매일 공부'를 주도할 것입니다.

추가 꿀팁

아이들이 수학 연산을 보다 즐겁게 익히는 데 도움이 되는 자료를 소개합니다.

- **연산에 도움되는 수학 동화:** 초등 1, 2학년 수학동화 시리즈(양치기 소년은 연산을 못한대, 떡장수 할머니와 호랑이는 구구단을 몰라, 견우와 직녀가 분수 때문에 싸웠대), 신통방통 시리즈(받아올림, 머리셈 연산, 곱셈구구, 분수), 수학 그림동화 시리즈(즐거운 이사 놀이, 신기한 열매), 수학 마녀의 백점 수학, 수학아 수학아 나 좀 도와줘 등

- **연산에 도움되는 보드게임:** 할리갈리, 개구쟁이 스머프 사다리게임, 히포, 메이크텐, 로보77, 루미큐브, 셈셈 시리즈(수놀이, 피자가게) 등

수영, 언제 배우면 좋을까?

체육 교과는 출판사를 불문하고 '건강', '도전', '경쟁', '표현', '안전' 단원으로 구성되어 있습니다. 이 중 수영은 '도전' 단원에 포함됩니다. 3학년 때부터 체육 시간에 수영을 배우는데, 출판사에 따라 자유형만 다루는 경우도 있고, 배영과 평영까지 다루는 경우도 있습니다. 하지만 실기에서는 수영 영법보다

는 생존수영을 중심으로 수업이 이루어집니다. 사실 그 짧은 시간 동안 교과서에 제시된 수영 영법을 다 익힌다는 것이 불가능하기도 하고, '생존수영'이 강조됨에 따른 결과입니다.

교내에 수영장이 있는 학교는 해당 수영장을 이용하고, 그렇지 않은 학교는 다른 학교의 수영장이나 동네 수영장을 이용해서 수업을 진행합니다. (현재는 코로나-19로 인해 실기는 하지 않고 이론 수업으로만 진행하는 경우도 많습니다.) 학교와 수영장과의 거리에 따라 반별로 걸어서 가기도 하고, 차량을 이용하기도 합니다. 수업을 위해서는 아이 스스로 수영복을 갈아입어야 하고, 수업이 끝난 뒤에도 스스로 씻고 다시 옷으로 갈아입은 뒤 머리도 어느 정도 말릴 줄 알아야 합니다.

수업은 보통 한 반이 한 명의 강사에게 다 같이 배우거나 수영 실력에 따라 두 반 정도로 나누어 두 명의 강사에게 배웁니다. 처음에는 물과 친해지는 단계인 만큼 물에서 걷고 뛰기, 호흡 참기 같은 '물에 적응하기' 과정을 거칩니다. 그러다 점차 호흡법, 물에서 뜨기, 잠수하기, 물에서 이동하기 등으로 발전해 나갑니다.

물에 대한 두려움이 많은 아이는 짧은 시간에 단체로 배우는 수영이 부담스럽고 무서울 수 있습니다. 여러 명의 인원을 담당하는 강사가 개별적으로 한 명 한 명을 봐주기란 쉽지 않은 일이고, 시간도 넉넉하지 않기 때문입니다. 따라서 아이 성향에 따라 3학년이 되기 전에 미리 수영을 배워 놓는 것도 좋습니다. 단, 너무 어린 나이에 수영을 배울 경우 자주 감기에 걸린다거나 체력 소모가 많아 힘에 부칠 수 있으니 아이의 몸 상태를 보며 판단해야 합니다.

특히 여자 아이의 경우 고학년이 되면서 2차 성징이 나타납니다. 몸에 변화가 생기다 보니 물을 꺼려하거나 수영을 배우기 힘든 상황이 될 수도 있습니다. 실제로 3학년 아이들의 경우 수영 수업을 기대하는 아이들이 좀 더 많다면 4학년만 돼도 수영복을 입고 반 친구들과 수영하는 것을 부끄러워하거나 부담스러워하는 아이들이 많아집니다.

따라서 너무 어리지도 않고 너무 늦지도 않은 1학년에서 2학년 사이가 수영을 배우기에 가장 적합하다고 할 수 있습니다. 종합해 보건대, 수영은 심폐 기능을 강하게 하고 물에 대한 두려움을 없애 주는 등 체력 향상과 자신감 형성에 도움을 주는 유용한 운동인 만큼 배워두는 것이 좋고, 배운다면 그 시기는 저학년 때가 적합합니다.

체험 학습, 어디가 좋을까?

아이들의 발달 단계와 초등학교 커리큘럼을 바탕으로 방학을 이용해 방문하면 좋은 교과 연계 체험 장소를 선정하였습니다. 현재 학년을 기준으로 복습의 의미로 활용하셔도 좋고, 다음 학년의 추천 장소를 보며 예습의 의미로 이용하셔도 됩니다.

체험 주제	체험 장소	체험 내용
국어	국립한글박물관 등의 한글박물관	1학년 국어의 핵심인 한글과 관련된 전시, 교육, 문화 행사를 체험할 수 있습니다.
통합 교과	국립중앙박물관 어린이박물관 등의 어린이박물관, 서울상상나라 등의 체험관	이때는 직접 몸을 움직이고 체험을 통해 배우는 것이 효과적인 시기입니다. 특히 어린이박물관은 지역마다 있기 때문에 이용하기가 좋습니다. 실내이기 때문에 더위나 추위에 상관없이 의미 있는 시간을 보낼 수 있습니다.
	국립민속박물관 등의 민속박물관, 한국민속촌	1학년 2학기에는 우리나라에 대해 학습합니다. 한복, 전통 음식, 조상들이 살던 집 등을 직접 볼 수 있습니다.
	경찰박물관, 철도박물관, 똥박물관, 국립항공박물관, 애니메이션박물관 등 특정 주제의 소규모 박물관	아이의 흥미에 맞춘 특정한 박물관을 방문해 보는 것도 재미있는 경험입니다. 박물관에 따라 직업 체험도 함께 경험할 수 있다는 장점이 있습니다.
	고수동굴 등의 동굴, 각 지역의 양떼목장과 같은 자연 체험	이 시기는 자연에서 뛰어놀며 온몸으로 체험하는 것이 중요합니다. 방학을 이용해 가까운 자연 체험장을 가보길 추천합니다.
안전한 생활	영화관, 극장	1학년 1학기에는 영화관이나 공연장 등 실내 공간에서 지켜야 할 안전수칙에 관해 학습합니다. 영화나 공연을 감상하면서 이들 공간에서의 안전수칙을 상기해 볼 수 있습니다.
	어린이 교통안전체험관, 현대폴리 어린이 교통안전 교육장	교통안전은 학교뿐만 아니라 가정에서도 꾸준히 강조해야 하는 부분입니다. 어린이를 대상으로 하는 교통안전 체험 프로그램도 지역별로 마련되어 있으니 이용해 보길 추천합니다.

2장

공부 습관을 잡아가는 2학년

2학년 아이들의 전반적인 발달 특징

(1) 신체적 특징
- 활동적이고 몸을 움직이기 좋아하므로 이러한 에너지를 분출할 수 있는 신체 활동이 여전히 필수적입니다.
- 1학년 때에 비해 보다 정교한 그리기와 가위질, 실로폰 등의 악기 연주가 가능해집니다.
- 1학년 때 스트레스성 감기 또는 복통을 호소하거나 화장실을 자주 가는 행동을 보였던 아이도 점차 학교에 적응하면서 그러한 행동이 완화되는 모습을 보입니다.

(2) 지적 특징

- 이해력과 집중력이 좋아져 간단한 설명만으로도 지시를 이해합니다. 하지만 아직까진 좋아하는 활동에는 잘 집중하지만 싫어하거나 지루한 활동은 참기 어려워하는 모습을 보입니다.
- 여전히 호기심이 많고 질문을 많이 합니다. 자신의 발표만 하려고 하는 1학년 때와 달리 조금씩 친구의 발표에 귀를 기울이기도 합니다. 발표할 때도 좀 더 조리 있게 말할 수 있습니다.
- 위치와 공간 개념이 생기면서 다른 교실로 이동하는 심부름도 곧잘 합니다.
- 여전히 상상력이 풍부하나 1학년에 비해 조금씩 논리적인 사고 능력이 발달하기 시작합니다.

(3) 정서적 특징

- 선생님과 부모님의 칭찬을 많이 필요로 합니다. 1학년 때는 줄을 서거나 이동할 때 1등을 하기 위해서 노력했다면, 2학년 때부터는 선생님이 좋아하실 행동을 하고, 규칙을 지키며 바른 행동을 하면서 선생님께 인정을 받으려고 노력합니다.
- 학교가 익숙해지면서 보다 자신감 있게 행동하는 학생들이 많아집니다.

(4) 사회적 특징

- 조금 더 친한 친구(단짝 친구)가 생기기도 하고, 잘 맞는 친구들끼리 서너 명씩 소그룹을 형성하기도 합니다.

- 여전히 작은 일로 다투는 경우가 많지만 대부분 빨리 화해하여 갈등이 해결됩니다.
- 규칙을 이해하고 실천하는 능력이 점점 발달하면서 친구들과 협동해야 하는 놀이도 규칙을 잘 지키면서 즐겁게 참여합니다.

단원평가보다 중요한 수행평가

초등학교에는 중고등학교처럼 성적에 직접적으로 반영되는 지필평가(중간고사, 기말고사 등)가 없습니다. 대신 학생들이 교육 과정의 성취 기준을 충족하였는지를 확인하는 수행평가, 그리고 학교에 따라 다르지만 단원이 끝날 때 실시하는 단원평가 등이 있습니다.

단원평가는 학교에 따라, 또 담임선생님에 따라 실시 여부와 방법이 다른데, 대개 한 단원이 끝난 뒤 그 단원의 내용을 복습하고 단원의 내용을 잘 이해했는지를 확인할 수 있는 내용을 가지고 평가합니다. 그리고 그 성취도가 100점 만점의 점수로 고지되기도 합니다. 하지만 단원평가는 성적에 직접적으로 반영되지는 않으므로 우리 아이가, 내가 얼마나 이 단원을 잘 이해했는지 확인하는 정도로 결과를 받아들이면 됩니다.

매 학년의 학기 초에는 과목별 성취 기준을 바탕으로 만들어지는 '수행평가 계획서'가 배부됩니다. 학교는 한 학기 동안 어떤 과목에서 어떤 영역을, 어떤 내용으로, 어떻게 평가하는지 가정통신문을 통해 알리거나 홈페이지를

수행평가 기준안 예시

○○초등학교 2학년 1학기 평가 계획

1. 국어

영역	관련 단원 (성취 기준)	평가 내용		평가 방법	평가 시기
읽기	8. 마음을 짐작해요 (글쓴이의 마음을 짐작하며 글을 읽을 수 있다.)	글쓴이의 마음을 짐작하며 글을 읽고 내용을 잘 파악한다.	잘함	관찰 평가 · 서술 평가	7월 1주
		글쓴이의 마음을 짐작할 수 있으나 글의 내용을 파악하는 데 어려움이 있다.	보통		
		글쓴이의 마음에 공감을 가지지 못하고 글의 내용을 파악하는 데 어려움이 있다.	노력 요함		

2. 수학

영역	관련 단원 (성취 기준)	평가 내용		평가 방법	평가 시기
자료와 가능성	5. 분류하기 (주어진 기준에 따라 개수를 세며 분류 기준을 세워 개수를 셀 수 있다.)	주어진 분류 기준에 따라 개수 세기를 잘하고 분류 기준을 세워 기준에 따라 개수 세기를 한다.	잘함	관찰 평가 · 서술 평가	6월 3주
		주어진 분류 기준에 따라 개수 세기를 잘하나 분류 기준을 세우는 데는 서툴다.	보통		
		주어진 분류 기준에 따라 개수 세기를 할 수 있으나 분류 기준은 세우지 못한다.	노력 요함		

3. 통합교과

영역	관련 단원 (성취 기준)	평가 내용		평가 방법	평가 시기
여름 (바른 생활)	2. 초록이의 여름 여행 (여름 생활을 건강하고 안전하게 할 수 있도록 계획을 세워 실천한다.)	여름철 건강을 위해 지켜야 할 일에는 어떤 것이 있고, 지켜야 하는 이유를 알고 계획을 세워 실천한다.	잘함	관찰 평가 · 서술 평가	6월 4주
		여름철 건강을 위해 지켜야 할 일에는 어떤 것이 있는지 알고 있으나, 실천 노력이 부족하다.	보통		
		여름철 건강을 위해 지켜야 할 일을 알지 못하고, 실천 노력도 부족하다.	노력 요함		

통해 공지하니 참고하시면 됩니다.

  수행평가는 수업 시간에 학생들이 수행하는 모습을 바탕으로 관찰평가, 지필평가, 포트폴리오평가 등 다양한 방법으로 실시됩니다. 그리고 지역이나 학교에 따라 학기 말에 각 영역별 도달도를 3단계 또는 4단계(예: 잘함-보통-노력 요함 / 매우 잘함-잘함- 보통-노력 요함 등)로 고지하거나 서술형(예: 1m가 100cm임을 알고, 1m가 넘는 길이를 '몇cm', '몇m 몇cm'로 잘 나타냄 등)으로 고지합니다.

  수행평가 결과를 3단계 또는 4단계로 고지하는 학교의 경우에도 1학년 때는 대부분 단계별이 아닌 서술형 문장으로 고지합니다. 그래서 2학년 때 처음으로 평가 결과를 받은 학부모의 경우 당황할 수 있습니다. 그러므로 부모님께서는 학기 초에 고지되는 수행평가 계획서를 참고하여 아이가 평가에 대비할 수 있도록 도와주시는 것이 좋습니다.

  평가의 종류와 상관없이 아이가 노력하여 만족할 만한 성취감을 얻게 해 주는 것은 아이의 자존감과 성취 동기 함양을 위해 중요합니다. 저학년 때 평가에 대한 대비 없이 낮은 성취도를 달성하는 데 익숙한 아이들은 은연중에 '나의 위치'를 그 정도로 설정하곤 합니다. 또 '초등학교 평가는 중요하지 않다던데……' 하며 평가를 등한시하면 아이가 평가에 대해 부정적인 태도를 가질 수 있습니다. 특히 '학원에서 내 준 과제를 하느라' 학교 숙제를 건너뛰거나 평가 준비에 소홀해지지 않도록 해 주셔야 합니다. 학교 수업이나 학교 평가는 절대 '대충' 해도 되는 것이 아님을 부모님께서 인지시켜 주실 필요가 있습니다.

초등 저학년 수행평가 Q&A

수행평가는 어떻게 대비해야 하나요?

국어와 수학은 평가 1~2주 전에 교과서의 평가 범위를 다시 함께 보면서 아이의 내용 이해도를 확인하는 것이 방법입니다. 하지만 통합교과의 경우에는 가정에서 단기간 준비한다고 해서 결과가 달라지지 않는 내용으로 실시되는 경우가 많습니다. 예를 들면 '바른 말, 고운 말을 사용해야 하는 까닭을 알고 바른 말, 고운 말을 사용하기 위해 노력한다'와 같은 식입니다. 단기간에 대비하려 하기보다는 생활 속에서 평가 내용을 꾸준하게 실천할 수 있도록 하는 것이 좋습니다.

아이에게 수행평가를 강조해야 할까요?

평가에 대한 대비를 하는 것은 어느 정도 필요합니다. 하지만 불안이나 스트레스가 높은 성향의 저학년 아이에게 평가를 강조하고 준비시키는 것은 지양해야 합니다. 이렇게 할 경우 오히려 학교에 대한 부정적인 인식이 생기거나 필요 이상으로 긴장을 할 수 있습니다.

교실에서 평가를 보는 아이들의 모습이 궁금해요!

100점을 받고 싶은 마음에 의욕으로 가득해 보이는 아이들이 많지만 긴장하는 아이들도 있습니다. 수업 시간에 하는 활동으로 평가가 이루어지는 경우도 많아서 지금 평가 중인 걸 인식하지 못한 채 활동에 임하는 아이들도 많습니다.

학부모의 최대 고민, 선행 학습과 사교육

학부모가 된 후 가장 큰 고민은 선행 학습과 사교육일 것입니다. '언제 어디까지 진도를 빼야 하지?', '옆집 누구는 벌써 다른 학년 진도를 나간다는데…….', '어느 학원이 유명하다는데 우리 아이도 레벨 테스트를 보러 가야 하나?'

선행 학습과 사교육을 하는 데 있어 가장 기본이 되고 중요한 것은 바로 내 아이에 대한 파악입니다. 끊임없는 관찰과 대화를 통해 지금 아이에게 필요한 것이 무엇인지, 아이가 어떤 성향을 가지고 있는지, 우리 아이의 재능은 무엇인지, 반대로 약한 부분은 무엇인지를 파악하여 어떻게 도와주면 좋을지를 판단하는 것이 부모님의 가장 큰 역할입니다.

물론 내 아이를 파악하는 것이 쉬운 일은 아닙니다. 초등 교사인 저희도 마찬가지입니다. 담임교사로서 담당하고 있는 아이들을 볼 때는 어느 정도 파악이 가능하지만 엄마로서 내 아이들을 볼 때는 이상하리만치 잘 보이지 않습니다. 하지만 가장 중요하고 기본이 되는 것이기에 강조하지 않을 수 없습니다.

아이들은 모두 다릅니다. 그래서 제가 직접 가르쳐서 잘 알고 있는 우리 반 학생이 아닌 이상 어느 정도 선행을 해야 한다고 말씀드리기가 어렵습니다. 선생님이나 부모님들 사이에서도 의견이 분분합니다. 초등에서는 현행만 하면 된다는 의견도 있고, 한 학기 정도는 선행을 하는 것이 좋다는 의견도 있습니다. 2년 이상 선행을 해야 한다고 말씀하시는 분들도 있습니다. 하지만 정답은 없습니다. 어떤 아이는 현행에만 집중해도 되겠지만 어떤 아이는 2년 정도의 선행이 적합할 수도 있습니다.

똑같이 자유롭게 키웠어도 "엄마가 나에게 스트레스를 주지 않아서 스스로 공부할 수 있었어요. 엄마가 그렇게 하지 않았으면 아마 사춘기 때 엇나갔을지도 몰라요."라고 말하는 아이가 있는 반면 "엄마가 내 공부에 좀 더 관심을 가져줬으면 더 나은 학교에 갔을 거예요."라고 말하는 아이도 있습니다. 마찬가지로, 똑같은 사교육을 제공했음에도 "다양한 사교육 덕분에 이 정도 결과를 얻을 수 있었어요."라며 감사해하는 아이가 있는 반면 "너무 힘들어서 공부에 질렸어요."라며 부모를 원망하는 아이도 있습니다. 다시 한 번 강조하건대, 선행과 사교육을 함에 있어 가장 중요한 것은 '내 아이의 현재 실력과 성향을 파악'하는 것입니다.

일반적으로 초등 교사 입장에서 선행 학습을 부정적으로 생각하는 이유는 크게 두 가지입니다. 첫째, 현행은 놓친 채 선행만 중시하는 경우가 생각보다 많기 때문입니다. 특히 수학처럼 내용의 위계가 있는 과목의 경우, 현행 학습이 제대로 이루어지지 않은 채 선행 학습을 하는 것은 모래 위에 성을 쌓는 것과 같습니다. 내실 있는 현행 학습이 이루어진 뒤에 선행을 해야 의미가 있다는 말입니다. 이 말은 곧 현행 학습이 되어 있지 않은 아이는 선행이 아닌 현행의 내실을 다져야 한다는 뜻입니다.

둘째, 과도한 선행 학습으로 아이가 학교 수업에 흥미를 잃을 수 있기 때문입니다. 이미 다 아는 것이라는 생각에 학습에 대한 열의를 갖지 못하는 경우가 이렇습니다. 이렇게 되면 본인의 학습뿐만 아니라 교실 전체의 학습 분위기를 흐트러트릴 수 있습니다. 참고로 이런 성향의 아이는 현행을 어느 정도 이해했더라도 선행을 하기보다는 현행의 심화 학습을 하는 것이 더 적합합니다.

이런 두 가지 이유로 많은 교사들이 선행 학습에 대해 부정적인 의견을 표하곤 합니다.

내 아이의 소질과 적성, 성향과 생각, 의견과 상황을 파악하고 아이에게 적절한 엄마표 교육을 행하거나 공교육에 사교육을 더해 주는 것은 아이의 성장을 돕는 일일 수 있습니다. 그리고 이 과정에서 필요하다면 선행 학습을 할 수도 있습니다.

하지만 부모의 목표대로 아이를 무작정 끌고 가는 사교육, 남들이 하니까 따라가는 사교육은 의미가 없습니다. 반대로 사교육을 무조건 부정적인 것으로 생각하여 더 많은 것을 배우고 싶어 하는 아이의 의지를 꺾는 것도 옳지 않습니다. 부모님이 학원이나 과외 등의 사교육을 알아보고 아이에게 적합한 방법을 선택했다고 하더라도 그것이 끝이 아닙니다. 사교육 기관은 모든 것을 다 알아서 해 주지 않습니다. 앞으로 계속 강조하겠지만 학습의 주체는 언제나 아이와 부모님이 되어야 합니다. 이를 위해서는 아이의 생활에 관심을 갖고 아이가 잘 학습하고 있는지, 아이에게 지금 적합한 교육이 행해지고 있는지를 꾸준히 점검하고 고민해야 합니다.

사교육 기관, 현명하게 선택하고 활용하기

단지 앞 건물에만 해도 영어 학원이 3개, 수학 학원은 무려 5개나 됩니다. 이 중 우리 아이에게 맞는 학원이 어디인지를 찾으려면 시작도 하기 전에 머리가 지끈지끈 아파올 것입니다. 나름 비교하고 따져본 끝에 학원을 선택해도 선생님에 따라 수업 방식과 아이를 다루는 스타일이 천차만별이니 이 또한 걱정입니다. 간신히 찾아 학원을 보내곤 한시름 놓았다 싶었는데 금세 중학년이 되니 또 다시 같은 일을 반복해야 하는 상황이 벌어집니다. 우습고 슬픈 현실입니다. 그렇다면 사교육 기관은 어떻게 선택하고, 또 어떻게 활용하면 좋을까요?

1. 아이 성향에 맞는 곳을 선택하라!

우선 학기 단위와 학년 단위로 중점을 둘 과목을 설정합니다. 수학도 하고 영어도 하고 논술이랑 과학 실험도 하고, 줄넘기에 미술, 악기와 수영 모두 하면 좋겠지만 시간은 한정돼 있고, 아이의 집중도에는 한계가 있습니다. 그런 만큼 전략적으로 집중해야 할 부분을 정하는 것이 좋습니다. 수학을 좋아하고 수학 시간을 즐거워하여 수학에 비중을 많이 두고 싶어 하는 아이라면 영어나 논술 등은 상대적으로 가볍고 즐겁게 할 수 있는 기관(또는 문제집)을 선택하는 식입니다.

또 우리 아이가 소극적이고 선생님의 세심한 케어가 필요한 아이인지, 아니면 여러 아이들과 함께 있을 때 더 집중하고 더 많은 아이디어를 내는 아이인지를 살필 필요도 있습니다. 여러 아이들 앞에 쉽게 나서지 못하고 소극적인 아이의 경우에는 소수 정예 학원이 적합하고, 여러 아이들과 함께 있을 때 더 많은 시너지를 내는 아이의 경우에는 다수를 대상으로 하는 학원이 적합합니다. 이는 아이의 성향에 따라 달라질 수도 있지만 과목의 특성에 따라서도 달라질 수 있습니다. 그래서 다른 친구들의 아이디어를 보고 듣는 과정에서 시너지 효과가 나는 과목의 경우에는 1:1보다는 다수를 대상으로 하는 학원이 좋고, 꼼꼼한 개념 정리가 필요한 과목의 경우에는 소수 정예 학원이 적절합니다. 하지만 이 역시 아이의 성향이나 필요에 따라 달라질 수 있으므로 부모님의 꼼꼼한 관찰과 선택이 필요합니다.

2. 사교육 기관에 끌려가지 마라!

아이들이 학습을 하는 데 있어서 가장 중요한 것은 '얼마나 내 것으로 만드느냐'입니다. 가끔 "선생님, 저 수학 학원 3개, 영어 학원 2개 다녀서 학원 숙제하느라 다른 것 할 시간이 없어요."라고 말하는 아이가 있습니다. 일명 '학원 뺑뺑이'를 하다 보면 현실적으로 이렇게 될 수밖에 없습니다.

이럴 땐 우리 아이에게 진짜로 필요한 것이 무엇인지를 다시 한 번 고민하셔야 합니다. 메인으로 다니는 수학 학원의 진도를 따라가기 어려워하는데 이를 보완할 수학 학원 하나가 더 필요한 것인지, 아니면 그것을 내 것으로 만들 자습 시간이 한 시간 더 필요한 것인지를 판단해야 합니다.

3. 무조건 친구 따라 강남 가지는 마라!

초등 저학년 때는 새로운 환경에 적응하는 것을 어려워하는 아이가 많습니다. 따라서 큰 고민 없이 친한 친구 또는 반 친구들이 다니는 학원을 선택하곤 합니다. 물론 아직까지 심도 있는 학습보다는 친구들과 어울려 보내는 시간이 더 소중한 만큼 사교육 기관을 선택하는 데 있어 이 부분이 많이 반영되곤 합니다.

하지만 아이의 성향과 맞지 않는 학원이라면, 친구와 협력이 아닌 경쟁 관계가 될 수 있는 학원이라면, 함께 수업하는 친구와 배우는 속도에 차이가 나서 우리 아이에게 별로 효과가 없는 학원이라면, 반대로 우리 아이가 따라가기 어려워하는 학원이라면 시간과 돈만 낭비할 수 있습니다. 친구 따라 강남 가지 말고 나를 위해 가는 곳으로 만들어야 합니다.

2학년, 무엇을 배울까?

여전히 중요한 한글, 국어

2학년 국어는 1학년 때 배운 내용을 바탕으로 난이도가 조금 높아집니다. 예를 들어 〈듣기·말하기〉 영역에서는 1학년 때는 '인사말 주고받기', '바른 자세로 말하기', '말하는 내용에 집중하며 듣기' 등을 학습했다면 2학년 때는 '일이 일어난 순서를 고려하며 듣고 말하기', '자신의 감정을 표현하며 대화 나누기' 등을 학습합니다. 〈읽기〉 영역에서는 1학년 때는 '글을 읽고 주요 내용을 확인'했다면 2학년 때는 이에 덧붙여서 '글을 읽고 인물의 처지와 마음을 짐작하는 활동'까지 합니다. 〈쓰기〉 영역에서도 '자신의 생각, 인상 깊었던 일이나 겪은 일에 대한 생각이나 느낌 쓰기'에서 한 걸음 더 나아가 '주변 사람이나 사물에 대해 짧은 글을 쓰는 활동'까지 합니다. 〈문법〉 영역에서는 '소리와 표기가 다를 수 있음을 알고 낱말을 바르게 읽고 쓰기', 〈문학〉 영역에서는 '인물의 모습과 행동, 마음을 상상하며 그림책, 시나 노래, 이야기 감상하기'가 추가됩니다.

2학년 국어도 1학년과 마찬가지로 한글이 기본이 됩니다. 한글을 탄탄하게 다지는 동시에 1학년 때 배운 내용을 지속적으로 학습하며 이에 덧붙여 새로운 내용을 학습합니다. 2학년까지 한글을 탄탄하게 만들어 놓아야 3학년 때 보다 세부적이고 어려운 내용이 나왔을 때 당황하지 않고 원만한 학습을 할 수 있습니다.

- 2학년 국어 교과서 단원 및 주요 학습 내용

학기	교과서	단원	주요 학습 내용
1학기	국어 (가)	1. 시를 즐겨요	인물의 마음을 상상하며 시 읽기
		2. 자신 있게 말해요	여러 사람 앞에서 자신 있게 말하기
		3. 마음을 나누어요	마음을 나타내는 여러 가지 말을 알고 글에 나오는 인물의 마음을 말하기
		4. 말놀이를 해요	낱말의 소리와 뜻을 생각하며 여러 가지 말놀이 하기
		5. 낱말을 바르고 정확하게 써요	알맞은 낱말을 사용해 마음을 전하는 글 쓰기
		6. 차례대로 말해요	일이 일어난 차례를 생각하며 겪은 일을 이야기로 표현하기

학기	교과서	단원	주요 학습 내용
1학기	국어 (나)	7. 친구들에게 알려요	글에서 주요 내용을 확인하고, 주변에 있는 물건을 설명하기
		8. 마음을 짐작해요	글쓴이의 마음을 짐작하며 글 읽기
		9. 생각을 생생하게 나타내요	꾸며 주는 말을 사용해 생각이나 느낌을 자세하게 나타내기
		10. 다른 사람을 생각해요	듣는 사람의 기분을 생각하며 대화를 나누고, 일기 쓰기
		11. 상상의 날개를 펴요	인물의 마음을 상상하며 이야기 읽기
2학기	국어 (가)	1. 장면을 떠올리며	시나 이야기를 읽고 장면을 떠올리며 생각이나 느낌 말하기
		2. 인상 깊었던 일을 써요	인상 깊었던 일을 생각이나 느낌이 잘 드러나게 글로 쓰기
		3. 말의 재미를 찾아서	말의 재미를 느끼며 말놀이 하기
		4. 인물의 마음을 짐작해요	글을 읽고 인물의 마음을 짐작해 자신의 생각을 쓰기
		5. 간직하고 싶은 노래	겪은 일을 떠올려 시나 노래로 표현하기
		6. 자세하게 소개해요	주변 사람을 소개하는 글 쓰기
	국어 (나)	7. 일이 일어난 차례를 살펴요	인물의 모습을 상상하며 이야기를 듣거나 읽고, 일이 일어난 차례대로 말하기
		8. 바르게 말해요	바른 말로 대화하기
		9. 주요 내용을 찾아요	글을 읽고 주요 내용을 말하기
		10. 칭찬하는 말을 주고받아요	바르고 고운 말을 사용해 칭찬하는 말을 하고 칭찬하는 글 쓰기
		11. 실감 나게 표현해요	인형극을 보고 실감 나게 역할극 하기

'곱셈'과 '도형'으로 기본을 다지는 수학

 2학년 수학의 꽃은 '곱셈'과 '도형'입니다. 먼저 1학년 때 배운 내용을 바탕으로 세 자리 수, 두 자리 수끼리의 덧셈과 뺄셈을 추가로 학습한 뒤 드디어 곱셈을 배웁니다. 곱셈을 배울 때는 과일이 몇 개인지 여러 가지 방법으로 세어보는 것부터 시작합니다. 그 후 5씩, 4씩 등 묶음의 수를 다르게 해서 '묶어 세기'를 하고, 이를 바탕으로 '몇 배'의 의미를 가진 곱셈식을 배웁니다.

 2학기 때는 곱셈구구를 배우는데, 아이들에 따라 외우는 시간이 짧은 경우도 있지만 많은 시간과 반복을 필요로 하는 아이들이 대부분입니다. 따라서 평소에 구구단송을 자주 들으면서 노래 가사를 외우듯 자연스럽게 외우게 하는 연습을 해 두면 좋습니다. 유튜브에 다양한 버전의 구구송이 나와 있으니 아이가 마음에 들어 하는 버전으로 들려주시면 좋습니다.

 2학년 1학기 '2. 여러 가지 도형 단원'에서는 원, 삼각형, 사각형, 오각형, 육각형을 배웁니다. 동그라미, 세모, 네모 모양이 아닌 수학적 용어를 익히는 것입니다. 이 단원을 배울 때 칠교 조각으로 모양을 만드는 활동과 쌓기 나무로 블록을 쌓는 활동을 어려워하는 아이들이 종종 있습니다. 도형 감각과 공간 감각이 부족해서일 수도 있지만 평소에 이러한 것들을 접해 보지 않아서 생소하기 때문일 수도 있습니다. 가정에서 놀이를 통해 칠교와 쌓기 나무(블록)를 미리 접하게 해 주는 것이 좋습니다.

 2학년 수학에서 아이들이 가장 어려워하는 단원은 2학기 때 배우는 '4. 시각과 시간' 단원입니다. '몇 시', '몇 시 30분'까지는 곧잘 하던 아이도 이 단원에 들어가면 헷갈려 하는 경우가 많습니다. '몇 분'을 어려워하는 아이는 곱셈구구 '5단'을 활용해서 적용해 보면 도움이 됩니다. 가장 좋은 방법은 평소에 시계를 자주 보며 반복해서 연습하는 것입니다.

• 2학년 수학 교과서 단원 및 주요 학습 내용

학기	단원	주요 학습 내용
1학기	1. 세 자리 수	세 자리 수 알기 / 세 자리 수 비교하기
	2. 여러 가지 도형	원, 삼각형, 사각형, 오각형, 육각형 알기 / 칠교놀이
	3. 덧셈과 뺄셈	받아올림이 있는 (두 자리 수)+(두 자리 수), 받아내림이 있는 (두 자리 수)-(두 자리 수)
	4. 길이 재기	여러 가지 단위로 길이 재기, 자로 길이 재기, 1cm 알기
	5. 분류하기	기준에 따라 분류하기
	6. 곱셈	'몇 배' 알기, 곱셈의 원리 알기
2학기	1. 네 자리 수	네 자리 수 알기, 비교하기, 자리값 알기
	2. 곱셈구구	곱셈구구
	3. 길이 재기	몇m, 몇cm 알기
	4. 시각과 시간	몇 시 몇 분 알기, 몇 시 몇 분 전 알기, 1시간 알기, 하루의 시간 알기, 달력의 규칙 알기
	5. 표와 그래프	표와 그래프로 나타내기, 표와 그래프의 내용 알기
	6. 규칙 찾기	평균 구하기, 일이 일어날 가능성을 수로 표현하기, 덧셈표의 규칙, 곱셈표의 규칙, 무늬에서 규칙 찾기, 쌓은 모양에서 규칙 찾기

독서로 배경지식을 함께, 통합교과

통합교과는 아이들의 실제 생활과 밀접한 내용으로 구성되어 있습니다. 게다가 놀이와 활동 위주로 학습이 이루어지기 때문에 아이들이 재미있어 합니다. 내용이 어렵지 않아 선생님께서 숙제를 내주지 않는 이상 예습을 할 필요도 없고, 굳이 문제집으로 복습을 할 필요도 없습니다. 평소에 독서로 배경지식을 쌓아주는 것이 중요합니다.

• 2학년 통합교과 단원 및 주요 학습 내용

학기	교과서	단원	주요 학습 내용
1학기	봄	1. 알쏭달쏭 나	우리 몸이 하는 일 오감 놀이 우리 몸이 아플 때 꼬리잡기 놀이 나의 성장 과정 알기 마음 신호등 떠올리며 감정 알기 장래희망 이야기하기
		2. 봄이 오면	봄의 날씨 알기 봄이 되면 달라지는 모습 이야기하기 봄에 입는 옷 알기 봄에 하는 것 알기 '봄비' 노래하기 집안 꾸미는 장식품 만들기 등
	여름	1. 이런 집 저런 집	다양한 가족 형태, 다양한 모양의 집 알기 '우리 집' 놀이하기 우리 가족 설명하기 내가 살고 싶은 집 설명하기 가족이 함께 하는 집안일 알기 가족의 생활 모습 조사하기 대문놀이 하기 달팽이 표현하기, 달팽이집 노래하기 다양한 가족의 형태 알기

학기	교과서	단원	주요 학습 내용
1학기	여름	2. 초록이의 여름 여행	여름 동산 친구들 알기, 만들기 매미 소리 알기 물놀이 안전수칙 알기 물가의 동식물 알기 돌멩이 놀이하기 '올챙이와 개구리' 노래하기 오염된 물로 인한 피해 알기 바다 풍경 그리기 과일과 채소를 잘라 단면 그리기 '수박 장수' 노래하기 여름방학 계획하기
2학기	가을	1. 동네 한 바퀴	동네 모습 그리기 동네 돌기 놀이 동네 사람들이 하는 일 우리 동네 직업 놀이 '동네 사람 모여라' 노래하기
		2. 가을아 어디 있니	가을의 소리 알기 '가을바람 살랑' 노래하기 가을의 맛 찾기 가을의 열매 알기, 만들기 가을의 색 찾기, '가을은 무슨 색' 노래하기
	겨울	1. 두근두근 세계 여행	알고 싶은 나라, 가고 싶은 나라 이야기하기 '세계 여행' 노래하기 세계의 옷 알기 세계의 인사 알기 다른 나라의 집 알고 만들기 다른 나라의 음식, 장난감 세계의 민요, 세계의 춤 어울림 한마당
		2. 겨울 탐정대의 친구 찾기	겨울잠을 자는 동물 겨울잠을 자지 않는 동물 겨울철의 동물 알기 '겨울잠을 자러 가요' 놀이하기 식물들의 겨울나기 알기 줄넘기 하기 방학 계획 세우기

공부 습관 잡는 여름방학

한 학기, 잘 보냈을까?

2학년 여름방학은 초등학생으로서 맞이하는 세 번째 방학입니다. 1학년 때 맞았던 두 번의 방학은 '처음'이라는 이유로, 한편으론 방학에 무엇을 해야 할지 몰라 어영부영 흘려보낸 경우가 많았을 것입니다. 학기 중에 맘껏 놀지 못했으니 방학 때만큼은 실컷 놀게 하자는 마음으로 보낸 가정도 많았을 것입니다.

하지만 이제는 맘껏 놀며 보내는 방학보다는 의미 있는 방학을 보내는 것이 중요한 시기가 왔습니다. 아마 부모님들께서도 '이젠 좀 더 알차게 방학을 보내야 하지 않을까?', '공부 습관을 좀 잡아줘야 하는 건 아닐까?'라는 고민이 들 것입니다.

실제로도 그렇습니다. 배우는 내용도 평이하고 학교에 적응하는 데 큰 중점을 두었던 1학년 때와 달리 2학년 때는 복습해야 할 내용이 꽤 생기기 시작합니다. 아이가 1학기 공부를 마치고 가져온 국어와 수학 교과서를 함께 보면서 아래의 항목들을 하나씩 점검해 보시기 바랍니다.

• 과목별 알아야 할 주요 학습 내용

과목	알아야 할 주요 학습 내용	체크 하기
국어	◆ 인물의 마음을 상상하며 시를 읽을 수 있는가? 시가 실려 있는 여러 책을 읽으며 시 속 인물의 마음을 상상하며 시 읽기	☐
	◆ 여러 사람 앞에서 자신 있게 말할 수 있는가? 또박또박 큰 소리로 가족 앞에서 말하기, 거울 보며 말하기, 내가 말한 것 녹음해서 들어보기	☐
	◆ 마음을 나타내는 여러 가지 말을 알고 글에 나오는 인물의 마음을 말할 수 있는가? 여러 가지 책을 활용해서 행복해요/질투 나요/두려워요/슬퍼요/자랑스러워요 등으로 연습하기	☐
	◆ 알맞은 낱말을 사용해 마음을 전하는 글을 쓸 수 있는가? - 소리가 비슷한 낱말의 뜻(거름, 걸음 / 느리다, 늘이다 / 이따가, 있다가 / 마치다, 맞히다 / 같이, 가치 / 깊다, 깁다 / 부치다, 붙이다)을 구별하여 읽고 쓰기 - 받을 사람, 첫인사, 전하고 싶은 말, 끝인사, 쓴 날짜, 쓴 사람에 맞게 편지 쓰기	☐
	◆ 일이 일어난 차례를 생각하며 겪은 일을 이야기로 표현할 수 있는가? 아침, 점심, 저녁, 밤, 오전, 오후 등 시간을 나타내는 말을 써서 하루 동안 겪은 일 쓰기	☐
	◆ 글에서 주요 내용을 확인하고, 주변에 있는 물건을 설명할 수 있는가? 글의 주요 내용을 교과서 및 여러 책을 활용하여 연습하기, 주변 물건 설명하기	☐
	◆ 글쓴이의 마음을 짐작하며 글을 읽을 수 있는가? 교과서 및 여러 책을 활용하여 글쓴이의 상황, 말과 행동, 마음을 나타내는 말 파악해서 마음 짐작하기	☐

과목	알아야 할 주요 학습 내용	체크하기
국어	◆ 꾸며 주는 말을 사용해 생각이나 느낌을 자세하게 나타낼 수 있는가? 　꾸며 주는 말('노란', '주룩주룩', '굵은'과 같이 뒤에 오는 말을 꾸며 주어 그 뜻을 자세하게 해 주는 말)을 적절한 상황에서 사용하기	☐
	◆ 듣는 사람의 기분을 생각하며 대화를 나누고, 일기를 쓸 수 있는가? 　다른 사람의 기분과 관련된 일을 일기로 쓰기	☐
	◆ 인물의 마음을 상상하며 이야기를 읽을 수 있는가? 　교과서 및 여러 책을 활용하여 연습하기	☐
	◆ 국어 교과서, 국어활동에 제시된 이야기 글을 소리 내어 정확하게 읽을 수 있는가?	☐
수학	◆ 세 자리 수의 각 자리가 나타내는 숫자를 알고 있는가? 　(답: 400, 30, 5, 400+30+5) 　4는 백의 자리 숫자이고, ☐ 을 나타냅니다. 　3은 십의 자리 숫자이고, ☐ 을 나타냅니다. 　5는 일의 자리 숫자이고, ☐ 을 나타냅니다. 　435 = ☐	☐
	◆ 세 자리 수의 크기를 비교할 수 있는가? 　428 ◯ 395　　(답: > , 428, 395) 　428, 395, 421 가장 큰 수는 ☐ 입니다, 가장 작은 수는 ☐ 입니다.	☐
	◆ 삼각형, 사각형, 원의 특징을 알고 있는가? 　답 **삼각형**-모든 선이 곧은 선이다. 곧은 선(변)이 3개다. 　　　　두 곧은 선이 만나는 점(꼭짓점)이 3개다. 　　**사각형**-모든 선이 곧은 선이다. 곧은 선(변)이 4개다. 　　　　두 곧은 선이 만나는 점(꼭짓점)이 4개다. 　　**원**-뾰족한 부분이 없다. 곧은 선이 없고 굽은 선으로 이어져 있다. 　　　　길쭉하거나 찌그러진 곳 없이 어느 쪽에서 보아도 똑같이 동그란 모양이다.	☐
	◆ 쌓기 나무가 쌓아진 모양을 보고 똑같이 쌓을 수 있는가? 　교과서 활용하여 복습하기	☐

과목	알아야 할 주요 학습 내용	체크 하기
수학	◆ (두 자리 수)+(두 자리 수)를 계산할 수 있는가? 파란 구슬이 25개, 빨간 구슬이 37개 있습니다. 구슬은 모두 몇 개일까요? $\begin{array}{r} \overset{1}{2}\,5 \\ +\,3\,7 \\ \hline 6\,2 \end{array}$ 25+37=62이므로 구슬은 모두 62개입니다.	☐
	◆ (두 자리 수)-(두 자리 수)를 계산할 수 있는가? 공원에 참새가 43마리 있었는데 17마리가 날아갔습니다. 공원에 남아 있는 참새는 몇 마리일까요? $\begin{array}{r} \overset{3}{\cancel{4}}\,\overset{10}{3} \\ -\,1\,7 \\ \hline 2\,6 \end{array}$ 43-17=26이므로 구슬은 모두 26개입니다.	☐
	◆ 기준에 따라 분류할 수 있는가? 기준을 정하여 교통안전 표지판을 분류해 보세요. 분류 기준 색깔 분류 기준 금지선의 수	☐

과목	알아야 할 주요 학습 내용	체크하기
	◆ 자로 길이를 잴 수 있는가? 　주변의 물건을 길이를 재어서 cm로 나타내기	☐
	◆ 길이를 어림할 수 있는가? 　자를 이용하지 않고 물건의 길이 어림한 뒤 자로 재어서 확인하기	☐
	◆ 물건의 개수를 곱셈식으로 나타낼 수 있는가? 답 6·3=18	☐

교과서로 다지는 어휘력

　책을 많이 읽으면 어휘력도 자연스럽게 늘어납니다. 하지만 책을 읽는 모든 아이들이 다 어휘력이 좋은 것은 아닙니다. 책의 내용을 제대로 이해하면서 책을 읽어야 어휘력이 늘어나지 단순히 책을 많이 읽는다고 해서 어휘력이 늘어나지는 않습니다. 어휘력 향상을 위해 1학년, 심지어 미취학 어린이 중에서도 문제집을 구매해 푸는 경우가 있는데, 저학년은 문제집보다는 교과서를 이용하는 것을 추천합니다.

　교과서로 어휘력을 다지는 방법은 다음과 같습니다. 우선 국어 교과서의 지문을 소리 내어 읽습니다. 그런 다음 소리 내지 않고 다시 한 번 읽습니다. 이제 중요하다고 생각하는 낱말에 동그라미를 칩니다. 그리고 다른 색 펜을 들어 잘 모르는 낱말에 동그라미를 칩니다. 그런 다음 부모님과 함께 그 낱말의 뜻을 확인합니다. 아이가 자신이 생각하는 낱말의 의미를 말하면 부모님께서는 수정 또는 보완, 정정해 주면서 낱말의 뜻을 알려주면 됩니다. 이때 인터넷 국어사전을 활용하면 정확한 의미를 알려줘야 하는 데서 오는 부모님의 부담을 줄일 수 있고, 비슷한 낱말과 반대되는 낱말까지 함께 알려줄 수 있어 유용합니다. 마지막으로 그 낱말을 넣어서 문장을 만들어 봅니다. 문장을 만들 때는 대화 형식으로 만들어도 좋고, 아이 스스로 단어장을 만들어 낱말을 적고 그 낱말 아래에 문장을 적게 해도 좋습니다. 사실 어른이라고 해서 단어의 뜻을 모두, 그리고 정확하게 아는 것은 아닙니다. 그런데 이렇게 교과서를 함께 읽다 보면 부모님의 어휘력까지 향상되는 일석이조의 효과를 볼 수 있습니다.

문장을 만들 수 있다는 것은 아이가 그 낱말의 의미를 정확하게 이해했다는 뜻입니다. 어휘 문제집을 풀어서 맞은 개수를 확인하는 것보다 이렇게 해당 낱말로 문장을 제대로 만들 수 있는지 확인하는 것이 어휘력을 향상시키는 데 더 효과적입니다. 또 같은 시간을 공부해도 어휘 문제집을 푸는 것보다 (독해 문제집도 마찬가지입니다.) 독서를 하고, 그중에서 잘 모르는 낱말을 넣어 문장을 만들고 부모님이 확인해 주는 방법으로 시간을 보내는 것이 더 의미 있습니다. 물론 아이가 문제집 푸는 것을 좋아한다면 문제집을 푼 다음 몇 개의 낱말을 활용해 문장 만들기로 아이가 제대로 이해했는지 확인해도 됩니다. 이런 방법으로 다른 과목의 교과서를 활용해도 어휘력 향상에 도움이 되니 적용해 보시길 권합니다. 이 방법은 2학년뿐만 아니라 다른 학년에서 활용해도 유용합니다.

수학, 제대로 읽고 검산하여 실수하지 않기

 1학년 수학이 단순한 연산과 관찰 위주로 이루어지고 누리 과정과 중복되는 내용이 많았다면 2학년 수학은 제법 수학다워지는 것이 특징입니다. 수를 가르고 모으는 것부터 수학적 원리를 일상생활에 적용해 문제를 해결하는 것까지 그 유형도 다양해집니다. 그렇다 보니 아이들이 새로운 문제와 마주하게 되는데, 바로 '실수'입니다. 예를 들면 문제를 대충 읽고는 '누가 몇 개 많은지'를 물어보는 질문에 '누가 많은지'만 쓴다거나 계산은 제대로 해 놓고 답안지에 옮겨 적을 때는 집중력이 떨어져 전혀 다른 수를 적는 식입니다. '우리 아이가 왜 이러지?' 하는 생각이 드실 텐데, 사실 이 무렵부터 6학년까지 아이들이 꾸준히 마주하는 문제라 보시면 됩니다.

 그래서 수학 수업 시간이 되면 아이들과 몇 가지 약속을 하게 됩니다. 문제가 길어서 한눈에 들어오지 않을 때는 밑줄을 치며 문제를 읽거나 구절 단위로 문제를 끊어 읽는 등의 기술적인 약속입니다. '구하고자 하는 것'에 동그라미를 치거나 '주어진 단서'에 세모 표시를 하자고 약속하기도 합니다. 구체적인 약속은 조금씩 다를 수 있지만 결국은 '문제를 제대로 읽고 검산하여 실수하지 않도록 하는 습관'을 기르는 데 목적이 있습니다.

 또 이 무렵 아이들은 선생님께 수학익힘책을 빨리 내고 싶어서, 시험을 빨리 풀고 그림을 그리고 싶어서 문제를 순식간에 풀어내곤 합니다. 하지만 속도와 정확도가 비례하는 것은 아닙니다. 천천히 문제를 검토하는 것 역시 수학 문제 풀이의 한 과정이고, 또 중요하다는 것을 알게 해 줄 필요가 있습니다. 아울러 문제지의 문제를 빨리 풀고 뒷장 여백에 그림을 그리는 것이 잘하는 것이 아님을 확실하게 알려줄 필요도 있습니다.

'교과 수학', '사고력 수학', '연산' 무엇이 다른가요?

미취학 시기에 초등 저학년 때 배울 수학 공부를 도와주고 싶어도 어디서부터 무엇을 시작해야 할지 몰라 어렵다는 부모님들의 고민을 많이 듣습니다. 부모님들이 학창 시절에 들어보지 못한 이름인 데다 수학이 여러 갈래로 나누어진 듯한 느낌이 드니 방향을 잡기가 어려운 것이 사실입니다. 사실 아이들마다 수학을 공부하는 목적이 다르고, 가지고 있는 기질과 환경도 다르기 때문에 무엇을 언제 하라고 꼭 집어 말씀드리기는 어렵습니다. 하지만 전체적인 가이드라인을 잡기 위해 그 특성을 알아둘 필요는 있습니다.

1. 교과 수학

교과 수학은 초등학교 교과서에 제시된 수학을 의미합니다. 흔히 말하는 '현행', '선행', '심화'가 바로 이 교과 수학입니다. 교과서를 기본으로 하되 교과서에 있는 문제만으로는 부족하다는 생각이 들 때 교과 문제집을 활용하기도 합니다. 학년이 올라갈수록 내용이 추상적이고 복잡해지며, 여러 번 반복을 요하는 내용이 등장합니다. 그렇기 때문에 비교적 가벼운 내용을 다루는 저학년 때 한두 학기 정도 선행을 통해 교과 수학을 접하며 어려운 내용을 충분히 반복할 수 있는 시간을 벌기도 합니다. 선행을 하더라도 학교에서 실시하는 수행평가와 단원평가에 대비하기 위해서는 지속적으로 현행을 봐줘야 합니다. 심화는 현재 배우고 있는 내용을 보다 깊이 있게 공부하는 것을 의미합니다.

2. 사고력 수학

사고력 수학은 미취학 아동과 저학년 아이들로 하여금 수학에 흥미를 느끼게 하고, 즐거운 마음으로 수학에 임하게 하는 데 도움을 줍니다. 고학년 아이에게는 수학적 원리를 기반으로 창의적으로 생각해 해결해야 하는 문제를 푸는 데 도움이 된다고 알려져 있습니다.

아이의 수학적 사고력을 길러주는 문제들이 담긴 '사고력 수학' 문제집이 시중에 많이 나와 있습니다. 문제집을 활용할 때는 수학적 개념을 활용하는 능력, 수학적 사고력이 아닌 단순한 문제풀이 스킬을 익혀 문제를 해결하도록 하는 것은 지양해야 합니다. 사실 사고력 수학의 필요성에 대해서는 의견이 분분합니다만 함께 문제집을 살펴보면서 아이가 흥미를 보인다면 접해 보는 것도 나쁘지 않습니다. 또 중학년 이후가 되면 교과 수학의 심화 문제와 유사성을 갖게 되니 사고력 수학을 별도로 학습하는 것이 좋을지에 대해서는 충분히 고민하여 선택하시기를 권합니다.

3. 연산

연산은 수학의 기본으로, 저학년 교과 수학은 연산이 주를 이룬다고 할 수 있습니다. 따라서 연산이 별도의 영역으로 있다기보다는 교과 수학을 하기 위한 기본이라는 생각으로 저학년 때는 꾸준한 반복 연습을 하게 해 주시는 것이 중요합니다.

연산을 도와주는 문제집	〈소마셈〉〈원리셈〉〈기적의 연산법 960〉〈쎈 연산〉 등
사고력 수학을 경험할 수 있는 문제집	〈팩토〉〈필즈〉〈1031〉〈최상위 사고력 수학〉 등
서술형 문제를 연습하기에 좋은 문제집	〈기적의 문장제〉〈문제해결의 길잡이〉 등
교과 수학을 보조해 줄 수 있는 문제집	〈디딤돌 수학〉〈쎈수학〉〈만점왕〉〈우공비〉 등
교과 심화 문제를 경험할 수 있는 문제집	〈최상위수학〉〈최고수준 수학〉〈창의적 문제해결력 수학〉 등

해외 영어 캠프, 필요할까?

수능 영어가 절대평가로 전환된 지 수 해가 지났습니다. 그렇다면 그동안 영어 사교육은 줄어들었을까요? 그렇지 않습니다. 제대로 된 영어 교육에 대한 고민과 수요는 더욱 늘어나고 있습니다. 과거의 영어 교육이 문법과 해석 중심이었다면 최근에는 아이들이 영어를 하나의 언어로 받아들이고 사용할 수 있도록 하는 데 초점이 맞춰져 있습니다.

이러한 맥락에서 아이들이 자연스러운 환경에서 영어를 경험할 수 있도록 하는 해외 영어 캠프에 대한 관심과 수요도 해가 갈수록 늘어나고 있습니다. 지금은 코로나-19라는 특수한 상황으로 잠시 주춤한 상태이지만 영미권 국가들은 여름방학에 맞춰 다양한 영어 캠프를 진행하고 있습니다. 우리나라 학생들도 방학과 동시에, 또는 방학을 앞두고 체험 학습을 이용하여 외국으로 가 다양한 캠프에 참가합니다.

영어 캠프는 학기 중에 영어를 접하는 과정에서 아이의 내면에 쌓여 있는 영어 실력을 분출하고 이를 통해 성장할 수 있는 시간을 만들어준다는 점에서 기회인 것은 맞습니다. 쌓아만 두고 활용할 기회가 없었던 영어를 '활용할' 순간이 왔기 때문입니다. 캠프를 통해 영어 공부에 대한 동기를 불태울 수도 있습니다. 영어에 대한 거부감이 있었던 아이가 캠프를 통해 영어 공부의 필요성을 느껴 관심을 가질 수도 있습니다. 다만, 전제는 아이가 활용할 수 있는 무언가를 가지고 있어야 한다는 것입니다.

사실 영어 캠프는 언어 학습의 관점이 아닌 문화를 체험한다는 관점에서도 의미가 있습니다. 어렸을 때 다른 나라의 문화를 경험하고 세계 각지의 친구들과 소통하는 것은 아이로 하여금 글로벌한 리더십을 갖게 하는 데 도움이 되기 때문입니다.

물론 해외 영어 캠프가 장점만 있는 것은 아닙니다. 무엇보다 비용과 시간에 대한 리스크가 큽니다. 다른 친구들이 간다는 이유로, 친구가 추천해서, 또는 한 번 참가해 보면 좋을 것 같아서 등의 이유로 참가하기에는 시간과 비용, 그리고 기회비용을 무시할 수 없습니다. 금전적으로도 많은 비용이 들지만 다른 과목에 대한 공부 시간을 포기해야 하는 기회비용이 다른 것들에 비해 큰 만큼 신중한 선택이 필요합니다.

한두 번의 영어 캠프 참가로 아이의 영어 실력이 눈에 띄게 향상될 것이라 기대하는 경우에도 한 번 더 고민해 볼 필요가 있습니다. 영어는 '언어'인 만큼 꾸준한 노출이 중요하고, 또 노출되는 만큼 실력 향상에 도움이 됩니다. 이런 경우라면 굳이 해외 영어 캠프가 아니어도 됩니다. 평소에 조금씩이라도 꾸준히 노출되는 것이 영어에 대한 감을 기르는 데는 가장 좋습니다. 장단점을 고려하여 상황에 맞게, 또 가정마다의 형편에 맞춰 선택하시기를 바랍니다.

코딩, 해야 하나요?

5, 6학년 때 배우는 실과 교과에는 코딩과 관련된 부분이 나옵니다. 학부모 입장에서는 코딩 수업에 대비해 미리 코딩을 배워둬야 하는지, 배운다면 어

느 정도까지 배워둬야 하는지 궁금할 것입니다. 게다가 4차 산업혁명, 인공지능(AI) 같은 단어와 여기저기서 코딩 사교육에 대한 얘기가 들리니 우리 아이도 코딩 공부를 시켜야 하는지에 대한 궁금증이 더 클 수밖에 없습니다.

코딩은 '컴퓨터가 이해할 수 있는 프로그래밍 언어로 컴퓨터에게 명령을 내리는 것'을 의미합니다. 즉, 코딩을 한다는 것은 사람과 컴퓨터가 대화하는 것으로, 코딩은 파이썬이나 자바, C언어 등의 프로그래밍 언어를 문법에 맞게 기록해서 우리에게 필요한 프로그램을 만드는 과정입니다.

하지만 초등 수준에서는 이렇게 실제적인 프로그래밍 언어로 프로그램을 만드는 것을 목표로 하지는 않습니다. 초등 실과에서의 코딩은 소프트웨어가 무엇인지를 이해하고, 절차적 사고로 문제를 해결하며, 초급자를 위한 교육용 프로그래밍 언어인 엔트리나 스크래치 등의 프로그래밍 도구를 간단하게 활용해 보는 정도의 교육이 이루어집니다. 특히 강조하는 절차적 사고는 문제를 효율적으로 해결하기 위해 큰 문제를 작은 문제들로 나누고, 나눠진 작은 문제를 단계별로 해결하는 사고 과정입니다. 다시 말해, 순서대로 생각해서 처리하는 과정을 통해 문제 해결력을 기릅니다. 예를 들어 달걀을 삶는다고 한다면 '준비하기, 조리하기, 먹기, 정리하기'로 나누고 각 단계를 더 세분화하는 것입니다.

학교 수행평가를 위해 코딩을 따로 배울 필요까지는 없습니다. 물론 미리 프로그래밍 언어를 접해 보았거나 집에서 복습해 본 아이는 더욱 빠르게 프로그래밍을 할 수 있습니다. 다만 아이가 코딩에 관심을 보이고, 부모님 입장에서도 이 분야에 대한 경험을 넓혀 주고 싶다는 판단이 든다면 고학년이 되기 전에 따로 공부해 보는 것도 좋습니다. 참고로 코딩을 배우는 데 있어 꼭 돈을 들여야 하는 것은 아닙니다. 사교육을 이용할 수도 있지만 각종 기관에서 운영하는 무료 교육 프로그램을 이용할 수도 있기 때문입니다. 예를 들어 미래에셋에서 운영하는 '우리아이 미래창의교육'을 활용하면 비대면으로 다양한 코딩 교육을 경험할 수 있습니다. 또 시중에 3~4학년을 대상으로 한 코딩 책이 많이 나와 있으니 이를 활용하는 것도 방법입니다. 책을 보며 혼자 공부하는 것도 가능합니다.

저학년에서 벗어나 한 걸음 더 나아가는 겨울방학

한 학기, 잘 보냈을까?

초등학교에 입학한 게 엊그제 같은데 어느새 저학년으로서 맞이하는 마지막 방학이 왔습니다. 3학년이 되면 통합교과가 여러 과목으로 세분화되고, 그에 따라 다양한 과목을 공부하게 됩니다. 그 준비 단계로 2학년 겨울방학 때는 제대로 된 교과 공부의 기본을 다질 필요가 있습니다. 국어의 경우 아직까지는 국어 교과서와 국어활동에 제시된 이야기 글을 소리 내어 정확하게 읽는 연습이 필요합니다. 수학은 각 단원의 내용을 제대로 이해하고 있는지, 더 연습해야 할 부분은 없는지를 파악해 보아야 합니다.

• 과목별 알아야 할 주요 학습 내용

과목	알아야 할 주요 학습 내용	체크 하기
국어	◆ 시나 이야기를 읽고 장면을 떠올리며 생각이나 느낌을 말할 수 있는가? 　교과서 및 여러 책을 활용하여 이야기를 읽고 일어난 일, 인물의 마음, 비슷한 자신의 경험, 이야기에 대한 생각이나 느낌 말하기	☐
	◆ 겪은 일을 차례대로 쓰고, 생각이나 느낌이 드러나게 쓸 수 있는가? 　인상 깊었던 일을 떠올리며 일기 쓰기로 연습하기	☐
	◆ 말의 재미를 느끼며 말놀이를 할 수 있는가? 　부모님과 함께 수수께끼 놀이 및 다섯 고개 놀이하기	☐
	◆ 글을 읽고 인물의 마음을 짐작해 자신의 생각을 쓸 수 있는가? 　교과서 및 여러 책을 활용하여 글을 읽고 인물의 마음을 짐작해서 인물에게 하고 싶은 말 쓰기	☐
	◆ 겪은 일을 떠올려 시나 노래로 표현할 수 있는가? 　겪은 일을 소재로 시로 일기 쓰기 연습하기	☐
	◆ 주변 사람을 소개하는 글을 쓸 수 있는가? 　주변 사람을 소개하는 내용을 소재로 일기 쓰기 연습하기	☐
	◆ 인물의 모습을 상상하며 이야기를 듣거나 읽고, 일이 일어난 차례대로 말할 수 있는가? 　교과서 및 여러 책을 활용하여 글을 읽고 일이 일어난 차례대로 말하기	☐
	◆ 바른 말에 대해 이해하는가? 　틀리다, 다르다 / 적다, 작다 / 잊어버리다, 잃어버리다 / 가리키다, 가르치다 / 많다, 크다	☐
	◆ 글을 읽고 주요 내용을 말할 수 있는가? 　교과서 및 여러 책을 활용하여 글을 읽고 주요 내용 말하기	☐
	◆ 바르고 고운 말을 사용해 칭찬하는 말을 하고 칭찬하는 글을 쓸 수 있는가? 　주변 사람을 칭찬하는 내용을 소재로 일기 쓰기 연습하기	☐
	◆ 국어 교과서, 국어활동에 제시된 이야기 글을 소리 내어 정확하게 읽을 수 있는가?	☐

과목	알아야 할 주요 학습 내용	체크하기
수학	◆ 네 자리 수의 각 자리가 나타내는 숫자를 알고 있는가? 7934 = [7000] + [ ] + [30] + [ ] [4000] + [ ] + [ ] + [5] = 4045　(답: 900, 4, 0, 40)	☐
	◆ 네 자리 수의 크기를 비교할 수 있는가? 7312 ◯ 7298　(답: >) ｜ ｜천의 자리｜백의 자리｜십의 자리｜일의 자리｜ 6100 → ｜ 6 ｜ 1 ｜ 0 ｜ 0 ｜ 5999 → ｜ ｜ ｜ ｜ ｜　가장 큰 수는 [ ]입니다. 6074 → ｜ ｜ ｜ ｜ ｜　가장 작은 수는 [ ]입니다. (답: 5, 9, 9, 9, 6, 0, 7, 4, 6100, 5999)	☐
	◆ 2~9단까지의 곱셈구구를 모두 이해하고 있는가?	☐
	◆ 곱셈구구를 활용하여 문제를 해결할 수 있는가? 우리 반에는 총 7모둠이 있습니다. 각 모둠에 4명의 친구들이 있다면, 우리 반은 모두 몇 명일까요? (답: 7X4=28명)	☐
	◆ 길이의 합과 차를 계산할 수 있는가? 　　5 m 37 cm　　　　6 m 69 cm 　+ 3 m 50 cm　　　 - 2 m 36 cm 　―――――――　　　――――――― 　　[ ]m [ ]cm　　　 [ ]m [ ]cm　(답: 8m 87cm, 4m 33cm)	☐
	◆ 시간 개념을 이해하고 있는가? • 60분 = [ ]시간　　　　　• 긴바늘을 한 바퀴 돌렸을 때: • 2주일 = [ ]일　　　　　　 (오전, 오후) [ ]시 [ ]분 • 1일 3시간 = [ ]시간　　• 짧은바늘을 한 바퀴 돌렸을 때: • 12개월 = [ ]년　　　　　 (오전, 오후) [ ]시 [ ]분 (답: 1, 14, 27, 1, 오전 9시 13분, 오후 8시 13분)	☐

과목	알아야 할 주요 학습 내용	체크 하기
수학	◆ 여러 가지 방법으로 시각을 읽을 수 있는가? (답: 3시 45분, 4시 15분 전 등)	☐
	◆ 달력을 활용하여 생활 속 문제를 해결할 수 있는가? 어느 해 12월의 달력입니다. 설명을 읽고 친구들의 생일을 알아보세요. 소민이의 생일은 12월 첫째 날입니다. 유준이의 생일은 12월 마지막 날입니다. 유하는 유준이보다 14일 먼저 태어났습니다. (답: 소민 12월 1일, 유준 12월 31일, 유하 12월 17일)	☐
	◆ 자료를 조사하여 표와 그래프로 나타낼 수 있는가? 내가 조사한 내용을 표와 그래프로 나타내기	☐
	◆ 다양한 모양 및 표에서 규칙을 찾을 수 있는가? 덧셈표, 곱셈표, 무늬, 쌓은 모양에서 규칙 찾기	☐

글밥이 많아져도 여전히 중요한 소리 내어 읽기

2학년 후반을 지나면서 아이의 읽기는 소리 내어 읽는 낭독에서 조용히 눈으로 읽는 묵독으로 넘어갑니다. 그렇다고 해서 더 이상 소리 내어 읽기를 하지 말아야 한다는 뜻은 아닙니다. 아이가 읽는 책의 글밥이 많아져도 여전히 소리 내어 읽기는 중요합니다.

속으로 읽는 활동이 시각적 자극만 사용하는 것과 달리 소리 내어 읽기는 아이의 다양한 감각을 사용하게 합니다. 따라서 보다 집중력을 발휘하여 꼼꼼하게 읽을 수 있도록 도와주어야 합니다. 꼼꼼하게 읽다 보면 평소에 눈으로 스쳐지나가듯 읽은 낯선 단어들을 다시 한 번 생각해 볼 수 있습니다. 그 문장의 의미에 대해서도 다시 생각할 수 있어 어휘력과 문해력 향상에 도움이 되고, 이것이 습관이 되면 상급 학년이 되어 다양한 평가 문제를 풀 때도 유리합니다.

소리 내어 읽기는 또한 문장을 정확한 발음으로 적절한 곳에서 끊어 읽게 해 주고, 글을 실감나게 읽는 과정에서 상황에 대한 이해력도 높여줍니다. 학교에서도 종종 돌아가며 소리 내어 읽기 활동을 하곤 하는데, 이때 아이들 간에 읽기 실력의 차이가 크게 나는 것을 볼 수 있습니다.

사실 2학년쯤 되면 소리 내어 읽는 것을 불편해하는 아이들도 많습니다. 속으로 읽는 것이 더 빨리 읽을 수 있는 데다 틀릴까봐 걱정되기 때문입니다. 그래서 묵독에 익숙한 아이들은 돌아가며 소리 내어 읽는 시간을 낯설어하기도 합니다. 번거롭겠지만 음독보다는 소리 내어 읽을 수 있도록 부모님이 이끌어 주시길 부탁드립니다.

소리 내어 읽는 방법 중 하나로 부모님과 아이가 번갈아가며 읽는 것을 추천합니다. 미취학 시절에는 부모님이 읽어 주는 책을 읽다가 잠드는 것이 아이의 일상이었을 것입니다. 하지만 학교에 입학한 뒤로는, 또 아이가 혼자서 글을 읽을 수 있게 된 뒤로는 잠자리에서 아이에게 책을 읽어주는 일이 줄어들거나 없어졌을 것입니다. 이때의 기억을 되살려 아이와 부모님이 한 페이지 또는 한 문장씩 번갈아가며 소리 내어 읽는 시간을 갖기를 권합니다.

이 시간을 통해 아이가 모르는 단어를 새롭게 알 수 있고, 주인공의 감정에 내 감정을 이입해 보는 등 책을 더 깊이 있게 이해할 수 있습니다. 무엇보다 독서를 넘어 아이와 더 깊이 교감할 수 있는 기회라는 점에서 이 방법을 추천합니다.

또 다른 방법은 '읽어 주기'입니다. 동생이 있는 경우에는 동생에게 읽어 주고, 그렇지 않은 경우에는 장난감이나 부모님께 읽어 주면 됩니다. 물론 아이가 쉽게 응하지 않을 것입니다. 이때는 부모님의 적당한 연기가 필요합니다. "○○아, 아빠는 ○○이처럼 책을 잘 읽지 못하겠더라. 지난번에 ○○이가 재미있었다고 한 책이 정말 읽고 싶은데, 아빠 빨래 개는 동안 읽어 줄 수 있니?" 하는 식으로 자연스럽게 유도하면 됩니다. 단순히 '읽기'가 아닌 읽어 '주는' 활동은 아이가 책 속의 상황을 보다 실감나게 전달할 수 있도록 동기를 부여하기도 합니다.

시간에 민감한 아이라면 '시간에 맞춰 읽으며 녹음하는' 것도 방법입니다. 한 페이지 또는 한 문단을 읽는 데 걸리는 시간을 정해 놓고 그 시간에 맞춰 읽으면 됩니다. 이때 '빨리 읽기'에 치중한 나머지 시간을 촉박하게 설정하면 아이가 책의 내용을 제대로 이해하지 못하고 정확하지 않은 발음으로 흘려 읽는 문제가 생깁니다. 문고본 한 페이지 기준 40초 내외의 시간을 부여하고, 이에 맞춰 실감나게 읽도록 해 주는 것이 적당합니다. 아이의 목소리를 녹음하여 함께 들어보는 것도 좋습니다.

경시대회, 준비해야 하나요?

앞에서도 언급했지만 초등학교에는 전체 학생이 일괄적으로 보는 시험은 없습니다. 그렇다 보니 아이의 수학 실력을 점검하기 위한 방편으로 각종 경시대회에 응시하게 하는 부모님들이 종종 있습니다.

모든 대회가 그렇겠지만 대회의 장단점을 충분히 확인하여 참여 여부를 결정하는 것이 중요합니다. 단순히 엄마의 욕심으로, 상을 받게 하려는 목적으로 참가하는 것은 의미도 없을 뿐더러 누구에게도 좋은 기억을 남기지 못합니다.

게다가 경우에 따라 조금씩 다르긴 하지만 대부분의 경시대회는 아이가 학교에서 접하는 교과 수학의 문제들과는 조금 다른 유형을 다룹니다. 따라서 이를 준비하기 위해서는 별도의 시간과 노력이 필요합니다. 그런 만큼 충분한 고민이 필요합니다.

저학년 아이들은 수학에 대한 흥미와 동기를 갖는 것이 우선입니다. '나는 수학을 잘하는 아이야'라는 인식이 초등 6년간 수학 공부에 임하는 자세를 결정하기도 합니다. 그래서 비교적 상을 받기 쉬운 저학년 경시대회에 응시하는 것도 괜찮은 방법입니다. 작은 상이라도 받은 아이의 수학적 자존감은 이전과는 확실히 다르기 때문입니다. 하지만 이를 힘들어 하거나 생각보다 많은 시간을 할애해야 하는 경우에는 오히려 역효과가 날 수 있습니다. 결과에 따라 '나는 수학을 못하는 아이야'라는 생각을 할 수 있기 때문입니다. 이런 의외의 결과를 낳을 수도 있는 만큼 아이의 성향과 상황을 고려하여 참가 여부를 결정하는 것이 현명합니다.

• 초등학생 대상 각종 경시대회(2021년 기준)

	대회명	주최
1	전국 수학학력경시대회(성대경시)	글로벌 영재학회
2	KMO 한국 수학올림피아드	대한수학회
3	HME 해법수학학력평가	천재교육
4	HMC 수학경시대회	천재교육
5	KMC 한국수학인증시험	한국수학교육학회
6	KMC 한국수학경시대회	한국수학교육학회
7	KMA 한국수학학력평가	에듀왕
8	KUT 고대 전국수학학력평가	고려대학교
9	MBC 수학학력평가	MBC 아카데미

3학년 전에 선행을 해야 하나?

모든 방학이 그렇겠지만 특히 3학년을 앞둔 2학년 겨울방학에는 부모님들의 고민이 많아집니다. 3학년이 되면 과목이 많아져서 학습 부담이 커진다는 얘기를 들었기 때문일 것입니다. 3학년 때는 도덕, 사회, 과학, 영어, 음악, 미술, 체육의 7개 교과목이 신설됩니다. 이를 앞두고 '사회 문제집을 미리 풀어봐야 하나?', '과학 학원을 보낼까?', '아이가 원어민 선생님을 보고 무서워하면 어쩌지?' 하는 생각이 들 것입니다.

사실 3학년 사회와 과학은 아이가 학습 부담을 느낄 만큼 어렵지 않습니다.

다만 그 내용보다는 텍스트를 읽어내는 능력, 즉 문해력이 중요하게 작용합니다. 교과서를 읽고, 이해하고, 관련된 문제를 풀어본 경험이 없기 때문에 그러한 활동에 익숙해지도록 하는 것이 중요합니다. 그래서 사회와 과학의 경우에는 관련된 체험을 많이 해 보고, 관련 내용의 책을 읽은 뒤 부모님과 얘기를 나누면서 배경지식을 넓히는 것이 많은 도움이 됩니다.

  3학년이 되어 처음 접하는 영어 교과의 경우 학교에 따라 한국인 선생님이 2시간을 모두 수업을 이끌기도 하고, 원어민 선생님과 한국인 선생님이 함께 수업을 하기도 합니다. 이 부분에 대해서는 1학년 여름방학 부분에 소개된 설명을 참고하시기 바랍니다.

  또 3학년이 되면 즐거운 생활로 통합되어 있던 음악, 미술, 체육의 예체능 교과목도 세분화됩니다. 이와 관련하여 3학년 전에 악보를 볼 줄 알아야 한다는 얘기를 많이 합니다. 2학년 때까지는 주로 그림 악보로 교과서에 제시되지만 3학년 때부터는 오선 악보가 제시되기 때문입니다. 하지만 선생님들도 아이들이 오선 악보를 처음 접한다는 것을 전제로 학습을 지도하기 때문에 미리 부담을 가질 필요는 없습니다. 또 악보의 각 요소에 대해 분석적으로 다루지도 않기 때문에 아이가 악보를 완전히 읽지 못하더라도 크게 걱정하실 필요가 없습니다. 다만 '계명창'이나 '처음 보는 악보로 리코더 연주하기' 등의 활동을 아이가 많이 어려워한다면 계이름 정도는 읽을 수 있도록 도와주시기를 부탁드립니다.

• 2학년 교과서 악보 / 3학년 교과서 악보

체험 학습, 어디가 좋을까?

아이들의 발달 단계와 초등학교 커리큘럼을 바탕으로 방학을 이용해 방문하면 좋은 교과 연계 체험 장소를 선정하였습니다. 현재 학년을 기준으로 복습의 의미로 활용하셔도 좋고, 다음 학년의 추천 장소를 보며 예습의 의미로 이용하셔도 됩니다.

체험 주제	체험 장소	체험 내용
통합 교과	한국잡월드, 키자니아, EBS 리틀소시움	2학년 2학기에는 동네 사람들이 하는 일과 직업에 대해 배웁니다. 직업 체험을 해 보는 이런 진로 교육은 직업에 대한 이해도를 높이고, 자신의 꿈과 미래를 생각해 보게 하는 소중한 경험이 됩니다.
	뮤지엄김치간, 떡박물관, 다문화박물관 등 직접 체험이 가능한 박물관	우리나라와 다른 나라의 집, 음식, 옷, 춤 등에 대해 학습한 것과 관련하여 아이가 여러 문화를 직접 체험해 보는 시간을 갖는 것도 의미 있습니다.
	국립어린이과학관 등의 어린이 과학관	2학년 1학기에는 내 몸이 하는 일, 오감 놀이 등을 학습합니다. 각 지역에 있는 어린이과학관을 방문하면 재미있게 놀면서 과학 지식까지 한 번에 쌓을 수 있습니다.
	코엑스 아쿠아리움 등의 아쿠아리움	해당 아쿠아리움 홈페이지에서 수중 공연이나 식사 시간 등 프로그램을 미리 확인하고 이에 맞춰 방문하기를 권합니다.
	우리 동네 탐방	이때는 위치와 공간 개념이 생겨 우리 동네에 대한 질문이 많아집니다. 아이와 함께 나가서 직접 확인하고 간단하게 지도로 표현해 보는 활동을 하면 좋습니다. 3학년 때 배울 사회 학습에도 도움이 됩니다.
안전한 생활	보라매안전체험관 등의 어린이안전체험관	어린이안전체험관도 지역별로 종류가 많은 편입니다. 안전 체험과 재난 체험 등 아이들이 학교에서 배운 내용과 연결되어 더욱 흥미롭습니다.
	놀이동산	아이들 입장에서는 놀이동산에서 즐겁게 노는 것만큼 즐거운 일이 없습니다. 1~2학년 안전한 생활 시간에 배운 내용을 토대로 안전하게 방학을 보내기를 추천합니다.

3장

제대로 된 교과 공부를 시작하는 3학년

3학년의 특징

3학년 아이들의 전반적인 발달 특징

(1) 신체적 특징

- 가위질이나 종이접기, 끈으로 묶기, 작은 글씨 쓰기 등 눈과 손의 협응력이 발달하고, 소근육 조작 활동이 익숙하고 정교해집니다.
- 구기 종목 등의 체육 활동에 있어 저학년에 비해 능력이 많이 발달하며, 특히 남학생과 여학생의 힘 차이가 나타나는 시기입니다.
- 바른 자세로 앉아서 꽤 오랜 시간 집중할 수 있게 됩니다.

(2) 지적 특징
- 어휘력과 묘사력, 문제 해결력 등 다양한 사고 기능이 발달합니다.
- 저학년 때는 학습에 대해 비교적 높은 자존감을 형성하고 있던 아이들이 '싫어하는 과목' 또는 '내가 못한다고 인지하는 과목'이 생깁니다.
- 자주적인 생활 태도를 형성해 가는 시기로, 스스로 판단하여 교과서를 챙기거나 알림장을 보고 준비물을 챙기는 습관을 갖기도 합니다.

(3) 정서적 특징
- 친구들과 신체적으로 다투기보다는 말을 통한 갈등이 많아집니다.
- 대체적으로 순수하고 선생님과 친구들에게 다정하게 대합니다.
- 여전히 선생님 등 어른들의 사랑과 관심, 인정을 많이 받고 싶어 합니다.

(4) 사회적 특징
- 성별의 차이가 뚜렷하게 드러납니다. 놀이 시간이 되면 남자 아이들은 대개 신체 활동이나 블록 놀이를 하며 시간을 보냅니다. 여자 아이들은 삼삼오오 모여 이야기를 나누거나 공기놀이 등을 하며 시간을 보냅니다.
- 규칙에 대한 이해가 어느 정도 완성되는 시기로, 학교나 학급의 규칙을 지키려고 노력합니다. 몇몇 학급에서는 아이들 스스로 규칙을 정하거나 1인 1역을 정해 부분적으로나마 학급 자치 활동을 행하기도 합니다.
- 친구들과 의견을 나누는 활동이 가능해지는 시기로, 저학년 때 비해 토의를 하거나 협동을 하는 모둠활동이 더욱 많아집니다.

진단평가의 시작

일반적으로 3학년부터 이전 학년의 교육 과정 학습 도달 여부를 판단하는 본격적인 진단평가가 시작됩니다. 3학년 3월에는 3R's(읽기, 쓰기, 셈하기)를, 4~6학년 3월에는 교과학습능력(국어, 수학, 영어-학교에 따라 과학, 사회까지 평가를 보기도 함)을 각 25문항씩 판단하게 됩니다. 영어의 경우에는 듣기평가가 포함됩니다.

기초학력 진단활동의 목적은 기초 및 교과 학습 부진 학생을 선별하여 학생의 학습 부진 원인에 따라 필요한 도움을 주기 위함입니다. 그래서 모든 학생이 읽기, 쓰기, 셈하기의 기초학습 능력과 교육 과정이 요구하는 최저 수준의 교과학습 능력을 갖추도록 하는 것을 목적으로 합니다.

진단평가는 학생들이 도달해야 할 최저 수준의 학습 정도를 진단하는 과정이기 때문에 기본적으로 문제의 난이도는 어렵지 않습니다. 평가 결과 교과별 도달 기준 점수는 정답으로 답한 문항 수로 판단하고, 기준 점수 이상이면 한 개를 틀리든 세 개를 틀리든 차이를 두지 않습니다. 기준 점수에 도달하지 못한 학생들을 판별하는 것이 목적이기 때문입니다. 따라서 진단평가를 학교에서 일반적으로 보는 다른 평가들처럼 미리 대비해야 할 필요는 없습니다. 진단평가와는 별개로 한 학년이 올라가기 전 겨울방학과 봄방학 때 하는 공부는 일 년 동안 학습했던 내용을 복습하는 것이 중요합니다. 이 과정에서 진단평가에 대한 대비는 충분히 이루어집니다.

학교에 따라 다르지만 진단평가의 문제와 결과를 학부모나 학생에게 공개하지 않는 경우도 많습니다. 대신 과목별 목표 미도달 학생의 가정에는 담임

교사가 개별적으로 연락을 합니다. 평가 결과를 아이들이나 다른 학부모들은 알지 못합니다. 그러므로 혹시 개별 연락을 받았더라도 '다른 아이들이 알면 어쩌지?' 하는 걱정을 할 필요가 없습니다. 또한 너무 속상해하지 않으셔도 된다고 말씀드리고 싶습니다. 다만, 개별 연락을 받은 경우에는 반드시 부모님께서 아이의 학습에 관심을 기울여 주셔야 합니다. 미도달 학생의 경우 학교에서 도움을 줄 것인지, 가정에서 학부모님이 도움을 줄 것인지, 아니면 병행할 것인지 등에 대해 담임교사와 학부모가 상담을 합니다. 함께 결정한 방법대로 아이의 학습에 도움을 주기 때문에 결손된 부분이 잘 메꿔져 오히려 기초가 더 탄탄해지는 기회가 될 수 있습니다.

과목 세분화, 그리고 학습 격차

3학년이 되면 교과가 도덕, 사회, 과학, 음악, 미술, 체육이라는 과목으로 세분화되고(이 과목들은 저학년 때는 통합교과에서 학습하였음), 처음으로 영어를 배우게 됩니다.

교과가 다양해짐에 따라 아이들의 수업에도 변화가 생깁니다. 학교에 따라 영어와 과학 과목의 경우 교과를 전담하는 선생님께 수업을 받기도 합니다. 교과실이 여유 있는 학교의 경우에는 아이들이 과학실이나 영어실 같은 특정 교과실에 가서 수업을 받고, 학생 수가 많아서 교과실이 여유가 없는 경우에는 교과 담당 선생님이 교실에 오셔서 수업을 합니다.

• 학년군별 과목

학년군	배우는 과목(해당 교과서)	추가되는 과목(해당 교과서)
1·2학년군	국어(국어 가·나, 국어활동) 수학(수학, 수학익힘) 통합교과(봄, 여름, 가을, 겨울) 창의적 체험활동(안전한 생활)	
3·4학년군	국어(국어 가·나, 국어활동) 수학(수학, 수학익힘)	도덕(도덕) 사회(사회, 사회과부도, 지역화 교과서) 과학(과학, 실험관찰) 영어(영어) 음악(음악), 미술(미술), 체육(체육)
5·6학년군	국어(국어 가·나, 국어활동) 수학(수학, 수학익힘) 도덕(도덕) 사회(사회, 사회과부도, 지역화 교과서) 과학(과학, 실험관찰) 영어(영어) 음악(음악), 미술(미술), 체육(체육)	실과(실과)

배우는 과목이 다양해지고 그에 따라 교과서도 많아지면서 3학년 3, 4월에는 과목과 교과서, 학습 장소, 해당 교과 선생님 등을 헷갈려하는 아이들이 많습니다. 그리고 1~2학년 교과서에는 삽화가 많고 활동 위주의 수업이 대다수였다면 3학년부터는 학습적인 면이 많아집니다. 짧고 단순했던 문장은 긴 문장으로 바뀌고, 학습해야 할 내용도 어느 정도 생깁니다. 저학년 때는 활동 위주의 수업에 쉬운 내용이 많아서 아이들 간에 학습 격차가 많이 드러나지 않았지만 3학년부터는 차이가 납니다. 그동안 독서를 얼마나 많이 했는지, 학습 습관이 얼마나 잘 잡혀 있는지에 따라 격차가 벌어지기 시작합니다.

이 시기 아이들은 여러 교과들 가운데 '싫어하는 과목'이나 '내가 못한다고 인지하는 과목'이 생깁니다. 여기서 '싫어한다'와 '내가 못한다'의 기준은 객관적인 평가 점수와는 크게 상관이 없습니다. '스스로 인지하는 자신의 능력치'이기 때문에 90점을 받은 친구가 낮은 자존감을 갖기도 하고, 60점을 받은 친구가 높은 자존감을 형성하기도 합니다. 주변 친구들과의 비교, 그리고 스스로 정한 목표치의 도달 여부로 공부 자존감을 형성하는 시기인 만큼 어른들의 세심한 관찰과 도움이 필요합니다.

아이가 가져온 교과서가 깨끗하다면?

국어, 수학, 사회, 과학, 영어의 경우 한 달에 한 번쯤은 금요일에 교과서를 가지고 오도록 하여 아이의 학습 정도를 점검할 필요가 있습니다. 이때 아이가 학교에서 수업을 다 듣고 가져온 교과서가 깨끗할 수 있는데, 이는 크게 두 가지 경우 중 하나입니다. 첫째, 선생님이 교과서에 필기를 하지 않고 공책이나 선생님이 따로 준비한 프린트물에 필기를 하게 하는 스타일일 수 있습니다. 학교 현장에서는 교과서를 참고 자료로 사용할 뿐 교사가 교육 과정을 재구성하여 사용하는 것도 가능함을 전제로 하기 때문에 종종 이런 경우가 발생합니다. 둘째, 아이가 수업 시간에 필기를 하지 않은 경우입니다. 즉 아이가 수업 시간에 집중하지 않았을 가능성이 높습니다. 두 경우 모두 선생님께 확인과 상담이 필요합니다. 선생님이 수업 시간에 교과서에 필기를 하지 않는 스타일인지 확인해야 하고, 아이의 평소 수업 태도가 어떠한지도 상담을 통해 확인해야 합니다.

3학년, 무엇을 배울까?

    3학년 때 배우는 여러 과목들의 교육 과정을 부모님께서 자세하게 다 아실 필요는 없습니다. 주지 교과, 즉 국어, 수학, 사회, 과학, 영어의 대략적인 틀을 이해하되 국어와 수학, 영어를 중심으로 아이의 학습을 체크해 주시는 정도를 추천합니다.

길어진 지문과 다양한 소재, 국어

    3학년 국어 교과서를 보면 1, 2학년 국어 교과서에 비해 본문의 길이가 확연히 길어진 것을 느낄 수 있습니다. 다루는 글의 소재와 내용도 다양해집니다. 1, 2학년 때는 음가에 맞춰 유창하게 읽고 내용을 확인하는 데 읽기의 목적이 있었다면, 3학년부터는 한 발 더 나아가 중심 생각을 파악하거나 내용을 간추리고 추론하며 읽는 등 보다 이해력이 필요한 읽기 활동이 이루어집니다. 문학 소재도 그림책에서 벗어나 동화와 동요, 동시, 동극 등을 폭넓게 다룹니다.

쓰기 활동 역시 저학년 때는 주변에서 일어난 친숙한 사실들에 대해 쓰는 간단하고 쉬운 활동이 주를 이뤘다면 3학년부터는 그 소재가 다양해지고 문단을 구성하여 쓰는 활동들이 등장합니다. 또 저학년 때 이루어지던 한글 자음과 모음의 소릿값을 정확히 알고 문장 부호를 맞게 쓰는 문법 영역은 3학년 때부터는 낱말의 의미 관계를 알고 문장의 기본 구조를 아는 수준까지 다루어집니다.

글에서 원인과 결과 찾기, 중심 생각과 이를 뒷받침하는 내용 찾기 등 글의 구조를 이해하는 활동을 비롯하여 표면적으로 드러난 내용을 바탕으로 숨은 내용을 추론하는 내용까지 등장하는 만큼 아이가 평소에 얼마나 많은 글, 다양한 글을 접해 보았는지에 따라 글의 이해도에 대한 편차가 두드러집니다. 또한 문장 수준의 글쓰기가 아닌 문단 수준의 글쓰기가 이루어져서 아이디어를 생성하여 구성하는 데 어려움이 있는 아이에게는 국어 시간이 어렵고 불편한 시간이 되기도 합니다. '우리말인데 어려울 게 뭐 있겠어?' 라는 어른들의 생각과 실제 국어 시간의 아이 모습은 다른 면이 있을 수도 있다는 의미입니다.

'짧게 쓰기 위해' 아이디어를 떠올리는 것을 어려워하거나 '아이디어는 많

책 제목	안네의 일기
소개할 내용	안네는 유대인이어서 안네의 가족은 독일군을 피해 은신처에서 살게 됐다. 안네는 은신처에서 지내면서 키티라고 이름 붙인 일기장을 친구처럼 여기며 지냈다. 그리고 일기장에 있었던 일이나 보고 들었던 일, 생각했던 일을 적었는데, 나도 안네처럼 내 속마음을 모두 털어놓을 수 잇는 비밀 친구 같은 일기장을 만들어야겠다는 생각이 들었다. 안네의 일기는 어느 날 끝나버렸다. 안네의 마음이 얼마나 힘들었을까 생각하니 내 마음도 아팠다.

책 제목	안네의 일기
소개할 내용	안네는 은신처에 숨어 살면서 일기를 썼다. 참 힘들었을 것 같다.

은데' 글로 표현하는 것을 어려워하는 아이도 있습니다. 할 말은 많은데 '손이 아파서' 쓰는 것을 싫어하기도 합니다. 그래서 예시로 제시된 것처럼 같은 주제를 가지고도 전혀 다른 결과물을 만들어내곤 합니다. 저학년 때는 한 가지 주제에 대해 다양한 이야기를 나누는 데 그쳤다면 3학년부터는 이를 글로 조직하고 쓰는 연습을 해야 하는 이유가 여기에 있습니다.

• 3학년 국어 교과서 단원 및 주요 학습 내용

학기		단원	주요 학습 내용
1학기	국어 (가)	1. 재미가 톡톡	감각적 표현의 재미를 느끼며 작품 읽기 예) 고소하고 짭조롬하고 바삭바삭한 그걸 달라고!
		2. 문단의 짜임	중심문장과 뒷받침문단을 생각하며 글 읽고 쓰기
		3. 알맞은 높임 표현	높임 표현을 사용해 언어 예절에 맞게 대화하기
		4. 내 마음을 편지에 담아	마음이 잘 드러나게 편지 쓰기
		5. 중요한 내용을 적어요	설명하는 말을 듣거나 글을 읽고 내용 간추리기
	국어 (나)	6. 일이 일어난 까닭	원인과 결과를 생각하며 경험 이야기하기
		7. 반갑다, 국어사전	국어사전을 활용하여 글 읽기
		8. 의견이 있어요.	글을 읽고 의견 파악하기
		9. 어떤 내용일까	낱말의 뜻이나 생략된 내용을 짐작하며 글 읽기
		10. 문학의 향기	재미나 감동을 느낀 부분을 찾으며 작품 감상하기
2학기	국어 (가)	1. 작품을 보고 느낌을 나누어요	인물에게 알맞은 표정 몸짓을 생각하며 이야기 읽기
		2. 중심 생각을 찾아요	글을 읽고 중심 생각 찾기
		3. 자신의 경험을 글로 써요	자신이 경험에서 인상 깊은 일 글로 쓰기
		4. 감동을 나타내요	이야기를 읽고 생각이나 느낌 표현하기
	국어 (나)	5. 바르게 대화해요	상황에 어울리는 표정 몸짓 말투로 대화하기
		6. 마음을 담아 글을 써요	읽을 사람을 생각하며 마음을 전하는 글쓰기
		7. 글을 읽고 소개해요	독서 감상문 쓰기
		8. 글의 흐름을 생각해요	글의 흐름에 따라 내용 간추려 쓰기
		9. 작품 속 인물이 되어	알맞은 표정, 몸짓, 말투를 생각하며 연극하기

더 깊어지는 내용과 분수의 등장, 수학

전국 모든 학교에서 공통된 교과서를 사용하는 국정교과서 체제였던 수학, 사회, 과학 교과서가 2022년부터는 3,4학년이 검정교과서로 바뀝니다. 즉 영어나 예체능처럼 출판사별로 교과서가 나오고 학교가 선택하는 출판사에 따라 학생들이 다른 교과서로 공부하게 된다는 의미입니다. 하지만 교과서의 토대가 되는 교육 과정은 국정교과서를 사용하던 때와 같기 때문에 검정교과서로 바뀐다고 하더라도 활동명이나 내용에 약간의 변화가 있을 뿐 학교에서 꼭 가르쳐야 하고 학생들이 반드시 이해해야 하는 내용은 동일합니다.

3학년은 첫 '수포자'가 나오는 시기라고 할 만큼 내용의 범주와 깊이가 달라집니다. '수와 연산' 영역에서는 기존에 다룬 덧셈과 뺄셈 외에 곱셈과 나눗셈을 본격적으로 다루기 시작합니다. 아이들이 다소 어려워하는 개념 중 하나인 '분수'가 등장하는 시기이기도 합니다. 1학기 때는 분수의 개념을 이해하고 분모가 같은 분수를 조작하는 정도를 다룹니다. 2학기가 되면 진분수, 가분수, 대분수를 이해하고 전체 양에서 '분수만큼'이 의미하는 것이 무엇인지를 배웁니다. 분수는 초등학교 교육 과정에서 꾸준히 다루어지는 개념이라서 이때 정확하게 개념을 형성하지 못하면 고학년 수학에서 이를 응용하여 문제를 해결하는 데 어려움을 겪을 수 있습니다.

'도형' 영역 역시 저학년 때까지는 도형의 전체적인 생김새를 살피고 그 특징을 이해하는 데 중점을 두었다면 3학년 때는 그 성질을 탐색하기 시작합니다. '선분'과 '직각' 등 도형의 성질을 탐구하는 데 기초적인 개념들이 다루어집니다.

• 3학년 수학 교과서 단원 및 주요 학습 내용

학기	단원	주요 학습 내용
1학기	1. 덧셈과 뺄셈	세 자리 수의 덧셈과 뺄셈하기 세 자리 수의 덧셈과 뺄셈 결과값 어림하기
	2. 평면 도형	직선, 선분, 반직선 구분하기 직각, 예각, 둔각 구분하기 직각삼각형, 예각삼각형, 둔각삼각형 알기 직사각형, 정사각형, 사다리꼴, 평행사변형, 마름모 알기
	3. 나눗셈	(곱셈구구로 가능한) 나눗셈 하기 곱셈과 나눗셈의 관계 알기
	4. 곱셈	(두 자리 수)·(한 자리 수) 곱셈 하기
	5. 길이와 시간	1cm=10mm임을 알기, 1km=1000m임을 알기, 1분=60초임을 알기, 시간의 덧셈과 뺄셈 하기
	6. 분수와 소수	분모가 같은 진분수의 크기 비교, 소수의 크기 비교
2학기	1. 곱셈	(두 자리 수)·(두 자리 수), (세 자리 수)·(한 자리 수)
	2. 나눗셈	나머지가 있는 (세 자리 수)÷(한 자리 수)
	3. 원	원의 성질 알고 그리기
	4. 분수	분모가 같은 분수의 크기 비교하기
	5. 들이와 무게	들이와 무게 비교하기, 들이와 무게의 가감산
	6. 자료의 정리	표와 그림그래프의 특징 알기

국정교과서와 검정교과서 무엇이 다를까?

국정교과서는 국가가 직접적으로 제작에 관여해서 만든 교과서로 교육부가 저작권을 갖고 있습니다. 검정교과서는 민간이 교과서를 만들고 검정 심의를 통과한 교과서로, 해당 교과서를 만든 출판사에 저작권이 있습니다. 국가가 간접적으로 제작에 관여해서 만든 교과서라고 생각하면 쉽습니다.

국정교과서와 검정교과서는 각각 특징을 갖고 있습니다. 국정교과서의 경우 전국의 모든 학교에서 공통으로 사용하기 때문에 배움의 편차가 적고, 전학을 갈 경우에도 새로 구입하는 번거로움이나 어려움이 없다는 것이 장점입니다. 검정교과서의 경우 학교에서 선생님들의 의견을 종합하고 위원회를 거쳐 선택하기 때문에 다양성이 보장되고 선택권이 주어진다는 장점이 있습니다.

초등 교과서의 경우 지금까지 국어, 도덕, 수학, 사회, 과학은 국정교과서를, 영어, 음악, 미술, 체육, 실과는 검정교과서를 사용해 왔습니다. 그런데 2022년부터 3, 4학년 수학, 사회, 과학은 검정교과서로 바뀝니다. 2023년부터는 5, 6학년 수학, 사회, 과학도 검정교과서로 바뀌게 됩니다. 정리하자면, 2023년부터 1, 2학년의 모든 교과서(국어, 수학, 통합교과, 안전한 생활)는 국정교과서를 사용합니다. 3, 4학년은 국어와 도덕만 국정교과서이고, 수학, 사회, 과학, 영어, 음악, 미술, 체육은 검정교과서를 사용합니다. 5, 6학년은 국어와 도덕만 국정교과서이고, 수학, 사회, 과학, 영어, 음악, 미술, 체육, 실과는 검정교과서를 사용합니다.

국정교과서와 검정교과서는 만들어지는 과정이 조금 다릅니다. 또한 검정교과서가 민간에서 만들어진다고 해서 창의적으로 아주 새롭게 만들 수 있는 것은 아닙니다. 저희도 검정교과서 집필진으로 참여했는데, 검정 심의를 통과하기 위한 조건들(성취 기준, 단원과 단원 내용, 교과서의 총 페이지 등)을 충족시키다 보면 결국 비슷해집니다.

그리고 교과서는 교육 과정을 바탕으로 만들어집니다. 현재 국가 교육 과정은 2015 개정 교육 과정으로, 검정교과서로 바뀌는 2022년 3, 4학년 수학, 사회, 과학 교과서와 2023년 5, 6학년 수학, 사회, 과학 교과서는 교육 과정은 그대로이고 교과서만 바뀐 만큼 국정교과서와 핵심 내용은 동일하다고 보아도 무방합니다. 따라서 학부모님께서는 검정교과서 체제로 바뀐다고 해서 미리 걱정하거나 따로 대비하실 필요가 전혀 없습니다. 지금까지 해 온 대로 아이가 공부한 교과서를 바탕으로 제대로 이해하고 있는지 확인하고 부족한 부분은 복습하게 해 주시면 됩니다. 참고로 학교 홈페이지에 들어가면 우리 아이 학교에서 사용하는 과목별 출판사를 확인할 수 있습니다.

우리 고장을 알아가는 시간, 사회

3학년이 되어 아이들이 처음 만나는 과목 중 하나가 '사회'입니다. 사회는 아이들의 흥미 편차가 굉장히 큰 과목 가운데 하나입니다. 사회 교과의 내용은 '나선형 교육 과정'에 의해 그 내용과 깊이가 학년에 따라 깊어지도록 구성됩니다. 예를 들어 '지리' 관련 내용을 학습한다면 3학년 때는 '내가 살고 있는 고장'을 중심으로 그 모습을 살피고, 학년이 올라갈수록 '우리나라' 그리고 '전 세계 여러 나라'의 지역적 특성과 환경으로 점점 확대되는 식입니다.

3학년 사회는 학생들의 삶이 이루어지는 기본 토대인 우리 고장을 중심으로 고장의 옛날과 오늘의 모습을 살펴보고, 환경에 따라, 또 시대에 따라 달라지는 삶의 모습을 살핍니다. 주변에 대한 관심과 지리감이 없는 아이들은 다소 힘들어하는 과목이기도 합니다.

• 3학년 사회 교과서 단원 및 주요 학습 내용

학기	단원	주요 학습 내용
1학기	1. 우리 고장의 모습	우리 고장에 대한 생각과 느낌, 우리 고장의 주요 장소를 백지도에 나타내기
	2. 우리가 알아보는 고장 이야기	우리 고장의 옛이야기 소개하기, 우리 고장의 문화유산 소개하기
	3. 교통과 통신 수단의 변화	고장의 교통 수단, 옛날과 오늘날의 교통 수단, 통신 수단의 발달로 달라진 생활 모습, 옛날과 오늘날의 통신 수단
2학기	1. 환경에 따라 다른 삶의 모습	고장의 환경과 생활 모습 알기, 환경에 따른 의식주 생활 모습
	2. 시대마다 다른 삶의 모습	옛날과 오늘날의 도구 및 의식주, 옛날과 오늘날의 세시풍속
	3. 가족의 형태와 역할 변화	옛날과 오늘날의 가족 형태 변화, 가족 구성원의 역할, 다양한 가족의 생활 모습

배경지식이 경쟁력, 과학

초등학교 과학 교과서는 아이들이 직접 실험을 하고 탐구 활동을 하도록 구성되어 있습니다. 그런 만큼 대부분의 아이들이 흥미를 갖고 적극적으로 참여하는 과목입니다. 하지만 아직 개념이 덜 잡히거나 과학 용어를 모르는 아이는 어려워할 수 있습니다. 활동 후 실험 관찰에 활동 내용을 정리하는 것도 3학년에게는 아직 어려울 수 있습니다.

3학년 과학은 사회 교과와 마찬가지로 아이들의 주변에서 시작됩니다. 그렇다 보니 관련된 기초 지식을 많이 아는 아이일수록 적극적으로 발표하고 질문을 하는 등 수업에 흥미와 자신감을 보입니다. 배경지식이 부족한 아이들은 상대적으로 수업이 어려울 수 있습니다. 또 아이의 성향에 따라서도 '나는 다른 친구들에 비해 잘 몰라', '나는 과학을 잘 못해'라며 위축감을 느낄 수 있습니다.

3학년 과학은 한 분야를 깊게 배우는 것이 아니라 내 주변을 두루두루 배웁니다. 따라서 이제까지 과학에 관심이 없었거나 과학 내용을 많이 알지 못하더라도 이때부터 다양하게 노출되면 흥미와 호기심이 생기는 것은 물론이고 과학 지식도 향상시킬 수 있습니다.

과학 관련 배경지식을 갖기 위해서는 과학 동화를 비롯하여 과학 관련 책 읽기, 집에서 간단한 과학 실험 해 보기, 과학관에서 전시물 관람하기, 과학 관련 프로그램에 참가하기 등의 방법을 활용하길 권합니다. 이런 활동들은 아이들에게 과학에 대한 흥미와 호기심을 높여주고, 자신감을 갖게 하는 데 도움을 줍니다.

• 3학년 과학 교과서 단원 및 주요 학습 내용

학기	단원	주요 학습 내용
1학기	1. 과학자는 어떻게 탐구할까요?	관찰, 측정, 예상, 분류, 추리, 의사소통
	2. 물질의 성질	물질의 뜻과 성질, 종류가 같은 물체를 서로 다른 물질로 만드는 까닭, 서로 다른 물질을 섞어서 탱탱볼 만들기 등

학기	단원	주요 학습 내용
1학기	3. 동물의 한살이	동물의 암수의 생김새와 하는 일, 배추흰나비의 한살이 과정, 완전 탈바꿈과 불완전 탈바꿈, 알을 낳는 동물과 새끼를 낳는 동물의 한살이 등
	4. 자석의 이용	자석에 붙는 물체, 자석의 극, 물에 띄운 자석이 가리키는 방향, 철로 된 물체로 나침반 만들기, 자석 주위에 놓인 나침반 바늘이 가리키는 방향 등
	5. 지구의 모습	지구의 육지와 바다 특징, 지구 공기의 역할, 지구의 모양, 달의 모습, 지구와 달의 차이점 등
2학기	1. 재미있는 나의 탐구	탐구 문제 정하기, 탐구 계획 세우기, 탐구 실행하기, 탐구 결과 발표하기, 새로운 탐구하기
	2. 동물의 생활	분류 기준을 세워서 동물 분류하기, 생활환경(땅, 물, 하늘을 나는 동물)에 따른 동물의 특징, 생활 속 동물의 특징 활용 등
	3. 지표의 변화	흙이 만들어지는 과정, 운동장 흙과 화단 흙의 차이점, 흐르는 물에 의한 지표 변화, 강 주변의 모습, 바닷가 주변의 모습 등
	4. 물질의 상태	고체의 성질과 예 찾기, 액체의 성질과 예 찾기, 기체의 성질과 예 찾기, 공기에 무게가 있는지 알아보기 등
	5. 소리의 성질	물체에서 소리가 날 때의 공통점, 소리의 높낮이, 여러 가지 물질을 통한 소리 전달, 소리의 반사, 소음 줄이는 방법 등

학교에서 처음 배우는 영어

3학년이 되어 처음으로 학교에서 영어를 배웁니다. 3학년 영어 교과의 연간 학습 내용은 다음과 같습니다.

• 3학년 영어 교과서 단원 및 주요 학습 내용

학기	단원	의사소통 기능	단원	의사소통 기능
1학기	1. Hello, I'm Jimin	만나고 헤어질 때 인사하기 -Hello. / Hi. / Goodbye. / Bye. 자기소개하기 -I'm Jimin. 소개에 답하기 -Nice to meet you(,too).	1. Hello, I'm Tibo	만날 때 인사하기 -Hello! 소개하고 답하기 -I'm Tibo. -Nice to meet you. 헤어질 때 인사하기 -Goodbye.
	2. What's This?	무엇인지 묻고 답하기 -What's this(that)? -It's a pencil. 감사하기 -Thank you.	2. What's This?	무엇인지 묻고 답하기 -What's this(that)? -It's a pencil. 사물의 크기 묘사하기 -It's big.
	3. Sit Down, Please	지시하고 답하기 -Sit down(,please). -Okay. 사과하고 답하기 -I'm sorry. -That's okay.	3. Sit Down, Please	요청하고 답하기 -Open the door, please. -Okay. 칭찬하기 -Great!
	4. Is It a Bear?	무엇인지 확인하고 답하기 -Is it a bear? -Yes, it is. / No, it isn't. 크기 묘사하기 -It's big.	4. Do You Like Pizza?	좋아하거나 싫어하는 음식 묻고 답하기 -Do you like pizza? -Yes,I do. / No,I don't. 좋아하거나 싫어하는 음식 표현하기 -I (don't) like salad.

학기	단원	의사소통 기능	단원	의사소통 기능
1학기	5. I Like Pizza	좋아하는 음식 묻고 답하기 -Do you like pizza? -Yes,I do. / No,I don't. 좋아하거나 싫어하는 음식 표현하기 -I (don't) like chicken.	5.How Are You?	안부 묻고 답하기 -How are you? -I'm good. 때에 맞는 인사하기 -Good morning.
	6. How Many Carrots?	개수 묻고 답하기 -How many carrots? -Two carrots. 감사에 답하기 -You're welcome.	6. Can You Swim?	할 수 있는 것 묻고 답하기 -Can you swim? -Yes, I can. / No, I can't. 할 수 있는 것과 없는 것 표현하기 -I can('t) swim.
			7. How Many Lions?	동물의 수 묻고 답하기 -How many lions? -Four lions. 주의 끌기 -Look!
2학기	7. I Can Swim	할 수 있는지 묻고 답하기 -Can you swim? -Yes, I can. / No, I can't. 할 수 있는 것과 할 수 없는 것 표현하기 -I can('t) dance.	8. What Color Is It?	색깔 묻고 답하기 -What color is it? -It's red. 감사하고 답하기 -Thank you. -You're welcome.
	8. Do You Have a Bike?	물건을 가지고 있는지 묻고 답하기 -Do you have a bike? -Yes, I do. / No, I don't. 가지고 있는 물건과 가지고 있지 않은 물건 표현하기 -I (don't) have a glove.	9. Let's Jump	제안하고 답하기 -Let's run. -Okay. / Sorry, I can't. 기원하기 -Have a good time!

학기	단원	의사소통 기능	단원	의사소통 기능
2학기	9. I'm Happy	감정이나 상태 묻고 답하기 -Are you happy? -Yes, I am. / No, I'm not. 감정이나 상태 표현하기 -I'm sad. 생일 축하하기 -Happy birthday!	10. Do You Have Any Crayons?	물건을 가지고 있는지 묻고 답하기 -Do you have any crayons? -Yes, I do. / No, I don't. 물건을 건네면서 하는 표현 말하기 -Here you are.
	10. She's My Mom	누구인지 묻고 답하기 -Who's she(he)? -She's(He's) my mom(dad). 외모 나타내기 -She's / He's tall.	11. How Old Are You?	나이 묻고 답하기 -How old are you? -I'm ten years old. 생일 축하하기 -Happy Birthday!
	11. What Color Is It?	색깔 묻고 답하기 -What color is it? -It's green. 사물을 가리키는 말하기 -Look at the sky.	12. Don't Run, Please.	금지하고 답하기 -Don't push, please. -Okay. / Sorry. 경고하기 -Watch out!
	12. How's the Weather?	날씨 묻고 답하기 -How's the weather? -It's sunny. 제안하기 -Let's go outside.	13. How's the Weather?	날씨 묻고 답하기 -How's the weather? -It's sunny. 헤어질 때 인사하기 -See you.
	출판사: 동아출판		출판사: ybm	

영어 교과는 출판사별 주요 학습 내용을 비교할 수 있도록 두 개 출판사의 교육 과정을 함께 실었습니다. 모든 출판사는 교육 과정을 기본으로 하기 때문에 먼저 배우는 표현과 나중에 배우는 표현 등에서 순서나 구성이 조금 달

라질 뿐 배우는 내용은 동일합니다. 동아출판 교과서를 예로 들어 보면 1~3단원에 걸쳐서 노래를 부르며 알파벳을 익히고 대·소문자를 바르게 고쳐 쓰는 것까지 익힙니다. 즉 세 단원 만에 알파벳 쓰기까지 진도가 나갑니다. 초등학교 입학 시 한글을 전혀 모르면 학교생활에 적응하기가 어려운 것처럼 영어를 전혀 모르면 3학년 영어 교과에 적응하는 데 어려움을 겪을 수 있습니다.

3학년 때 학습 격차가 가장 많이 나는 과목도 영어입니다. 외국에서 살다 와 영어가 익숙한 아이, 어느 정도 영어를 배우고 온 아이, 영어를 전혀 모르는 아이까지 다양한 아이가 섞여 있기 때문입니다. 영어에 일찍 그리고 자주 노출된 아이와 그렇지 않은 아이의 격차는 상당합니다. 또 학교에 따라 영어 시간에 담당 과목 선생님뿐만 아니라 원어민 강사가 함께 수업을 하는 경우도 있습니다. 영어 노출이 전혀 이루어지지 않은 데다 원어민 강사까지 접하는 아이는 이때 큰 부담을 느낄 수 있습니다.

우리 아이가 3학년이 되어 영어를 처음 시작했다면, 혹은 아이가 영어 시간을 부담스러워한다면 학기 중 1~2주일에 한 번씩은 교과서를 집으로 가져와 어떤 내용을 배웠는지 부모님과 함께 간단하게 복습을 하는 것이 좋습니다. 3학년 교과서는 쓰기를 크게 강조하지는 않기 때문에 말하기, 듣기, 읽기 위주로 먼저 진행하면(알파벳 쓰기까지 완전하게 익힌 상태에서) 됩니다. 그런 다음 쓰기를 연습해도 괜찮습니다.

중학년이 되어 맞이하는 여름방학

한 학기, 잘 보냈을까?

저학년 때 네 번의 방학을 거치면서 이제는 부모님과 아이 모두 방학이 익숙해져 방학을 앞두고 여러 가지 계획을 세울 것입니다. 게다가 3학년부터는 이전에 비해 학습 내용이 꽤 많아지기 때문에 국어, 수학, 영어 학습이 잘되었는지 좀 더 확실하게 파악할 필요가 있습니다. 다음에 나오는 체크리스트를 바탕으로 아이와 국어, 수학, 영어 교과서를 함께 보며 학습 이해도를 파악해보길 권합니다.

국어의 경우 국어와 국어활동의 지문을 다시 읽고 교과서에 제시된 문제를 함께 풀어보면 됩니다. 수학은 수학과 수학익힘책을 다시 풀어보고 관련 단원 문제집을 통해 체크리스트의 항목을 확인하는 것이 좋습니다. 앞에서도 밝혔듯이 영어는 전체적으로 배우는 내용은 같지만 출판사별로 배우는 내용과 순서, 표현은 조금씩 다릅니다. 그런 만큼 우리 아이 학교에서 사용하는 교과서를 토대로 이해 정도를 파악해 둘 필요가 있습니다.

• 과목별 알아야 할 주요 학습 내용

과목	알아야 할 주요 학습 내용	체크 하기
국어	◆ 감각적 표현이 무엇인지 알고 이를 시나 이야기 속에서 찾을 수 있는가?	☐
	◆ 이야기를 읽고 생각이나 느낌을 나눌 수 있는가?	☐
	◆ 느낌을 살려 시를 낭송할 수 있는가?	☐
	◆ 중심문장과 뒷받침문장을 파악하며 글을 읽을 수 있는가?	☐
	◆ 중심문장과 뒷받침문장을 생각하며 글을 쓸 수 있는가?	☐
	◆ 문단을 조직할 수 있는가?	☐
	◆ 높임 표현을 이해하고 있는가?	☐
	◆ 마음이 잘 드러나게 편지 쓰는 방법을 아는가?	☐
	◆ 글을 읽고 내용을 간추릴 수 있는가?	☐
	◆ 원인과 결과를 생각하며 이야기를 꾸밀 수 있는가?	☐
	◆ 국어사전의 원리를 아는가?	☐
	◆ 글에 담긴 글쓴이의 의견을 파악할 수 있는가?	☐

과목	알아야 할 주요 학습 내용	체크하기
국어	◆ 생략된 내용을 짐작하며 글을 읽을 수 있는가?	☐
	◆ 만화영화를 보고 재미와 감동을 표현할 수 있는가?	☐
수학	◆ 여러 가지 방법으로 세 자리 수의 덧셈과 뺄셈을 할 수 있는가?	☐
	◆ 받아올림이 있는 세 자리 수의 덧셈과 뺄셈의 계산 원리를 이해하고 계산할 수 있는가?	☐
	◆ 선분, 직선, 반직선을 알고 구별할 수 있는가?	☐
	◆ 각의 의미를 알고 생활 주변에서 각을 찾을 수 있는가?	☐
	◆ 직각을 이해하고 생활 주변에서 직각을 찾을 수 있는가?	☐
	◆ 여러 가지 모양의 삼각형을 각에 따라 분류할 수 있는가?	☐
	◆ 여러 가지 모양의 사각형을 기준에 따라 분류할 수 있는가?	☐
	◆ 곱셈과 나눗셈의 관계를 알 수 있는가?	☐
	◆ 곱셈구구를 이용하여 나눗셈을 할 수 있는가?	☐
	◆ (두 자리 수)•(한 자리 수)의 계산 원리와 형식을 이해하고 계산할 수 있는가?	☐
	◆ (두 자리 수)•(한 자리 수)를 활용하여 실생활 문제를 해결할 수 있는가?	☐
	◆ 1cm=10mm임을 이해하는가?	☐
	◆ 1km=1,000m임을 이해하는가?	☐
	◆ 1분=60초임을 이해하는가?	☐
	◆ 시, 분, 초 단위의 시간의 덧셈과 뺄셈을 할 수 있는가?	☐
	◆ 분수를 읽고 쓸 수 있는가?	☐

과목	알아야 할 주요 학습 내용	체크 하기
수학	◆ 분모가 같은 진분수의 크기를 비교할 수 있는가?	☐
	◆ 단위분수의 크기를 비교할 수 있는가?	☐
	◆ 한 자리의 소수를 이해할 수 있는가?	☐
	◆ 소수의 크기를 비교할 수 있는가?	☐
영어	◆ 알파벳 대문자, 소문자를 모두 읽고 쓸 수 있는가?	☐
	◆ 교과서에 나온 주요 단어를 모두 읽고 뜻을 아는가?	☐
	◆ 교과서에 나온 주요 문장을 모두 읽고 뜻을 아는가?	☐

독서 편식이 되지 않도록 읽기의 폭 넓히기

학년이 올라갈수록 국어 성적을 높이기란 쉽지 않은 일입니다. '영어는 돈을 들이면 되고, 수학은 시간을 들이면 되고, 국어는 다시 태어나면 된다'는 슬픈 우스갯소리가 있을 정도니까요. 그렇다면 어렸을 때부터 국어 문제집을 많이 풀면 아이의 국어 실력이 올라갈까요? 그렇지 않습니다. 국어 성적과 실력의 가장 기본이 되는 것은 바로 독서입니다.

3학년쯤이면 사고의 폭이 넓어지고 깊이도 깊어져서 책을 읽으며 다양한 생각을 하고 판단을 할 수 있게 됩니다. 따라서 글밥의 양과 내용 등에 있어서 아이마다 수준의 차이가 많이 벌어집니다. 동화책을 읽을 때만 해도 "열 권 읽으면 좋아하는 것 사줄게."와 같은 물질적인 보상이 가능했을지 모르지만 이제는 그런 물질적인 보상도 크게 작용하지 않습니다. 따라서 아이들이 책 자체에 흥미를 붙일 수 있도록 도움이 필요합니다.

이를 위해 책을 읽고 토론하는 사교육 기관을 찾는 부모님도 있고, 학습지를 통해 독서 습관을 들이려는 부모님도 있습니다. 집에서 아이와 독서 대화 시간을 갖고자 노력하시는 분도 계십니다. 저학년 때는 표지를 따라 그려보거나 주인공의 모습을 따라 그려보는 등 표면적인 내용을 이해하는 독후 활동도 의미가 있습니다. 하지만 중학년부터는 그 정도 수준에 그치는 것이 아니라 책 내용 자체에 대한 깊은 대화와 이해가 필요합니다. 따라서 책에 대해 이야기를 나누고 생각해 볼 기회를 갖게 해 주어야 합니다. 특히 비교적 시간 여유가 있는 방학을 이용해 이러한 기회를 갖게 해 줄 필요가 있습니다.

이 무렵 부모님들이 많이 하는 고민 중 하나는 '아이의 독서 편식'입니다. 비문학을 좋아하는 아이는 비문학 책만 읽으려 하고, 문학책을 좋아하는 아이는 문학책만 계속 읽으려 하는 것이지요. 학습만화 등 만화책만 고집하는 아이들도 있습니다. 전문가들은 "독서 편식 역시 아이의 취향이므로 존중해야 한다. 골고루 읽는 독서를 강요하다 보면 책에 대한 흥미를 잃을 수 있다. 아이가 선택해서 읽도록 환경을 조성하고 기다려줄 필요가 있다."라고 말합니다. 하지만 부모님의 마음은 다릅니다. 따라서 아이가 좋아하는 분야의 책은 깊게 읽도록 하되, 그렇지 않은 분야의 책은 가볍게 접할 수 있도록 해 줄 필요가 있습니다. 즉 부모님이 접할 수 있도록 도와주는 문학책의 글밥이 가진 양과 수준이 아이가 선호하는 비문학책의 글밥이 가진 양과 수준이 같을 필요는 없습니다. 또 비교적 흥미가 덜한 분야의 책은 관련된 경험을 하게 하면서 아이가 필요에 의해 선택해서 읽을 수 있도록 도와주는 것도 좋은 방법입니다. 여행을 가서 경험한 것, 뮤지컬을 보면서 느낀 것, 자연에서 관찰한 것들로부터 시작할 수 있도록 도와주십시오. 강요는 금물이지만 다양한 분야의 책을 읽을 수 있도록 환경을 조성하는 노력은 필요합니다.

영재원, 준비해야 하나?

방학을 앞두면 학원가에서는 '영재원 입학시험 대비 방학 특강'이라는 말이 나오기 시작합니다. 주변에서도 "누구는 어디 영재원을 다닌대." "누구는 언제부터 영재원을 대비한대."라는 말을 심심찮게 듣게 됩니다. 평소에 영재원에 관심이 없던 부모도 이런 말들을 접하게 되면 관심이 생기거나 조바심이 들기 시작합니다. 그렇다면 영재원은 어떤 곳이고, 무엇을 배우는 곳일까요?

'영재교육진흥법 제3조 2항'에 의하면 지방자치단체는 영재교육 진흥을 위해 필요한 지역 영재교육에 관한 세부 실천 계획의 수립을 마련해야 합니다. 이에 따라 각 지역마다 영재교육기관 또는 프로그램을 운영하고 있습니다. 일반적으로 초등학교 영재교육은 학교 내 영재 학급, 교육청 영재원, 대학 부설 영재원 등에서 이루어집니다. 또 그 영역은 수학 및 과학을 포함하여 정보 영재에서 예술 영재까지 다양하나 수·과학 및 정보 영재의 비중이 가장 큽니다. 교육청 영재원의 경우 영재교육종합데이터베이스(ged) 사이트에서 자세한 내용을 확인할 수 있습니다. 학교에서도 가정통신문을 통해 일정과 방법을 상세하게 안내하고, 홈페이지에도 게재하고 있으니 관심 있는 학부모께서는 참고하시면 됩니다. 대학 부설 영재원의 경우에는 학교마다 모집 요강이 다르므로 관심 있는 대학 부설 영재원이 있다면 해당 대학 부설 영재원 일정을 직접 확인해 보는 것이 좋습니다.

'우리 아이는 선행이 별로 되어 있지 않은데 수업을 잘 따라갈 수 있을까?' 하는 의문이 들기도 할 것입니다. 영재원마다 다르겠지만 대부분의 영재교육원에서 이루어지는 프로그램은 특정 과목의 선행이 아닌 그 영역 내용에 대한 이해를 바탕으로 문제를 창의적으로 해결할 수 있도록 하는 데 초점이 맞춰져 있습니다. 예를 들면 지구과학이나 공학에 대한 학습을 한 뒤 '지진에 강한 도시 설계'를 한다거나 확률에 대한 이해를 한 뒤 '게임 속에서 최고점과 최저점을 예상해 보는 활동'을 하는 식입니다. 또 비슷한 관심사를 가진 학생들이 문제를 해결하기 위해 의사소통을 하고 문제를 해결해 가는 성취감을 맛볼 수 있습니다. 여러 친구들을 만나서 교류하고 사고의 폭과 깊이를 더하는 좋은 경험이 될 수 있는 만큼 해당 영역에 관심이 있는 아이라면 충분히 도전해 볼 만합니다.

아직 영재원마다 차이가 있기는 하지만 선발 제도 역시 조금씩 달라지는 분위기입니다. 몇 년 전까지만 해도 선발 시험 후 교육이 이루어지는 영재원이 대부분이었지만 요 근래에는 선 교육 후 선발 제도를 도입하는 영재원도 생겨나고 있습니다. 선발고사 예상 문제에 훈련된 학생들이 아닌 실제 교육 상황에서 두드러진 성취를 보이는 학생들을 선발하겠다는 취지입니다. 관심이 있는 학생들에게는 다양한 문제 해결 과정을 경험해 볼 수 있는 기회가 될 수 있습니다.

자신감의 원동력, 운동

　아이가 3학년이 되면 이제 슬슬 운동을 포함한 예체능은 그만두고 국영수 공부에만 집중하는 경향이 있습니다. 하지만 공부는 지금 당장 성적을 내는 것이 중요한 단거리 달리기가 아닌 마라톤 경기로 보아야 합니다. 건강한 신체와 자신감 있는 태도는 공부를 넘어 인생에서 가장 기본적으로 갖춰야 할 요소입니다. 운동을 열심히 하는 아이들은 대체로 밝고 태도도 긍정적입니다. 게다가 운동은 체력과 자신감도 키워주지만 학년이 올라갈수록 조금씩 가중되는 공부 스트레스를 건강하게 해소해 준다는 점에서도 중요합니다.

　예를 들어, 저학년 때는 생활체육의 측면에서 태권도를 배웠다면 이제는 '검은 띠를 따겠다'처럼 목표를 정하고 그 목표를 달성하는 것이 필요합니다. 이 과정에서 자신감과 자존감, 인내심, 체력이 동시에 길러집니다. 이 무렵부터는 개인 운동인 수영이나 발레, 리듬체조, 스케이트, 스키, 단체 운동인 농구나 야구, 축구, 합기도, 검도, 테니스처럼 아이가 지금까지 접해 보지 않았던 다른 운동을 시작하는 것도 좋습니다.

　하지만 내향적인 아이의 경우에는 단체 운동을 부담스러워할 수 있습니다. 이런 아이들은 개인 운동을 통해 체력과 자신감을 키우는 것이 좋습니다. 운동 신경이 약한 아이일수록 다양한 운동을 통해 몸을 쓰는 감각을 익히는 것이 도움이 됩니다. 여러 가지 운동을 하다 보면 '해 보니까 조금씩 실력이 느네', '내가 다른 운동은 못해도 수영만큼은 자신 있어'라는 생각이 들 수 있습니다.

음악 시간이 즐겁다, 리코더 연습

리코더는 음악 시간을 즐겁게 만들어주는 필수 악기로, 많은 학교에서 3학년부터 음악 시간에 리코더 연주를 시작합니다. 저학년 때는 캐스터네츠나 트라이앵글, 탬버린 같은 리듬악기와 핸드벨, 실로폰, 멜로디언 등을 연주했다면 3학년부터 6학년까지는 대부분 리코더로 음악 교과서에 나오는 악보를 연주합니다. 학교에 따라 오카리나나 우쿨렐레 등을 배우기도 하지만 대부분 리코더가 기본이고, 단소를 더 배우는 경우가 많습니다.

이때 리코더 연주가 서툰 아이들은 음악 시간에 자신감이 떨어지거나 수업에 흥미를 잃을 수 있습니다. 운지가 틀리면 바로 티가 나기 때문입니다. 특히 친구들과 함께 연주하거나 소프라노와 알토 부분으로 나누어 합주를 할 때 부담을 느낍니다. 반면에 리코더 연주를 잘하는 아이는 음악 시간을 기다리기도 하고, 즐거운 마음으로 수업에 참여합니다.

수업 시간에 선생님께 리코더를 배우고, 집에서 연습을 하는 정도만으로 충분히 리코더를 잘 익히는 아이들도 많습니다. 하지만 모든 과목이 그렇듯 다른 친구들보다 더 많은 연습이 필요한 아이도 있습니다. 따라서 3학년 여름방학 때는 기본적인 악보 보는 법과 운지법을 익히는 것이 좋습니다. 교과서에 나오거나 선생님이 나눠준 리코더 악보집의 곡들을 연주해 보는 연습도 필요합니다.

여러 교과에 대한 흥미를 높이는 겨울방학

한 학기, 잘 보냈을까?

3학년 여름방학과 마찬가지로 1~2학년 방학 때는 우리 아이가 국어와 수학 교과의 학습 내용을 잘 이해했는지 확인할 필요가 있었다면 3학년부터는 영어가 추가된 만큼 영어 교과의 이해 여부도 함께 판단할 필요가 있습니다. 국어, 수학, 영어 교과의 경우 학년이 올라감에 따라 기존 내용을 바탕으로 새로운 학습 내용이 더해집니다. 따라서 학습 결손이 발생했을 때 바로 구멍을 메워줘야 다음 학년에 올라가서 고생하지 않습니다.

방학 동안 사회나 과학 공부를 어떻게 해야 하는지 궁금한 부모님도 계실 것입니다. 이들 교과는 1학기 교과서를 다시 읽어보거나 2학기 교과서를 미리 읽어보기를 권합니다. 아이가 원하지 않는데 굳이 문제집을 풀 필요까지는 없습니다. 관련된 내용의 독서를 하거나 체험을 통해 내용을 재미있게 받아들이고 이해하는 정도면 됩니다.

• 과목별 알아야 할 주요 학습 내용

과목	알아야 할 주요 학습 내용	체크하기
국어	◆ 글을 읽고 중심 생각을 찾을 수 있는가?	☐
	◆ 인물에게 알맞은 표정과 몸짓을 생각하며 이야기를 읽을 수 있는가?	☐
	◆ 이야기를 읽고 생각이나 느낌을 표현할 수 있는가?	☐
	◆ 자신의 경험에서 인상 깊은 일을 쓸 수 있는가?	☐
	◆ 읽을 사람을 생각하며 마음을 전하는 글을 쓸 수 있는가?	☐
	◆ 독서 감상문을 쓸 수 있는가?	☐
	◆ 글의 흐름에 따라 내용을 간추려 쓸 수 있는가?	☐
	◆ 알맞은 표정과 몸짓, 말투를 생각하며 연극을 할 수 있는가?	☐
	◆ 상황에 어울리는 표정과 몸짓, 말투로 대화할 수 있는가?	☐
수학	◆ (두 자리 수)×(두 자리 수), (세 자리 수)×(한 자리 수)를 계산할 수 있는가?	☐
	◆ 나머지가 있는 (세 자리 수)÷(한 자리 수)를 계산할 수 있는가?	☐
	◆ 원의 성질을 알고 그릴 수 있는가?	☐
	◆ 분모가 같은 분수의 크기를 비교할 수 있는가?	☐
	◆ '분수만큼'을 찾을 수 있는가?	☐

과목	알아야 할 주요 학습 내용	체크하기
수학	◆ 들이와 무게를 비교할 수 있는가?	☐
	◆ 들이와 무게의 덧셈뺄셈을 할 수 있는가?	☐
	◆ 표와 그림그래프의 특징을 알 수 있는가?	☐
영어	◆ 교과서에 나온 주요 단어를 모두 읽고 뜻을 아는가?	☐
	◆ 교과서에 나온 주요 문장을 모두 읽고 뜻을 아는가?	☐

독후 활동을 통한 다양한 글쓰기 연습

요즘 아이들은 학기 중에는 학교에 다니느라 바쁘고, 방과 후에는 정해진 스케줄을 따라 이런저런 공부와 활동을 하느라 하루가 짧습니다. 그런 만큼 한 권의 책을 가지고 깊은 이야기를 나눌 시간적·심리적 여유가 부족한 것이 사실입니다. 따라서 비교적 시간이 여유로운 방학을 이용해 책에 대한 이해의 폭을 넓히는 시간을 갖는 것이 중요합니다.

듣기, 말하기, 읽기, 쓰기 중에서 가장 어려운 영역이 바로 '쓰기'입니다. 이 시기에는 책과 관련된 다양한 독후 활동을 통해 글쓰기 연습을 하는 것이 좋습니다. '책 속의 주인공은 왜 그렇게 생각(행동)했을까?', '나라면 어떻게 했을까?', '나도 비슷한 경험을 해 본 적이 있는가?' 등의 이야기를 나누고, 그 내용을 생각그물로 구조화하여 글로 써보는 경험은 아이의 사고력을 넓혀줍니다. 시중에 나와 있는 독서프로그램이나 독서토론 문제집을 활용하는 것도 방법입니다. 하지만 이보다는 또래 집단이나 어른들과의 대화를 통해 경험하게 해 주는 것이 더욱 의미 있습니다. 학교에서 친구들과 대화를 통한 독서 활동이 이루어지므로 방학 때는 부모님과 대화 시간을 갖는 것을 추천드립니다. 책의 내용을 활용하여 퀴즈 만들기, 뒷부분을 바꾸어 새로운 결말 만들어 내기, 등장인물의 선택을 바꾸어 다른 결말 만들기, 내가 등장인물이 되어 나만의 책 만들기 등 다양한 쓰기 활동을 통해 아이의 사고력과 상상력을 키워 줄 수 있습니다.

3학년이라고 해서 글을 쓰는 모든 능력이 갖추어진 것은 아닙니다. 아직은 받아쓰기 연습을 꾸준히 하는 것이 좋습니다. 좋은 글이나 문구를 필사하거나 받아쓰기를 하다 보면 글쓰기 실력을 높이는 데 큰 도움이 됩니다. 3학년 1학기 때 국어사전의 원리에 대해 배웠으므로 글을 쓸 때 국어사전을 찾아보며 낱말의 뜻을 정확하게 파악하고 글쓰는 연습을 해 보면 좋습니다.

직접 해 보면서 익히는 과학 실험

유아부터 저학년까지는 부모님과 함께 과학 놀이를 했다면, 이제부터는 아이가 어느 정도 자율성과 독립성을 갖고 과학 놀이나 과학 실험을 직접 해 볼 수 있습니다. 부모님은 옆에서 관리, 감독, 조언하는 역할 정도만 해 주셔도 됩니다.

과학 실험을 집에서 해 볼 때는 시중 도서를 이용해서 따라하는 방법을 선택해도 되고, 한 실험의 준비물이 갖춰져 있는 키트를 구매해서 이용하는 방법을 선택해도 됩니다. 과학 실험을 직접 해 보는 과정에서 아이들의 과학적 사고력과 호기심이 길러집니다. 하지만 3학년 무렵부터는 과학 실험을 직접 해 보는 것 자체로 끝나는 것이 아니라 이 실험이 무엇을 알아보기 위한 것인지, 어떤 원리를 이용한 것인지, 일상생활에서 무엇과 관련 있는 것인지 등을 생각해 보아야 합니다.

학교에서 과학을 지도하다 보면 많은 아이들이 비슷한 어려움을 겪고 있는 것을 느낄 수 있습니다. 3학년 학기 초에 아이들에게 "과학 싫어하는 사람?"이라고 물으면 손을 드는 경우가 거의 없습니다. 대부분 실험과 활동 위주의 재미있는 과목이라고 생각하기 때문이지요. 실제로 수업 시간에도 비슷한 모습을 보입니다. 수업을 시작하기도 전에 "오늘은 무슨 실험해요?" "빨리 실험하고 싶어요." "선생님, 이번 단원은 실험 없어요?" 등과 같은 질문들을 꾸준히 듣습니다. 그리고 실험을 시작하면 아이들은 너나없이 즐겁게 참여합니다. 그런데 반전은 지금부터입니다. 실험을 마치고 내용을 질문하면, 정확하게 대답하는 아이들이 생각보다 많지 않습니다.

한 예로 3학년 과학에는 '공기가 있음을 알아보는 실험'이 등장합니다. 물 위에 병뚜껑을 띄워 놓고 투명한 컵을 뒤집어 병뚜껑이 있는 수면을 누릅니다. 그러면 컵 안의 공기로 인해 수면이 내려가고, 병뚜껑도 함께 내려가는 모습을 볼 수 있습니다. 이제 투명한 컵에 구멍을 뚫은 다음 같은 과정을 거칩니다. 이번에는 공기가 구멍으로 빠져나가 병뚜껑이 내려가지 않습니다. 이 실험을 하면 아이들은 마치 물장난을 해도 된다는 허락을 받은 것마냥 신이 납니다. 그런데 이때 아이들에게 "여기서 구멍은 왜 뚫었을까?" "이 실험의 목적은 무엇일까?" 등과 같은 질문을 하면 당황하는 경우가 많습니다.

단순한 상황과 현상에 대한 즐거움이 아닌, 각 실험의 목적을 알아야 합니다. 이는 메타인지와도 연결됩니다.(메타인지에 관해서는 6학년 부분에서 자세하게 설명하겠습니다.) 물론 학교 선생님들도 이 부분을 인지하고 아이들에게 꾸준히 질문하고, 이를 다양한 방법으로 정리할 수 있게 지도합니다. 가정에서도, "오늘 과학 시간에 뭐 했어?"라고 물었을 때 아이가 "물 눌러 보는거 했어."라고 대답한다면 그 목적이 무엇이었는지 한 번 더 물어봐 주시는 것이 좋습니다. 학기 중에 비해 비교적 여유가 있는 방학을 이용하여 간단한 과학 실험을 직접 해 보면 보다 의미 있는 시간을 보낼 수 있을 것입니다.

더 이상 구체물로 조작할 수 없는 연산 다지기

연산은 초등수학의 기초 체력이라고 할 만큼 수학의 기본이 됩니다. 연산이 능숙하고 편안해져야 수학 시간이 신나고 즐겁기 때문입니다. 반대로 연산이 익숙지 않은 학생들은 새로운 수학 문제를 해결하는 데 두려움을 느낄 수밖에 없습니다. 앞에서도 밝혔듯이 3학년은 첫 수포자가 나오는 시기입니다. 이때 수학에 흥미를 잃어서는 안 됩니다.

특히 학년이 올라갈수록 연산은 단순한 가감산이 아닌 분수와 소수, 비율 등으로 다양하고 복잡해집니다. 따라서 연산이 수월하도록 다져주는 것은 아이가 수학에 대한 즐거움과 자신감을 갖게 하는 데 도움이 됩니다. 특히 3학년 때는 자연수의 사칙연산이 모두 완성되기 때문에 겨울방학까지는 자연수의 덧셈과 뺄셈은 물론 곱셈과 나눗셈이 무리 없이 가능한지 확인하고 다져 줄 필요가 있습니다. 학습 내용의 위계가 확실한 수학의 경우 기초가 되는 연산이 흔들리면 그 뒤에 나오는 다른 개념들도 흔들릴 수밖에 없습니다.

흔히들 연산은 속도와 정확성이 중요하다고 말합니다. 정확한 연산을 연습하다 보면 속도는 자연스럽게 올라갑니다. 그러니 속도에 지나치게 연연하지 않아도 됩니다. 또 하루에 100문제를 푸는 것보다 일주일 동안 매일 10문제를 꾸준히 푸는 것이 더 도움이 됩니다. 3학년 겨울방학은 아이가 부담감과 지루함을 느끼지 않는 선에서 조정하면서 연산에 익숙해지도록 할 수 있는 마지막 방학이라 할 수 있습니다.

체험 학습, 어디가 좋을까?

아이들의 발달 단계와 초등학교 커리큘럼을 바탕으로 방학 때 방문하면 좋은 교과 연계 체험 장소를 선정하였습니다. 현재 학년을 기준으로 복습의 의미로 활용하셔도 좋고, 다음 학년의 추천 장소를 보며 예습의 의미로 이용하셔도 됩니다.

체험 주제	체험 장소	체험 내용
사회	우리 고장의 이야기를 담은 박물관이나 전시관	3학년 1학기에는 우리 고장의 옛이야기와 문화유산에 대해 배웁니다. 허준박물관이나 석탄박물관처럼 우리 고장의 인물이나 문화유산과 관련된 전시관을 방문해 보세요.
사회	문화체험관, 국립민속박물관 등의 민속박물관, 한국민속촌	3학년 2학기에는 과거와 오늘날의 교통 및 통신 수단의 변화, 의식주 및 세시풍속 등을 학습합니다. 전통문화를 체험하면서 배운 내용을 다시 한 번 복습할 수 있습니다.
과학	과천과학관, LG사이언스홀, 서울에너지드림센터, 서대문자연사박물관, 서울하수도과학관 등의 과학관과 과학체험관	3학년이 되어 과학 교과를 처음 배우게 된 아이들이 과학에 대한 호기심을 더 키울 수 있는 곳입니다. 오프라인뿐만 아니라 온라인 프로그램도 다양하게 준비되어 있으니 시간과 내용을 확인하고 참여하면 됩니다.
과학	곤충체험관, 동물원 등 동물을 관찰할 수 있는 곳	3학년 1학기에는 동물의 한살이에 대해, 2학기에는 동물의 생활에 대해 학습합니다. 곤충이나 동물과 관련된 장소를 방문하여 이들을 관찰하고 프로그램에 참여하는 과정에서 동물과 곤충에 관한 호기심이 커지고 지식이 쌓입니다. 가장 관심 가는 동물에 대해 조사해 보는 것도 좋습니다.
체육	수영장, 스케이트장, 스키장 등 운동을 할 수 있는 곳	방학을 이용해 평소에 접하지 않았던 운동을 해 보는 것도 좋은 경험입니다. 해당 운동에 관심이 많던 아이에게는 신나는 시간이 될 것이고, 관심이 적었던 아이에게는 그 운동에 새로운 매력을 느끼는 시간이 될 것입니다.
체육	자연휴양림	자연휴양림은 전국적으로 164군데 정도가 있습니다. 예약 경쟁률이 높긴 하지만 아이들이 자연 속에서 시간을 보낼 수 있도록 기회를 만들어 보세요.
직업 체험	EBS 등 방송국 견학	방송국마다 견학 프로그램이 있어서 직업 체험 기회로 이용할 수 있습니다. 저학년 때보다는 중학년인 3학년 때 방문하는 것이 효과적입니다.

4장

공부에 대한 자존감을 형성하는 4학년

 4학년의 특징

4학년 아이들의 전반적인 발달 특징

(1) 신체적 특징
- 성장이 빠른 아이들의 경우 2차 성징이 나타나는 등 3학년에 비해 고학년의 특성이 상대적으로 더 많이 나타납니다.
- 아이들 간의 신체 발달 정도에 차이가 생깁니다.
- 키도 많이 크지만 몸무게가 갑자기 느는 아이들도 있으므로 비만으로 이어지지 않게 신경을 써주어야 합니다.

(2) 지적 특징

- 3학년에 비해 집중력과 주의력, 어휘력, 문제해결력 등이 더욱 발달합니다.
- 아직 저학년의 특성을 많이 갖고 있는 아이들과 고학년의 특성이 나타나기 시작하는 아이들이 섞여 있습니다.
- 적극적으로 발표에 임하고 수업에 참여하려고 하는 아이들이 많습니다. 그만큼 4학년 학급은 수업 분위기가 좋습니다.
- 스스로에 대해 어느 정도 객관적으로 생각할 수 있게 됨에 따라 자신이 공부나 운동 등 잘하는 분야가 없다고 생각하면 위축되기도 합니다.
- 이때까지의 독서 습관과 독서량에 따른 차이가 나타나기 시작합니다.
- 온라인 학습에 빨리 적응하며, 발표를 열심히 하며 적극적으로 참여하려고 합니다.

(3) 정서적 특징

- 학교에 대해, 학습에 대해 많이 알고 규칙도 잘 준수할 수 있을 만큼 컸기 때문에 학교생활에 잘 적응하고 선생님 심부름은 물론 학급의 공동 일도 척척 해내는 아이들이 많습니다.
- 선생님과 친구들에게 칭찬과 인정을 받기 위해 학급 일에 솔선수범하고 친구를 돕는 아이들이 많습니다.
- 3학년까지는 자신의 기분을 선생님이나 친구들에게 잘 드러냈다면, 4학년부터는 자신의 기분을 잘 표현하지 않는 아이들이 많아집니다.

(4) 사회적 특징

- 선생님이나 부모님보다 친구들의 평가에 더 민감하게 반응하는 아이들이 생기기 시작합니다. 부모님보다 친구에 대한 의존도가 더 높아집니다.
- 여학생들의 경우 단짝 친구를 만들거나 또래 집단을 형성하려는 노력을 하기도 합니다.

학년이 올라갈수록 성적이 오르는 아이가 되려면?

엄마가 끌고 가는 성적은 초등학교까지이고, 학원이 끌고 가는 성적은 중학교까지이며, 아이가 스스로 만드는 성적이 고등학교 성적이자 입시 성적이라는 말이 있습니다. 이 말처럼 아이들의 성적은 계속 높은 채로 유지되기도 하지만 떨어지기도 하고, 낮은 채로 유지되기도 하지만 올라가기도 합니다. 그렇다면 학년이 올라갈수록 성적이 오르는 아이들은 어떤 특징이 있을까요?

가장 큰 특징은 학습 태도 면에서 공부에 대한 부정적인 태도가 형성되어 있지 않다는 것입니다. 한마디로 공부를 긍정적으로 생각합니다. 공부에 대한 이러한 태도를 '공부 정서'라고 합니다. 공부 정서를 해치지 않으려면 '공부=문제집, 학습지, 선행 학습'이라는 생각이 들지 않도록 해야 합니다. 가끔 너무 어렸을 때 공부에 몰두한 결과 열심히 공부를 해야 하는 시기인 4~6학년 때 이른 번아웃이 와서 무기력한 모습을 보이는 안타까운 경우를 목격합니다.

학습 장애물을 제거해 주는 것도 중요합니다. 여기서 말하는 학습 장애물은 공부를 방해하거나 공부가 아닌 다른 것으로 관심을 뺏는 물리적 환경을 말합니다. 예를 들어, 아이에게는 공부를 강요하면서 막상 부모님은 거실에서 TV를 크게 틀어놓는다거나 독립되고 조용한 환경이 아닌, 나이 어린 동생이 공부를 방해하는 등 아이가 집중하기 어려운 환경이 이에 해당합니다. 나아가 공부에 대한 부정적인 태도를 형성하게 하는 요인도 학습 장애물에 포함됩니다.

부모님이 아이를 믿어 주고 응원해 주고 지지해 주는 모습도 중요합니다. 이런 긍정적인 양육 환경에서 자란 아이들은 지금 당장 원하는 만큼 성적이 나오지 않더라도 '나는 할 수 있어', '나는 점점 더 발전할 거야'라는 자기효능감을 갖게 됩니다. 당연히 이런 아이들은 학년이 올라갈수록 발전하는 모습을 보이며, 자신의 감정과 욕구를 제어하고 조절하는 방법도 터득합니다. 내가 하고 싶은 대로 시간을 쓰는 아이와 내 감정과 욕구를 제어하면서 해야 할 일을 하는 아이의 성적은 시간이 갈수록 차이가 날 수밖에 없습니다.

작은 성공 경험을 자주 갖게 해 주는 것도 중요합니다. 어른의 경우에도 도달해야 할 목표가 너무 높으면 지레 겁먹고 포기하거나 도전을 멈추게 됩니다. 아이에게도 과도한 목표는 독이 됩니다. 너무 높은 목표를 제시하지 말고, 목표까지 가는 과정을 쪼개서 하나씩 성취할 수 있도록 도와주세요. 예를 들어, 수학을 별로 좋아하지 않는 아이에게 "이번 주에 수학 문제집 일곱 장 풀어."라고 하는 건 바람직하지 않습니다. 그보다는 '매일 수학 문제집 한 장씩 푸는 것'을 세부 목표로 제시하여 하루하루 목표를 달성하는 기쁨을 맞이하게 하는 것이 더 효과적입니다. 덧붙여 다양한 독서, 부모님과의 대화를 통해 배경지식을 넓혀주는 것도 아이의 잠재력을 끌어내는 방법임을 잊지 마세요.

작은 성공의 경험 쌓는 법

1. 일상생활에서 목표 정하기

아이가 주도적으로 목표를 정하고 작은 성공을 경험하게 하는 것이 중요합니다. '수학 문제집 한 단원 며칠 내에 끝내기', '영어책 한 권 틀리지 않고 소리 내어 읽기' 등의 목표를 정할 수도 있지만 목표가 꼭 국어, 수학, 영어 같은 공부와 관련될 필요는 없습니다. 그보다는 다양한 목표를 세우는 것이 좋습니다. 예를 들면 '어떤 곡 하나를 정해서 틀리지 않고 다른 사람 앞에서 연주하기', '인라인 스케이트를 처음 배울 때 다른 사람을 잡지 않고 혼자서 타기' 같은 목표입니다. '운동을 꾸준히 해서 아빠와의 팔씨름에서 이기지는 못해도 경쟁이 될 만큼 노력하기'처럼 재미있고 가족과 함께할 수 있는 목표도 추천합니다. '정해진 시간 안에 방정리 끝내기'처럼 정리정돈이나 집안일과 관련된 경험도 좋습니다.

2. 특별한 목표 정하기

어린 시절을 돌이켜볼 때 가장 기억에 남는 것이 무엇이냐는 질문에 많은 사람들이 방학 때 가족과 함께 놀러 간 일, 여행 간 일을 꼽습니다. 가족 여행은 언제 어디를 가도 큰 의미로 남습니다. 반나절 짧은 여행도 좋고, 하루 또는 1박 2일도 좋습니다. 몇 시에 출발하고 어떤 교통편을 이용할지, 어디에 가서 무엇을 할 것인지를 탐색하는 경험은 아이의 생각을 키우는 데 도움이 됩니다. 특히 무엇을 먹을지 결정하는 부분에서 흥미로워하는 아이의 모습을 볼 수 있습니다. 시간뿐만 아니라 비용도 고려해야 하는 만큼 자연스럽게 경제 교육도 됩니다. 이렇게 아이가 주도적으로 계획하고 그 계획에 따라 가족 여행을 다녀오면 특별한 성공 경험을 갖게 됩니다.

온라인 학습 시대, 자기주도학습 습관 기르기

자기주도학습을 아이 혼자 모든 공부를 알아서 하는 것이라고 이해해서는 안 됩니다. 진정한 자기주도학습은 아이가 매일 꾸준히 스스로 학습 과정을 주도해 나가는 것을 의미합니다. 가끔 자기주도학습을 잘하는 아이가 있는데, 대부분의 아이들은 아직 이렇게 하는 것이 쉽지 않습니다. 그러므로 자기주도학습이 이루어지기까지는 부모님이 적극적으로 도와주셔야 합니다. 특히 초등 4~6학년 때 자기주도학습 습관을 잘 길러두면 중학생이 되어 공부하는 데 훨씬 수월하고, 고등학생이 되어서는 더욱 능동적으로 스스로 공부할 수 있게 됩니다.

자기주도학습이 잘 이루어지기 위해서는 (1)공부 스케줄 세우기와 (2)배움 노트, (3)오답 노트 같은 공책 정리법으로 학습 내용 다지기를 반복하여 일상이 되도록 해야 합니다. 4학년부터는 기억해야 할 핵심 내용을 뽑아내 정리하는 배움 노트는 충분히 스스로 실천할 수 있습니다. 이 부분은 4학년 여름방학 부분에서 설명하겠습니다. 그리고 배움 노트를 쓰는 방법이 어느 정도 익숙해지면 다음 단계인 오답 노트를 연습해야 합니다. 처음부터 배움 노트와 오답 노트를 병행하면 아이가 부담스러워하거나 지칠 수 있으므로 단계별로 연습하는 것이 좋습니다. 오답 노트는 자주 헷갈리거나 틀리는 부분을 중심으로 작성합니다. 특히 수학 교과에서 오답 노트는 필수입니다. 이 부분은 5학년에서 설명드리겠습니다. 공부 스케줄을 세우는 방법은 다음과 같습니다.

공부 스케줄 세우기

하루아침에 아이가 스스로 스케줄을 세우고 실천할 수는 없습니다. 단계별로 연습해 볼 것을 추천합니다.

1. 일일 스케줄을 정해 실천하는 연습을 합니다.

❶ 정해진 일정을 고려하여 시간을 정합니다. 학교 수업은 몇 시부터 몇 시까지인지, 학원 시간, 식사 시간 등은 언제인지 등을 확인하여 시간을 배분합니다.

❷ 이제 시간에 맞춰 세부 계획을 세웁니다. 이때는 그날 공부해야 할 과목과 분량을 감안해야 합니다. 시간을 정해 그 시간에 맞춰 공부하기보다는 분량을 정해 그만큼 공부하는 것을 추천합니다. 독서 시간을 확보하는 것도 중요합니다.

2. 일주일 스케줄을 세우는 연습을 합니다.

일일 스케줄 짜기가 익숙해지면 일주일 단위로 스케줄을 세워 봅니다. 학교 수업은 기본이고 요일별 학원 시간 또는 과외 시간, 학교 평가나 행사 등을 모두 기록합니다. 일주일 단위가 되면 하나의 목표를 7일로 나누어 생각하기가 용이해집니다. 그래서 독서의 경우 한 권의 책을 일주일 동안 읽거나 어떤 과목의 공부 스케줄을 세울 때 좀 더 큰 관점에서 계획할 수 있습니다.

3. 한 달 단위의 스케줄을 세우는 연습을 합니다.

한 달 단위의 스케줄은 부모님과 함께 세웁니다. 초등학생이 한 달 단위의 스케줄을 정리하는 것은 무리입니다. 부모님과 함께 이번 달 또는 다음 달에 꼭 해야 할 일, 요일별 학원 스케줄 또는 문제집 풀기 스케줄, 학교 평가, 우리 집 행사 등을 기록합니다. 이를 통해 보다 전체적인 관점에서 내가 무엇을 해야 하는지 조망할 수 있게 됩니다.

4학년, 무엇을 배울까?

독서를 통해 읽기 능력을 높이는 국어

 국어 단원 가운데 독서 단원이 있습니다. 책을 읽고 함께 생각을 나누는 시간입니다. 학급에 따라 학기 초에 독서 단원 먼저 진도를 나가기도 하고, 학기 말에 나가기도 합니다. 단원 중간중간에 분산하여 갖는 경우도 있습니다.
 4학년부터는 국어 교과서의 글밥이 눈에 띄게 늘어납니다. 따라서 학기 중이나 방학 때 교과서의 글을 한 번씩 더 소리 내어 읽어보거나 교과서에 수록된 작품을 일부분이 아니라 전체를 읽어보는 것이 좋습니다. 게다가 이 시기에는 어휘력이 폭발적으로 확장되기 시작하고, 글을 쓸 때도 논리적 추론 능력과 분석 능력이 발달합니다. 그만큼 긴 지문의 글을 대하는 아이들의 태도와 능력 역시 차이가 날 수밖에 없습니다. 이제까지의 독서를 통해 밑거름을 잘 다져놓은 아이들은 국어 시간을 어려워하지 않지만 그렇지 않은 아이들은 국어 교과서를 읽고 이해하는 데 어려움을 겪기도 합니다. 긴 문장을 읽을 때 의미 중심으로 끊어 읽는 능력, 더듬더듬하지 않고 유창하게 읽는 능력이 향상될 수 있도록 독서를 통해 연습할 것을 추천합니다. 또한 글을 읽을 때 사전을 이용해 낱말의 뜻을 찾아보고, 그 낱말을 대체할 수 있는 비슷한 의미의 다른 낱말들을 찾아보면 어휘력을 확장시키는 데 도움이 됩니다.

• 4학년 국어 교과서 단원 및 주요 학습 내용

학기	교과서	단원	주요 학습 내용
1학기	국어 (가)	1. 생각과 느낌을 나누어요	시나 이야기를 읽고 생각이나 느낌 나누기
		2. 내용을 간추려요	글의 내용 간추리기
		3. 느낌을 살려 말해요	자신의 생각과 느낌이 잘 드러나게 말하기
		4. 일에 대한 의견	사실과 의견을 생각하며 글을 읽고 쓰기
		5. 내가 만든 이야기	이야기의 흐름 파악하며 이어질 내용 상상해서 쓰기
	국어 (나)	6. 회의를 해요	회의 절차와 규칙을 알고 회의에 적극적으로 참여하기
		7. 사전은 내 친구	사전을 활용해 낱말의 뜻 찾기
		8. 이런 제안 어때요	제안하는 글 쓰기
		9. 자랑스러운 한글	한글의 우수성을 이해하고, 한글 바르게 사용하기
		10. 인물의 마음을 알아봐요	만화를 보고 생각이나 느낌 나타내기

학기	교과서	단원	주요 학습 내용
2학기	국어 (가)	1. 이어질 장면을 생각해요	만화영화나 영화를 감상하고 이어질 내용 상상하기
		2. 마음을 전하는 글을 써요	마음을 전하는 글 쓰기
		3. 바르고 공손하게	대화 예절을 지키며 대화하기
		4. 이야기 속 세상	이야기의 구성 요소를 이해하며 글 읽기
	국어 (나)	5. 의견이 드러나게 글을 써요	문장의 짜임을 생각하며 의견을 제시하는 글 쓰기
		6. 본받고 싶은 인물을 찾아봐요	전기문을 읽고 인물의 삶 이해하기
		7. 독서 감상문을 써요	책을 읽고 자신의 생각이나 느낌이 잘 나타나도록 글 쓰기
		8. 생각하며 읽어요	글쓴이의 의견이 적절한지 생각하며 글을 읽고 쓰기
		9. 감동을 나누며 읽어요	작품에 대한 생각이나 느낌을 여러 가지 방법(시나 그림)으로 표현하기

기계적 연산을 넘어 수에 대한 이해로, 수학

3학년 때까지의 수학이 자연수의 연산과 관련 있었다면 4학년 연산은 자연수의 연산을 바탕으로 분수와 소수의 덧셈과 뺄셈을 다룹니다. 기계적인 연산이 아닌 수에 대한 이해를 바탕으로 하기 때문에 이러한 이해가 부족한 아이들은 힘들어하기도 합니다.

도형 단원 역시 이전까지는 도형을 간단하게 접하는 학습이었다면 이제부터는 도형의 성질에 대해 다루기 때문에 공간 감각과 도형에 대한 이해가 필요합니다. 특히 도형에 대한 조작 경험이 부족한 아이들은 평면도형의 이동 단원에서 도형 돌리기 및 뒤집기 부분을 매우 힘들어합니다. 따라서 다양한 방법으로 도형을 직접 조작해 보는 활동이 도움이 될 수 있습니다. 또한 삼각형, 사각형 단원에서는 각 도형의 정의와 성질, 그리고 각 도형의 포함 관계를 명확히 이해할 필요가 있습니다. 상대적으로 쉽게 느껴지는 그래프와 규칙 찾기 단원은 다른 단원에 비해 아이들의 선호도가 높습니다. 따라서 집에서 수학 교과서나 문제집을 풀 때 이 부분을 먼저 한다거나 아이가 힘들어하는 단원 사이에 이 부분을 넣어 공부하는 것도 방법입니다.

- **4학년 수학 교과서 단원 및 주요 학습 내용**

학기	단원	주요 학습 내용
1학기	1. 큰 수	다섯 자리의 수, 십만, 백만, 천만, 억, 조 비교하기
	2. 각도	직각보다 작은 각, 직각보다 큰 각 각도의 합과 차 삼각형 및 사각형 각의 합
	3. 곱셈과 나눗셈	(세 자리 수)·(두 자리 수) (세 자리 수)·(두 자리 수)
	4. 평면도형의 이동	평면도형의 뒤집기, 돌리기
	5. 막대그래프	막대그래프 그리기, 해석하기
	6. 규칙 찾기	수의 배열, 도형, 계산식에서 규칙 찾기

학기	단원	주요 학습 내용
2학기	1. 분수의 덧셈과 뺄셈	받아올림, 받아내림이 있는 분수의 덧셈과 뺄셈
	2. 삼각형	이등변삼각형, 정삼각형의 특징
	3. 소수의 덧셈과 뺄셈	소수 두 자리 수의 덧셈과 뺄셈
	4. 사각형	사다리꼴, 평행사변형, 마름모, 직사각형, 정사각형의 특징
	5. 꺾은선그래프	꺾은선그래프 그리기, 해석하기
	6. 다각형	여러 가지 다각형, 대각선

우리 고장을 넘어 우리 지역으로, 사회

3학년 사회과가 우리 고장의 모습을 중심으로 이루어졌다면 4학년 사회과의 범위는 우리 지역으로 확대됩니다. 사회 교과서는 아이가 성장함에 따라 이해할 수 있는 반경이 넓어짐을 전제로 구성되어 있는 만큼 지역화 교과서를 바탕으로 우리 지역을 탐방해 보면 수업에 도움이 됩니다.

1학기 때는 우리 지역의 위치와 특성을 알아보기 위해 지도 읽는 방법을 배웁니다. 지역의 역사 및 지역의 공공기관에 대해서도 알아봅니다. 그리고 2학기가 되면 촌락과 도시의 생활모습을 비교하고, 그곳에서 일어나는 경제활동에 대해 배웁니다.

다양한 문화를 살펴보고 이해하는 시간도 있습니다. 표에서 알 수 있듯이 교과서로만 공부하기에는 내용을 이해하기가 어렵거나 딱딱하게 느껴질 수 있습니다. 반면 연계 독서 덕에 배경지식이 있거나 여행 또는 체험 등의 경험이 있는 아이들은 수업 시간에 발표도 열심히 하고 좀 더 적극적으로 참여합니다. 이와 관련해서는 체험활동 부분을 참조해 주십시오. 4학년 사회 교과서는 3학년 때에 비해 좀 더 사회과다워진 내용이 어렵게 느껴질 수 있습니다. 특히 아이들이 평소에 자주 접하지 않는 생소한 용어가 많이 등장하므로 용어와 관련된 내용의 학습은 여름방학 부분의 〈수학, 사회, 과학의 핵심 용어 정확하게 알기〉 부분에서 다시 설명드리겠습니다. 어휘에 신경 써서 교과서나 관련 도서를 읽어볼 것을 권합니다.

- 4학년 사회 교과서 단원 및 주요 학습 내용

학기	단원	주요 학습 내용
1학기	1. 지역의 위치와 특성	지도로 본 우리 지역(지도의 방위표, 기호, 축척, 등고선 등 알기), 우리 지역의 중심지(중심지의 특징 알기)
	2. 우리가 알아보는 지역의 역사	우리 지역의 문화유산(우리 지역의 문화유산 답사하고 소개 자료 찾기), 우리 지역의 역사적 인물(우리 지역의 역사적 인물 소개 자료 만들기)
	3. 지역의 공공 기관과 주민 참여	우리 지역의 공공기관(공공기관의 종류와 역할 알기), 지역 문제와 주민 참여(우리 지역의 문제 해결하는 방법 알기)
2학기	1. 촌락과 도시의 생활 모습	촌락과 도시의 특징(촌락과 도시의 특징 알기, 문제점 알기), 함께 발전하는 촌락과 도시(촌락과 도시의 교류)
	2. 필요한 것의 생산과 교환	경제 활동과 현명한 선택(현명한 소비 생활 알기), 교류하며 발전하는 우리 지역(경제적 교류 알아보기)
	3. 사회 변화와 문화의 다양성	사회 변화로 나타난 일상생활의 모습(사회 변화로 달라진 생활 모습 및 문제점 알기), 다양한 문화에 대한 이해와 존중(다양한 문화 및 그에 대한 편견과 차별 알기)

개념과 지식을 생활에 적용하는 과학

초등 과학은 어떤 개념과 지식을 아는 것에 그치지 않고 그러한 개념과 지식을 생활에 적용하여 생각하는 것까지 학습합니다. 예를 들어 물의 상태 변화에 대해 배우는 단원에서는 물의 상태 변화가 무엇인지 배운 다음 우리 생활에서 물의 상태가 변하는 예를 알아봅니다. 그림자와 거울에 대해 배울 때는 우리 생활에서 거울을 이용하는 예를 알아봅니다. 식물에 대해 배우는 단원에서는 우리 생활에서 식물의 특징을 활용한 예를 알아봅니다.

이렇듯 어떤 하나의 개념이나 지식을 아는 것을 넘어 우리 생활과의 연관성에 대해 생각해 보는 데 중점을 둡니다.

'지진에 안전한 건물 모형 만들기', '혼합물의 분리를 이용하여 재생 종이 만들기'처럼 배운 내용을 활용한 창의·융합 활동도 합니다. 따라서 과학을 학습함에 있어서는 전과에 나와 있는 내용을 그대로 외운다거나 문제집만 푸는 것은 좋은 방법이 아닙니다. 그리고 이렇게 해서는 완전하게 이해하기가 힘듭니다. 예를 들어, 식물의 한살이 단원에서는 한살이 기간이 짧은 식물을 직접 기르면서 관찰하는 것이 다른 어떤 방법보다 효과적인 학습 방법이 됩니다. 내용과 관련된 다양한 책을 읽어보고 실험을 해 보거나 영상을 보는 것이 훨씬 도움이 됩니다. 배운 지식을 생활 속에서 찾아보거나 적용하는 것이 진짜 과학 공부라고 할 수 있습니다.

• 4학년 과학 교과서 단원 및 주요 학습 내용

학기	단원	주요 학습 내용
1학기	1. 과학자처럼 탐구해 볼까요?	관찰, 측정, 예상, 분류, 추리, 의사소통 등
	2. 지층과 화석	지층이 만들어지는 과정, 지층을 이루는 암석(퇴적암, 이암, 사암, 역암), 퇴적암이 만들어지는 과정, 화석이 만들어지는 과정, 화석의 이용
	3. 식물의 한살이	씨가 싹 터서 자라는 데 필요한 조건, 강낭콩 기르기, 여러 가지 식물의 한살이(한해살이 식물, 여러해살이 식물)
	4. 물체의 무게	저울로 물체의 무게를 측정하는 까닭, 우리 생활에서 물체의 무게를 측정하는 예, 용수철저울로 물체 무게 측정하기, 양팔저울로 물체 무게 비교하기
	5. 혼합물의 분리	생활 속 혼합물의 예, 혼합물을 분리하면 좋은 점, 혼합물의 분리(플라스틱 구슬과 철 구슬의 혼합물, 콩·팥·좁쌀의 혼합물, 소금과 모래의 혼합물)
2학기	1. 식물의 생활	잎의 생김새에 따른 식물 분류(잎의 전체적인 모양, 잎의 끝 모양, 잎의 가장자리 모양 등), 사는 곳에 따른 식물의 특징(들이나 산, 강이나 연못, 사막), 우리 생활에서 식물의 특징을 활용한 예
	2. 물의 상태 변화	물이 얼 때의 변화, 얼음이 녹을 때의 변화, 물이 증발할 때의 변화, 물이 끓을 때의 변화, 차가운 컵 표면에서의 변화, 우리 생활에서 물의 상태가 변하는 예
	3. 그림자와 거울	그림자가 생기는 까닭, 거울의 성질, 그림자의 크기 변화시키기, 우리 생활에서 거울을 이용하는 예
	4. 화산과 지진	화산 활동으로 나오는 물질, 현무암과 화강암의 차이점, 화산 활동이 우리 생활에 미치는 영향, 지진이 발생하는 원인, 지진이 발생했을 때 대처법
	5. 물의 여행	물의 순환, 물이 중요한 이유, 물 부족 현상의 원인과 해결 방법

표현이 더 많아지고 다양해지는 영어

4학년 영어 시간에는 3학년 때보다 더 많이 실생활에서 쓰이는 다양한 표현들을 배웁니다.

초등학교 3~4학년군에서 사용하는 새로운 어휘 수는 대략 240낱말 내외입니다. 5~6학년군은 대략 260낱말 내외로, 초등학교에서는 총 500낱말 정도를 새로 배웁니다. 단일 문장의 길이는 3~4학년군에서 7낱말 이내, 5~6학년군에서 9낱말 이내(단, and, but, or을 사용하는 경우는 예외)입니다. 학교 영어 학습이 어느 정도 수준에서 이루어지는지 판단할 때 참고하시면 됩니다.

영어는 비교해 볼 수 있도록 두 출판사의 학습 내용을 함께 담았습니다. 핵심 표현을 학습하는 순서는 조금씩 다르지만 배우는 내용은 비슷하다는 것을 알 수 있습니다. 만약 영어 문제집을 풀면서 학습 내용을 다진다면 아이가 다니는 학교의 영어 교과서 출판사를 확인하여 관련된 문제집을 구매하는 것이 학교 진도에 맞게 예습과 복습을 할 수 있어서 편합니다.

부모님 시각에서 볼 때 1학기의 1, 2단원은 '너무 쉬운 것 같다'는 생각이 들 수 있습니다. 하지만 2학기 후반부로 갈수록 난이도가 많이 높아집니다. 그렇기 때문에 아이가 영어 수업을 싫어하거나 부담스러워한다면 가정에서 학습 내용을 함께 확인해 주셔야 아이가 영어 시간을 어렵고 힘든 시간으로 느끼지 않습니다.

• 4학년 영어 교과서 단원 및 주요 학습 내용

학기	단원	의사소통 기능	단원	의사소통 기능
1학기	1. My Name Is Cindy	때에 따른 인사말 -Good morning. 이름 묻고 답하기 -What's your name? -My name is cindy 나이 묻고 답하기 -How old are you? -I'm eleven years old.	1. How Are You?	때에 알맞은 인사말 하기 -Good morning. 안부 묻기와 답하기 -How are you? -I'm fine. thanks.
	2. How Are You?	안부 묻고 답하기 -How are you? -I'm fine(,thanks). 다른 사람 소개하기 -This is my friend, Bomi.	2. This Is Kate	다른 사람 소개하기 -This is my friend 처음 만났을 때 하는 인사와 이에 답하는 말 -Nice to meet you. -Nice to meet you, too.
	3. Don't Push, Please.	금지하기 -Don't push(,Please). 주의 주기 -Be careful. 지시하기 -Be quite./Line up, please.	3. Where Is My Watch?	물건의 위치 묻고 답하기 -Where is my watch? -It's in the box. 반복 요청하기 -Sorry?
	4. What Time Is It?	시각 묻고 답하기 -What time is it? -It's two o'clock. 무엇을 할 시간인지 표현하기 -It's time for breakfast.	4. Are You Okay?	기쁨 표현하기 -I'm happy. 슬픔 표현하기 -I'm sad. 기분이나 상태 묻고 답하기 -Are you okay? -Yes, I am./No, I'm not.

학기	단원	의사소통 기능	단원	의사소통 기능
1학기	5. I'm Cooking	상대방이 지금 무엇을 하고 있는지 묻고 답하기 -What are you doing? -I'm drawing. 다른 사람이 지금 무엇을 하고 있는지 묻고 답하기 -What is he doing? -He's studying.	5. What Time Is It?	시각 묻고 답하기 -What time is it? -It's 8 o'clock. 시각에 따른 일과 나타내기 -It's time for breakfast.
1학기	6. It's on the Desk	물건의 위치 묻고 답하기 -Where is the ruler? -It's on the desk. 반복 요청하기 -Sorry?	6. Let's Play Badminton	제안·권유하고 답하기 -Let's play badminton. -Okay./Sounds good. -Sorry, I can't. I'm busy. 동의하기 -Me, too.
2학기	7. Let's Play Soccer	제안하고 답하기 -Let's play soccer. -Sure. / Sorry, I can't. 위로하기 -That's too bad.	7. What Are You Doing?	상대방이 지금 하고 있는 행동 묻고 답하기 -What are you doing? -I'm drawing a picture. 다른 사람이 지금 하고 있는 행동 묻고 답하기 -What is Jimin(Jake) doing? -She's(He's) listening to music.
2학기	8. Yes, It's Mine	물건이 누구의 것인지 묻고 답하기 -Is this your hat? -Yes, it's mine. / No, it isn't. 물건 묘사하기 -My pencil case is brown.	8. What Do You Want?	원하는 것 묻고 답하기 -What do you want? -I want some potatoes. 음식을 권하고 수락하는 말 하기 -Do you want some water? -Yes, please.

학기	단원	의사소통 기능	단원	의사소통 기능
2학기	9. I Want a T-shirt	원하는 것이 무엇인지 묻고 답하기 -What do you want? -I want a T-shirt. 감탄하기 -How nice!	9. What Day Is It Today?	요일 묻고 답하기 -What day is it today? -It's Monday. 기쁨 표현하기 -That's great!
	10. Can You Help Me?	도움 요청하고 답하기 -Can you help me? -Sure, I can. / Sorry, I can't. 음식 권하고 답하기 -Do you want some bread? -Yes, please./No, thanks. I'm full.	10. Is This Your Cap?	물건의 주인이 맞는지 묻고 답하기 -Is this your cap? -Yes, it is. / No, it isn't. 자기 물건의 특징 말하기 -Mine is red.
	11. It's Sunday	요일 묻고 답하기 -What day is it today? -It's Sunday. 방과 후 활동 말하기 -I have a cooking class.	11. Touch Your Feet	동작 지시하기 -Touch your feet. 도움 요청하기 -Can you help me?
	12. I Clean the Park	주말마다 하는 일 묻고 답하기 -What do you do on weekends? -I clean the park. 상대방 정보 묻기 -What about you?	12. Do You Like Fishing?	좋아하는 여가 활동 묻고 답하기 -Do you like fishing? -Yes, I do. -No, I don't. I like camping. 느낌 표현하기 -It's fun. / It's exciting.
	출판사: 동아출판		출판사: ybm(최)	

독서로 기본기를 다지는 여름방학

한 학기, 잘 보냈을까?

4학년도 3학년과 마찬가지로 한 학기 동안 배운 국어, 수학, 영어 등의 주지 과목을 중심으로 점검할 필요가 있습니다. 국어의 경우에는 교과서 및 다양한 책을 활용하여 쓰기 활동을 통해 배운 내용을 복습할 수 있습니다. '시나 이야기를 읽고 생각이나 느낌을 나눌 수 있는가?', '만화를 보고 생각이나 느낌을 나타낼 수 있는가?'와 관련해서는 읽기와 쓰기로 배운 내용을 적용할 수 있습니다. '글의 내용을 간추릴 수 있는가?', '이야기의 흐름을 파악하며 이어진 내용을 상상해서 쓸 수 있는가?'와 관련해서는 독서록 쓰기 활동을 할 수 있습니다.

수학의 경우에는 수학책과 수학익힘책을 다시 풀어보면서 아이의 약한 부분을 확인해야 합니다. 아이가 잘 모르는 부분은 수학책으로 개념을 확실하게 익히고, 추가로 문제집을 풀면서 연습하면 됩니다. 영어의 경우에는 영어 교과서를 다시 보면서 교과서에 나온 표현을 듣고, 말하고, 읽고, 쓸 수 있는지 확인해 봅니다. 사회와 과학의 경우에는 교과서를 다시 보면서 배웠던 내용을 확인해 보는 것도 좋고, 다양한 연계 독서와 체험으로 관련 지식을 쌓는 것도 도움이 됩니다.

• 과목별 알아야 할 주요 학습 내용

과목	알아야 할 주요 학습 내용	체크하기
국어	◆ 시나 이야기를 읽고 생각이나 느낌을 나눌 수 있는가?	☐
	◆ 글의 내용을 간추릴 수 있는가?	☐
	◆ 사실과 의견을 구별하고 이를 생각하며 글을 읽고 쓸 수 있는가?	☐
	◆ 이야기의 흐름을 파악하며 이어질 내용을 상상해서 쓸 수 있는가?	☐
	◆ 사전을 활용해 낱말의 뜻을 찾을 수 있는가?	☐
	◆ 제안하는 글을 쓸 수 있는가?	☐
	◆ 만화를 보고 생각이나 느낌을 나타낼 수 있는가?	☐
수학	◆ 큰 수(다섯 자리의 수, 십만, 백만, 천만, 억, 조)의 크기를 비교할 수 있는가?	☐
	◆ 예각, 둔각, 직각을 찾을 수 있는가?	☐
	◆ 각도의 합과 차를 계산할 수 있는가?	☐
	◆ 삼각형 및 사각형 각의 합을 이용하여 문제를 해결할 수 있는가?	☐

과목	알아야 할 주요 학습 내용	체크하기
수학	◆ (세 자리 수)×(두 자리 수) 및 (세 자리 수)÷(두 자리 수)를 계산할 수 있는가?	☐
	◆ 평면도형의 뒤집기, 돌리기를 할 수 있는가?	☐
	◆ 막대그래프를 그리고 해석할 수 있는가?	☐
	◆ 수의 배열, 도형, 계산식에서 규칙을 찾을 수 있는가?	☐
영어	◆ 교과서에 나온 주요 단어를 모두 읽고 뜻을 아는가?	☐
	◆ 교과서에 나온 주요 문장을 모두 읽고 뜻을 아는가?	☐

수준과 관심에 맞는 영어 동화책 읽기

영어는 언어인 만큼 학습에 있어서 가장 좋은 방법은 '노출'과 '반복'입니다. 특히 지속적으로 영어에 노출되고 영어를 사용하는 데 책만큼 좋은 것은 없습니다. 원할 때마다 볼 수 있을 뿐만 아니라 재미와 감동을 경험할 수 있기 때문입니다. 다양한 문장과 어휘를 접할 수 있고, 여러 번 반복해서 읽을 수 있다는 것도 영어책의 장점입니다.

아이들은 영어책을 읽으며 수많은 작가들의 다양한 이야기를 접하고, 이 과정에서 상상력을 자극받는 것은 물론 표현 능력을 키웁니다. 틀에 박힌 지루한 내용이 아닌 아이의 감성을 자극하는 소재가 가득한 만큼 영어책은 꾸준히 읽는 것이 좋습니다.

초등학교 저학년 독서 시간에 보면 영어 원서를 가져와서 읽는 아이가 제법 있습니다. 하지만 중학년 이후가 되면 그 빈도가 떨어집니다. 왜일까요? 영어 독서를 할 시간이 부족한 이유도 있겠지만 한글책과 내용 수준이 벌어지는 것도 이유 가운데 하나입니다.

저학년 때는 한글책에서 다루는 소재가 그 수준의 영어로 쓰인 원서에서 다뤄지는 소재와 크게 차이가 나지 않습니다.(물론 노출 빈도에 따라 그렇지 않은 경우도 많습니다.) 그런데 중학년 이후가 되어 아이가 제법 복잡한 판타지나 개념적인 내용을 다룬 한글책을 읽은 뒤엔 상황이 달라집니다. 아이가 읽는 한글책 수준은 높아졌는데 영어 원서는 언어적인 한계로 인해 아직 단순한 문장들로 나열된 책을 읽을 경우 아이는 영어 원서보다 한글책을 먼저 뽑아오기 때문입니다. 따라서 원서를 고를 때는 영어 레벨만큼이나 그 소재와 내용에도 신경을 써야 합니다. 아래에 sr지수에 따른 영어 원서를 추천해 놓았으니 이를 참고하여 아이의 수준과 관심에 맞는 책을 읽게 지도해 주시면 좋습니다.

 **sr지수에 따른 영어 원서 추천**

영어 동화책은 아이의 읽기 실력 향상을 목적으로 만들어진 리더스북과 일반 그림책, 그리고 챕터북 등으로 나눌 수 있습니다.

리더스북은 아이의 레벨에 맞게 구성된 단어와 문장이 장점이지만 특정 캐릭터나 스토리 자체에 몰입하기에는 단조로울 수 있습니다. 그림책이나 챕터 북을 선택할 때는 아이의 sr지수와 책의 ar지수를 고려하는 경우가 많습니다. 하지만 이것이 절대적 기준이 될 수는 없습니다. 또한 아이의 sr지수를 반드시 알아야만 영어 원서를 읽을 수 있는 것은 아닙니다. 표에 나오는 책들 가운데 각 점수대별로 두세 권의 책을 아이와 함께 살펴보면 대략적으로 그 점수대의 책이 가진 난이도와 아이가 내용을 소화할 수 있는 정도를 알 수 있습니다. 이를 참고해서 책을 고르면 됩니다. 아이의 흥미와 관심사에 따라 자신의 sr지수보다 더 높은 책을 읽을 수도 있고 더 낮은 책을 읽을 수도 있습니다.

ar지수별로 책을 찾다 보면 같은 시리즈라도 조금씩 난이도가 다른 것을 확인할 수 있을 것입니다. 하지만 내용에 빠져든 아이들은 난이도 차이를 크게 느끼지 못하고 곧잘 읽어냅니다. 만약 이러한 난이도 차이가 염려스럽다면 사전에 그 시리즈 중 ar지수가 가장 낮은 책을 먼저 접하게 해 주면 됩니다. 다른 이야기가 궁금해진 아이는 ar지수에 크게 상관없이 다음 책을 읽을 것입니다.

1점대	《Fly guy》《Usborn first reading》《Pete the cat》《Clifford Picture book》《Step Into Reading Step 3 : Arthur》《Five little monkeys》《I Want My Hat Back》《Elephant & Piggie Like Reading!》《The Magic School Bus Science Readers》《How Do dinosaurs Book & Audio Pack》《Froggy paperback》《I Can Read Level 1 : Fancy Nancy》《Mr. Putter&Tabby》
2점대	《Unicorn Diary》《Owl Diary》《Nate the great》《George brown》《Magic schoolbus》《Heidi Heckelbeck》《Arthur readers book》《Press Start!》《Bink and Gollie 》《Haggis and Tank Unleashed》《Henry and Mudge the Complete Collection》《I Can Read Level 2: Flat Stanley》《Fly Guy Presents》《Marvin Redpost》《Mouse and Mole》《Dog man》《Frank Asch Bear Book》《Mercy Watson Set》
3점대	《Dragon Masters》《Magic tree house》《Ivy and bean》《Geronimo stilton》《Franny K. Stein》《Judy moody》《Arthur chapter book》《A-Z Mysterious》《My weird school》《Flap stanley》《Dragon Masters》《130 storey tree house》《The Last Firehawk》《Eerie Elementary》《Notebook of Doom》《Tales from Deckawoo Drive》《Judy Blume's Fudge》《Heroes in Training》

4점대	《Terrible Two》《Wimpy Kid Diary》《Encyclopedia Brown》《Jacqueline Wilson》《Roald Dahl series》《Jeremy Strong's Laugh Your Socks》《Kids spy》《Percy Jackson》《The Gigantic Collection of Captain Underpants》《Charlotte's Web Full Color Edition》《Percy Jackson》《The Gigantic Collection of Captain Underpants》《Harry Potter》《Bunnicula in a Box》《The City of Ember Complet Box Set》《Mrs. Piggle-Wiggle》《Goddess Girls》《The Sisters Grimm》《My Father's Dragon》《Roald dahl》《David williams》《Flat Stanley's Worldwide Adventures》《The 39 Clues: Unstoppable》
5점대	《Diary of a Wimpy Kid Collection》《The Worst Witch》《Savvy series》《Dear Dumb Diary》《Andrew Clements : Frindle》《The Little Prince》《Who Moved My Cheese?》《Wings of Fire》

공책 정리법 시작하기

고학년 아이들을 지도하다 보면 필기하는 모습이 그야말로 천차만별입니다. 선생님 말씀의 대부분을 다 적는 아이가 있는가 하면 한 시간 내내 연필을 놓고 듣기만 하는 아이도 있습니다. 학습한 내용을 배움 공책에 정리할 때도 마찬가지입니다. 1부터 10까지 다 적어서 정리하는 아이, 1부터 10까지 다 정리하는 것을 넘어 자신의 생각과 궁금증까지 정리하는 아이, 1부터 2까지만 정리하는 아이까지 모두 볼 수 있습니다.

공책 정리하는 습관을 미리 만들어두면 고학년이 되어 학습량이 많아졌을 때 아이가 스스로 개념을 조직하고 내용을 정리할 수 있습니다. 그리고 이는 메타인지와 자기주도학습 능력으로 이어집니다.

공책 정리법은 과목에 따라, 또 아이의 성향에 따라 달라질 수 있습니다. 일

- 5학년 1학기 공책 정리 예시

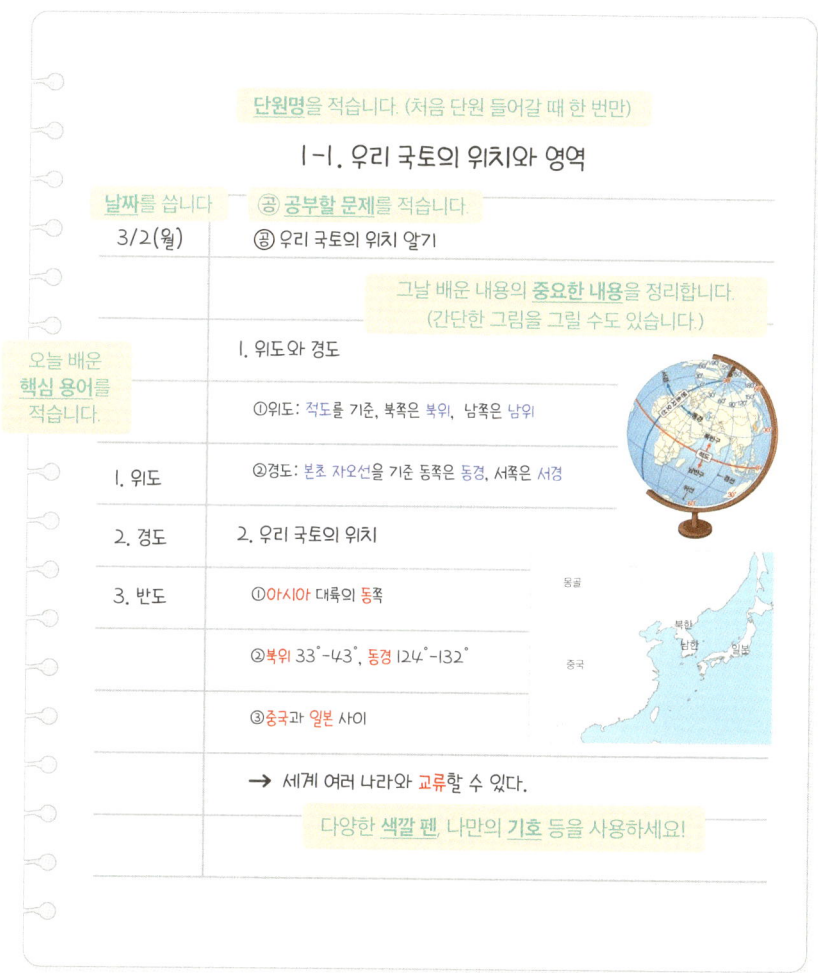

반적으로 초등학교에서는 중요한 개념과 내용 위주로 정리하는 정도의 필기 습관을 형성할 수 있도록 지도하고 있습니다. 사실 공책을 정리하는 데는 생각보다 많은 능력이 필요합니다. 이를 배움 공책 또는 복습 공책이라고 부르는 경우가 많습니다. 일단 전체적인 내용의 조직을 그려볼 수 있어야 합니다. 예를 들면 소단원 간의 내용이 병렬적인지, 인과관계인지, 시간순인지를 파악할 줄 알아야 합니다. 각 소단원이나 주제별로 들어가는 핵심 내용과 개념도 추출할 줄 알아야 합니다. 사회과를 기준으로 한다면 축척과 방위의 의미, 그리고 그것이 어떻게 활용되는지 알아야 합니다. 이를 위해서는 교과서를 정독하여 개념을 뽑아내는 연습을 해야 합니다.

그런데 여기까지 잘해놓고 이를 공책에 그대로 옮겨 적어 교과서와 다름없는 공책을 가지고 다니는 아이들이 있습니다. 이를 유목화하고 개념화하여 정리하는 능력, 번호를 매겨 조직하는 능력도 필요하다는 의미입니다.

수학, 사회, 과학의 핵심 용어 정확하게 알기

4학년이 되면 수학, 사회, 과학의 내용이 부쩍 어려워집니다. 그렇다 보니 교과서를 읽고도 무슨 뜻과 내용인지 모르겠다고 말하는 아이들이 많아집니다. 새로운 어휘는 많이 등장하는데 어휘력은 부족하다 보니 해당 과목의 공부가 어려워지는 것입니다. 예를 들어 4학년 1학기 〈사회〉 1. 지역의 위치와 특성에서 1) 지도로 본 우리 지역 단원에는 지도, 방위, 축척, 등고선 등의 용어가 나옵니다. 이때 축척이 지도에서 실제 거리를 줄인 정도를 말하고, 등고선은 지도에서 높이가 같은 곳을 연결하여 땅의 높낮이를 나타낸 선이라는 걸 모르면 학습 내용을 이해할 수 없습니다.

수학도 마찬가지입니다. 4학년 1학기 〈수학〉 2. 각도 단원에는 각도, 예각, 직각, 둔각 등의 용어가 등장합니다. 각의 크기가 각도이고, 직각을 똑같이 90으로 나눈 것 중 하나를 1도라고 하며, 각도가 0°보다 크고 직각보다 작은 각은 예각, 각도가 직각보다 크고 180°보다 작은 각은 둔각이라는 것을 숙지하지 못하면 문제를 제대로 풀 수 없습니다. 실제로 이 단원의 학습을 끝낸 뒤 마무리 문제를 풀 때 예각에 0°도 포함되는지, 둔각에 90°나 180°도 포함되는지를 묻는 아이들이 많습니다.

다음은 과학입니다. 4학년 2학기 〈과학〉의 2. 물의 상태 변화 단원에는 얼음, 물, 수증기, 무게, 부피, 증발, 끓음, 응결이라는 용어가 나옵니다. 증발은 액체인 물이 표면에서 기체인 수증기로 상태가 변하는 것, 응결은 기체인 수증기가 액체인 물로 상태가 변하는 것임을 이해하고 있어야 이 개념들을 실생활과 연결지을 수 있습니다.

이렇듯 학습 이해도에 있어서 가장 중요한 것이 핵심 용어라고 할 수 있습니다. 앞서 말씀드린 공책 정리법도 결국은 핵심 용어와 관련됩니다. 핵심 용어의 의미를 잘 이해하지 못하면 학습 부진으로 이어질 수 있습니다. 다양하고 많은 독서가 바탕이 된 아이는 핵심 용어의 의미를 더 빨리 이해합니다.

자기주도학습 습관이 잘 잡혀 있거나 메타인지가 발달한 아이들도 핵심 용어에 대한 이해가 빠릅니다. 그러므로 수학이나 사회, 과학 교과를 공부할 때는 해당 범위에 있는 핵심 용어의 의미부터 먼저 정리하는 것이 좋습니다. 초등 핵심 용어의 뜻과 예시는 아이들이 이해할 수 있는 수준에 맞춰서 교과서에 잘 나와 있습니다. 그래서 교과서 속 핵심 용어를 먼저 찾고(핵심 단어) 그 뜻을 정리하는 나만의 교과 사전을 만들어두면 도움이 됩니다. 학기 중에 핵심 용어 사전을 만들어 공부하고 방학 중에 복습하는 것도 좋습니다. 학기 중에 시간이 나지 않는다면 방학 중에 그 전 학기 또는 다음 학기의 핵심 용어 사전을 만들어놓는 것도 방법입니다.

학생건강체력평가(PAPS)

팝스(PAPS)는 학생들의 건강과 체력을 측정하는 것으로, 부모님 세대에서는 체력장이라고 생각하시면 됩니다. 4학년, 5학년, 6학년 재학생은 연 1회 의무적으로 몇 가지 종목을 측정해야 하며, 평가 종목은 심폐지구력(왕복 오래달리기), 순발력(50m 달리기), 근력 및 근지구력(악력), 유연성(앉아윗몸앞으로굽히기 또는 종합유연성검사), 비만(체질량 지수)입니다. 종합 등급은 각 종목당 점수를 내고 5개 종목을 합산해서 100점 기준으로 1등급부터 5등급까지 정합니다.

여기서 종합 등급이 4등급이거나 5등급인 아이들은 별도의 수시 평가를 실시하고, 학교에서 따로 운영하는 건강체력교실을 통해 추후 재검사를 합니다. 그리고 이렇게 평가한 종목들은 모두 학교생활기록부 나이스에 반영됩니다. 그런데 팝스 측정을 할 때 의외로 긴장하는 아이들이 많습니다. 4등급이나 5등급이 나온 학생들에게 학교에서 별도로 체력 훈련을 시키고 재평가를 보는 만큼 다른 친구들의 시선이 불편하거나 속상한 것입니다. 평소 체육 활동에 자신이 없는 아이라면 가정에서 미리 연습을 해 보는 것도 방법입니다.

점점 많아지는 학습량에 대비하는 겨울방학

한 학기, 잘 보냈을까?

5학년이 될 준비를 하는 4학년 겨울방학입니다. 역시나 부족한 부분을 좀 더 공부해 놓아야 학습 결손 없이 상급 학년으로 올라갈 수 있습니다. 국어의 경우 여름방학과 마찬가지로 알아야 할 학습 내용과 관련된 일기 쓰기, 독서록 쓰기 활동을 해 보는 것이 좋은 방법입니다. 수학과 영어 역시 여름방학과 마찬가지로 학습 내용의 이해 정도를 파악해 보고 부족한 부분이 있으면 5학년이 되기 전에 확실하게 복습해야 합니다.

• 과목별 알아야 할 주요 학습 내용

과목	알아야 할 주요 학습 내용	체크하기
국어	◆ 만화영화나 영화를 감상하고 이어질 내용을 상상할 수 있는가?	☐
	◆ 마음을 전하는 글을 쓸 수 있는가?	☐
	◆ 이야기의 구성 요소를 이해하며 글을 읽을 수 있는가?	☐
	◆ 문장의 짜임을 생각하며 의견을 제시하는 글을 쓸 수 있는가?	☐
	◆ 전기문을 읽고 인물의 삶을 이해할 수 있는가?	☐
	◆ 책을 읽고 자신의 생각이나 느낌이 잘 나타나도록 글을 쓸 수 있는가?	☐
	◆ 글쓴이의 의견이 적절한지 생각하며 글을 읽고 쓸 수 있는가?	☐
수학	◆ 받아올림, 받아내림이 있는 분수의 덧셈과 뺄셈을 할 수 있는가?	☐
	◆ 이등변삼각형 및 정삼각형의 특징을 이용하여 문제를 해결할 수 있는가?	☐
	◆ 소수 두 자리 수의 덧셈과 뺄셈을 할 수 있는가?	☐
	◆ 사다리꼴, 평행사변형, 마름모, 직사각형, 정사각형의 특징을 이용하여 문제를 해결할 수 있는가?	☐
	◆ 꺾은선그래프를 그리고 해석할 수 있는가?	☐
	◆ 여러 가지 다각형의 특징을 이용하여 문제를 해결할 수 있는가?	☐
영어	◆ 교과서에 나온 주요 단어를 모두 읽고 뜻을 아는가?	☐
	◆ 교과서에 나온 주요 문장을 모두 읽고 뜻을 아는가?	☐

과학탐구 보고서 쓰기

　과학과 관련된 학생들의 흥미를 증진시켜 주고 성취감을 맛볼 수 있도록 하기 위해 과학창의대회, 과학전람회, 과학발명품경진대회 등 다양한 과학 관련 대회가 실시되고 있습니다. 이런 대회들은 대부분 중학년 이상이 대상입니다. 대회마다 성격이 다르다 보니 준비해야 하는 것도 다릅니다. 또 참가 준비에 들여야 하는 시간도 다르고 생각보다 수상 기회가 많지 않은 대회도 많습니다. 그런 만큼 다른 아이가 하니까, 아이 친구가 하니까 내 아이도 한다는 생각을 가져서는 안 됩니다.

　상을 받기 위해 참가하는 것도 바람직하지 않습니다. 중요한 것은 '아이의 선택'이며, 새로운 경험을 한다는 마음으로 참가해야 아이와 부모 모두에게 부담이 되지 않고, 생각했던 것보다 큰 경험을 할 수 있습니다.

　한 예로 과학 발명품 경진대회는 일반적으로 봄에 진행됩니다. 보통 학교에서 자율적으로 운영되는 학교 대회를 거쳐 교육지원청 대회, 시·도 학생과학발명품 경진대회에 출품할 수 있는 자격을 갖게 됩니다. 이 대회는 희망자만 참가하는데 학교에서는 대개 4학년부터 참가자를 모집합니다. 참가자는 발명품을 제작하게 된 동기, 작품에 대한 설명, 제작 결과(기대 효과)로 구성되는 작품 요약서와 함께 작품을 제출해야 합니다. 예전에는 어떤 물건과 물건을 결합하여 새로운 물건을 만드는 단순 발명품이 많았다면 최근에는 온도 센서라던가 모터를 작동시키는 등 기술적인 수준이 올라가는 추세입니다. 많은 아이들이 참가하는 대회는 아니어도 부모님께서 대회 참여를 독려해 주시

• 다양한 종류의 과학대회

	시험형	자유 연구형	미션 수행형
과제 유형	• 과학 지식을 바탕으로 창의력을 발휘하여 풀 수 있는 문제로 이루어진 지필고사	• 스스로 연구 주제 선택 • 개인/소그룹 단위로 연구물 제출하고 발표	• 대회 당일 주어진 과제 해결 • 소그룹/개인 단위로 해결
수행 기간	• 대회 시간 내	• 수개월	• 대회 시간 내
평가 방식	• 평가 기준에 따라 답안지 채점	• 제출된 연구물 평가/발표 평가	• 과제 해결 과정 평가 • 산출물 평가 • 미션 수행 정도 평가

면 참가하는 과정에서 아이가 많은 것을 배우게 될 것입니다. 또한 상을 받는다면 자신감 상승은 물론 과학에 대한 아이의 흥미도 더욱 높아질 것입니다.

학교에서는 과학 관련 대회를 앞두고 가정통신문과 학교 홈페이지를 통해 공지하고 있으니 관심 있는 대회가 있으면 아이와 함께 상의하여 참여하면 됩니다.

독서를 독서 토론으로 확장하기

책을 읽고 내용과 주제를 파악하는 독서 활동에 익숙해졌다면 이제 독서 토론으로 영역을 좀 더 확장시킬 필요가 있습니다. 독서 토론 활동은 작가의 의도를 파악하고 책 속에서 논쟁의 주제를 찾아내는 등의 활동을 기반으로 하기 때문에 비판적 읽기를 가능하게 합니다. 최근에는 가족 회의시간 등을 이용해 독서 토론 활동을 하는 모습이 방송에 나오기도 했습니다. 독후 활동이나 독서 토론 활동은 학교에서도 이루어지지만 가정에서도 이루어지는 것이 좋습니다. 아이의 흥미와 수준을 가장 잘 아는 부모님이 함께 책을 고르고 책에 대해 이야기한다면 더 의미 있는 시간이 될 것입니다.

이때 중요한 것은, 아이의 독해력과 흥미를 고려해 책을 선택하는 것이며, 선택한 책은 다양한 관점에서 분석적으로 읽도록 해야 합니다. 이제 대강의 내용을 파악했다면 논의 또는 논쟁할 주제를 정해 다시 책을 읽으며 찬성과 반대의 근거를 찾습니다. 인터넷이나 책을 이용해 아이의 주장을 뒷받침할 수 있는 근거 자료를 찾고, 그것을 바탕으로 주장을 전개해 나가면 더욱 좋습니다.

사실 가정마다 상황이 다른 만큼 매번 이렇게 하기가 어려울 것입니다. 이럴 땐 사교육 기관이나 방문 논술 등의 도움을 받을 수도 있습니다. 그런데 평소에 책을 잘 읽던 아이도 이런 상황에서는 책 읽기 활동을 숙제처럼 여기고 부담스러워하거나 질려버릴 수 있습니다. 이를 방지하기 위해서는 도움을 받고자 하는 기관이나 프로그램이 읽기 위주인지 토론 위주인지 논술 위주인지를 먼저 파악해야 합니다. 흔히 알려져 있는 독서 토론 학원들도 성격에 따라 읽기 및 내용 파악 / 논술 / 토론의 비중을 달리하고 있습니다. 다양한 영역의 책(고전, 문학, 비문학 등)을 깊이 있게 읽는 것이 목적이라면 읽기 위주의 학원을, 책을 읽고 논쟁거리를 찾아 의견을 개진하는 것이 목적이라면 논술 및 토론 위주의 학원을 선택하는 것이 좋습니다.

어린이 신문과 잡지로 배경지식 넓히기

초등 중학년부터는 단순히 수용적으로 글을 읽는 것을 넘어 글에 대한 비판적 사고가 가능해집니다. 이때 글 읽기의 폭을 넓히고, 과학, 사회, 시사 등에도 관심을 가질 수 있게 하려면 어린이 신문이나 어린이 잡지를 활용하는 것이 좋습니다.

• 추천할 만한 어린이 신문과 잡지

어린이 신문	어린이동아	- 주 5회 매일 8면 발행 - 알록달록한 디자인과 글씨체 - 초등 저학년도 읽을 수 있도록 쉬운 어휘 사용, 어려운 어휘는 설명해 줌 - 신문을 읽고 아이가 활동할 수 있도록 지면 구성
	소년 한국일보	- 주 5회 발행(월·금은 8면, 화·수·목은 4면) - 어른 신문과 유사하게 다단 편집, 하단 광고도 있음 - 중학년 이상 추천
	어린이 조선일보	- 주 5회 매일 8면 발행 - 어른 신문과 유사하게 다단 편집 - 내용이나 관점상 고학년 이상 추천 - NIE 활동 자료 풍부
	어린이 경제	- 주 1회 16면 발행 - 신문 느낌보다는 잡지 느낌으로 편집 - 홈페이지 권장 연령은 3학년 이상 - 활동지와 연계
	Kids Times	- 킨더타임스: 킨더톡 이용하여 기사 듣고 녹음도 가능(미국 1~2학년 수준) - 키즈타임스: 흥미로운 뉴스로 영자 신문 접하기 가능(미국 3~5학년 수준) - 주니어타임스: 배경지식 쌓기, 문장 구조 분석, 문법, 작문 포함 (미국 6~8학년 수준) - 틴타임스: 영어 학습 능력 심화(미국 9~12학년 수준)

어린이 잡지	어린이 과학동아	- 월 1권 발행 - 내용 구성 및 디자인이 비교적 저학년부터 볼 수 있도록 구성
	과학소년	- 월 1권 발행 - 만화 분량 적은 편 - 중학년 이상 추천
	어린이 수학동아	- 월 2권 발행 - 과학동아와 구성 유사 - 놀이북과 함께 구성 - 비교적 저학년 때부터 읽을 수 있음
	시사원정대	- 시사적인 내용을 쉽게 풀어 씀 - 중학년 이상 추천

정기구독을 할 경우 아이와 부모 모두에게 처음부터 끝까지 다 읽어야 한다는 심리적 부담감이 생길 수 있습니다. 또한 정기구독은 비용도 무시할 수 없는 만큼 각 매체의 장단점을 꼼꼼히 따져본 뒤에 결정해야 합니다. 특히 신문이나 잡지는 집 근처 도서관에 구비되어 있는 경우가 많으니 아이와 함께 도서관을 방문해 둘러본 다음 선택해도 됩니다.

구성과 내용도 신문에 따라 조금씩 다릅니다. 같은 내용을 다루더라도 그림으로 표현하거나 쉬운 단어로 풀어 쓴 매체가 있는 반면 어른들이 사용하는 단어 그대로 사용한 매체도 있습니다. 어른의 용어나 단어를 이해하지 못할 경우 금방 흥미를 잃을 수 있으니 반드시 부모님이 아이와 함께 확인하여 수준에 맞는 매체를 선택하는 것이 좋습니다.

만화나 삽화, 광고 비중도 매체마다 다릅니다. 정기구독자에게 주어지는 기회 역시 다르니 아이의 선호도, 만화 분량의 정도, 부모님이 판단할 때 학습에 도움이 되는 정도 등을 직접 비교하여 선택하는 것이 바람직합니다.

그런데 종종 어린이 잡지나 신문을 구독하면서 이를 마치 숙제처럼 읽히거나 아이에게 내용을 물어보는 부모님들이 있습니다. 부모님 입장에서는 아이가 내용을 제대로 이해했는지 확인하기 위함이겠지만 지나칠 경우 아이가 신문이나 잡지 읽기를 거부할 수 있습니다. 가끔 한 번씩 학습지를 하게 하거나 토론하는 정도면 충분합니다. 신문이나 잡지는 교과서가 아닙니다. 아이가 다양한 방면에 관심을 갖게 하는 하나의 용도로 생각해 주십시오.

온라인 매체의 발달로 종이 신문을 읽는 사람들이 점점 줄어들고 있습니다. 아이들에게도 종이보다는 온라인 매체가 훨씬 친숙하고 편할 것입니다. 하지만 종이 신문과 잡지는 입맛에 맞는 기사만 보게 되는 온라인 매체과 달리 다양한 분야의 기사를 천천히 볼 수 있다는 장점이 있습니다. 이 과정에서 집중력이 높아지고, 생각을 정리할 수 있는 능력이 성장합니다.

체험 학습, 어디가 좋을까?

아이들의 발달 단계와 초등학교 커리큘럼을 바탕으로 방학 때 방문하면 좋은 교과 연계 체험 장소를 선정하였습니다. 현재 학년을 기준으로 복습의 의미로 활용하셔도 좋고, 다음 학년의 추천 장소를 보며 예습의 의미로 이용하셔도 됩니다.

체험 주제	체험 장소	체험 내용
사회	지도박물관	4학년 1학기에는 지도에 대해 학습하면서 지도의 역사와 종류, 특징 등을 살핍니다. 박물관 홈페이지에서 관련 자료를 미리 다운받거나 출력하며 활용하면 더 효과적입니다.
사회	농촌체험, 어촌체험, 산촌체험	4학년 2학기에는 촌락과 도시에 대해 배웁니다. 지역별로 벼 베기, 사과 따기, 고추장 만들기, 갯벌 체험 등 다채로운 체험이 많습니다. 아이의 흥미와 호기심에 맞는 체험 장소로 떠나 보세요.
사회	청와대, 국회의사당	4학년 1학기에는 공공기관에 대해 배웁니다. 홈페이지에서 미리 신청을 하면 청와대와 국회의사당을 관람할 수 있습니다. 아이들뿐만 아니라 부모님께도 좋은 경험이 될 것입니다.
과학	고흥, 여수, 화순 등 화석지	4학년 1학기에는 지층과 화석을 배웁니다. 이를 바탕으로 지층과 화석을 눈으로 직접 볼 수 있어 의미 있는 경험이 될 것입니다.
과학	제주도, 울릉도 등 화산 지대	4학년 2학기 화산과 지진 단원에서 다룬 내용을 바탕으로 화산 지대의 특징을 살필 수 있습니다.
과학	국립생태원 등 각종 식물원 및 수목원	4학년 1학기에는 식물의 한살이에 대해, 2학기에는 식물의 생활에 대해 학습합니다. 여러 식물들과 관련된 장소를 방문하여 이들을 관찰하고 프로그램에 참여하는 과정에서 식물에 관한 호기심이 커지고 지식이 쌓입니다. 가장 관심 가는 식물에 대해 조사해 보는 것도 좋습니다.
국어, 사회, 과학, 미술 등	도서관 프로그램	지역별로 어린이들이 이용할 수 있는 도서관이 많습니다. 각 도서관마다 온라인, 오프라인 프로그램을 운영하는 경우가 많으니 아이와 함께 프로그램을 살펴보세요.

5장

자기 주도적으로 계획하는 5학년

5학년의 특징

5학년 아이들의 전반적인 발달 특징

(1) 신체적 특징
- 여러 면에서 4학년과 확연한 차이를 보이는 시기로, 2차 성징이 나타나는 아이들이 많아집니다. 자신의 신체 변화를 숨기려 하거나 체육 시간에 소극적으로 참여하는 아이를 볼 수 있습니다.
- 아이들 간에 신체 발달 정도 차이가 많이 나기도 합니다.
- 외모에 슬슬 관심이 많아지고, 자신의 신체 특징(키, 몸무게 등)에 대한 고민을 하기도 합니다.
- 남학생과 여학생의 운동 능력 차이가 벌어집니다.

(2) 지적 특징

- 수업 시간에 손을 들어 발표를 하려고 하는 학생이 줄어듭니다. 또한 모르는 것을 적극적으로 질문하던 4학년 때와 달리 모르는 내용이 있어도 티를 내지 않으려 합니다.
- 자신이 친구들보다 잘 모르거나 공부를 못한다고 생각하면 위축됩니다.
- 객관적, 논리적 사고력이 커지면서 사회 이슈에도 관심을 보이고, 그 이슈에 대해 자신의 의견을 표현합니다.
- 집중력, 문제해결력 등이 발달하면서 학습적인 측면에서 큰 발전을 할 수 있는 시기입니다.
- 온라인 학습을 할 때 꽤 집중하며, 열심히 학습할 수 있는 시기입니다.

(3) 정서적 특징

- 사춘기가 시작되는 아이들의 경우 감정 기복이 커집니다.
- 이성 친구에 관심을 갖는 아이들도 있습니다.
- 선생님이나 부모님의 지시를 무조건 따르기보다 자신이나 또래 집단의 의견을 주장합니다.

(4) 사회적 특징

- 남학생들의 경우 운동 능력이나 신체조건, 성적 등에 기반한 수직적인 서열 관계가 형성되기도 합니다. 여학생들은 수평적인 관계를 유지하나 소집단으로 나눠지고 따돌림 현상이 나타나기도 합니다.

- 말과 행동을 함에 있어 친구의 영향을 많이 받습니다.
- 고민이 생겼을 때 선생님이나 부모님보다는 친구들과 함께 나누려는 경향이 커집니다.
- 연예인에 대한 관심이 생기면서 좋아하는 연예인을 동경하는 학생들도 있습니다.

진짜 실력이 슬슬 드러나는 시기

수학과의 경우 4학년 때까지만 해도 문제를 많이 접해 본 아이라면 깊은 이해 없이도 문제를 풀 수 있었겠지만 5학년이 되면 얘기가 달라집니다. 눈으로 볼 수 없는 추상적인 개념들을 조작하고 다루는 문제가 많아지기 때문입니다. 아이 스스로 생각해 해결 방안을 찾아 풀어야 하는 문제도 늘어납니다.

5학년이 되어 아이가 수학 과목을 어려워한다면 몇 가지를 점검해 볼 필요가 있습니다.

첫째, 학원 진도에 억지로 끌려가는 건 아닌지 확인해야 합니다. 공부는 결국 본인이 하는 것이며, 학원은 아이가 문제를 해결해 나가는 데 도움을 주는 곳이어야 합니다. 지나치게 진도가 빠르거나 과제가 많은 경우 아이가 이를 자기 것으로 만들지 못할 수 있습니다. 특히 진도 따라가기에 급급한 경우 이 무렵부터 구멍이 보이기 시작하니 꼭 확인해야 합니다.

둘째, 스스로 공부하는 습관이 바르게 잡혀 있는지를 점검해야 합니다. 학교든 학원이든 학습지든 아이가 배운 것을 자기 것으로 만드는 방법을 알아야 진정한 실력 향상을 기대할 수 있습니다. 시간이 부족했거나 그 방법을 모르고 있는 것은 아닌지 점검할 필요가 있습니다.

셋째, 문제 푸는 습관의 확인도 중요합니다. 고학년부터는 문제에 주어진 텍스트의 양도 늘어납니다. 구하고자 하는 것이 무엇인지, 어떤 단서가 주어졌는지를 꼼꼼하게 파악하지 못한 채 대충 읽고 풀다 보면 이것이 습관이 되어 잦은 실수로 이어집니다.

넷째, 이 무렵부터는 오답 노트를 작성하는 습관을 갖는 것도 중요합니다. 아이들에게 오답 노트의 중요성을 이야기하기 위해 가끔 같은 시험지로 한두 달 간격으로 시험을 보곤 합니다. 신기하게도 4월에 틀렸던 문제를 5월에도 틀리는 경우가 많습니다. 자신이 약한 유형을 알고 이를 차곡차곡 정리해 두는 것은 좋은 자산이 됩니다. 오답 노트에 대한 자세한 설명은 겨울방학 부분을 참고해 주십시오.

초등 공부의 핵심은 자존감

자존감은 자신의 능력을 믿는 자신감과 자신을 가치 있게 여기는 자기가치감으로 구성됩니다. 자존감이 높은 아이는 새로운 일에 적극적으로 도전하며, 실패해도 크게 좌절하지 않습니다. 하지만 그렇지 않은 아이는 실패가 두려워 새로운 일을 시도하는 것 자체를 두려워합니다. 또 다른 사람과 자신을 끊임없이 비교하고, 다른 친구들이 나를 어떻게 생각할지를 늘 걱정합니다.

초등학교 저학년 때는 대부분의 아이들이 실패와 패배를 인정하지 못하고 쉽게 좌절합니다. 승패가 결정되는 게임에서 패한 뒤 울거나 속상해하는 1학년의 모습은 흔합니다. 하지만 중학년을 지나 고학년이 될수록 아이마다 차이가 드러납니다. 실패했음에도 웃으며 "앗, 실수했네. 아쉽지만 다음에 더 잘하면 돼."라고 말하는 아이가 있는 반면 "역시 난 실수쟁이야. 뭘 해도 안 돼."라고 말하는 아이도 있습니다. 후자의 경우 실패 경험이 쌓일수록 새로운 것에 도전하기를 주저하거나 학습 의욕 저하로 나타날 수 있습니다.

자존감에 영향을 미치는 변인은 다양합니다. 학교생활을 하며 맛본 성공과 실패의 경험, 그리고 교우관계에서 받은 인정 정도에 따라서도 아이의 자존감이 달라집니다. 고학년이 될수록 실패의 경험이나 자기가 생각한 만큼 주변의 인정을 받지 못하는 경험이 많아질 수 있습니다. 그렇다고 해서 모든 아이들이 고학년이 될수록 자존감이 떨어지는 것은 아닙니다. 자존감이 떨어지지 않는 아이도 많고, 반대로 자존감이 더 높아지는 아이들도 많습니다. 중요한 것은 경험 자체보다 그 경험을 해석하고 받아들이는 아이와 부모님의 태도입니다. 아이가 실패했을 때 비난하거나 좌절한 상태로 두기보다는 실패의 경험을 통해 한층 더 성장할 수 있도록 도와줘야 합니다. 실패의 경험을 긍정적인 자존감의 기반으로 만들 수 있도록 도와주는 것이 부모의 역할임을 잊지 마세요.

5학년, 무엇을 배울까?

    5학년은 학습에 있어서 매우 중요한 시기입니다. 5학년 1년을 어떻게 보내느냐에 따라 6학년 이후의 학업 성취도에서 큰 차이가 나타나기 때문입니다. 사실 이후에는 그 차이를 메우는 데 많은 노력이 들어갑니다. 그렇다 보니 이 시기에는 많은 아이들이 사교육을 받습니다. 중요한 것은, 대형 학원을 다니건 소규모 학원을 다니건 과외를 받건 그 어떤 사교육 강사도 아이의 학습을 전적으로 책임져 주지 않는다는 사실입니다. 사교육을 부분적으로 활용은 하되 교육의 주체는 항상 부모님과 아이가 되어야 한다는 사실을 잊지 마십시오. 아울러 이 시기에는 학교에서, 특히 주지 교과에서 무엇을 배우는지 부모님이 꼭 확인할 필요가 있습니다.

다양한 장르의 글을 읽고 쓰는 국어

국어의 모든 영역에서 내용의 깊이가 깊어지고, 또 새로운 내용을 추가로 학습하게 됩니다. 이전까지 〈말하기·듣기〉 영역에서 대화와 회의까지 학습했다면 5학년 때는 의견을 함께 조정하면서 토의하기, 근거를 제시하며 토론하기 등을 학습합니다. 〈읽기〉 영역에서도 중심 생각 파악하기, 내용 간추리기 등을 학습했다면 이제는 배경지식을 활용하며 읽기, 자신의 읽기 습관을 점검하여 스스로 글 찾아 읽기 등을 학습합니다. 〈쓰기〉 영역에서는 의견을 표현하는 글, 마음을 표현하는 글을 썼다면 이제는 설명하는 글, 주장하는 글, 체험에 대한 감상을 표현한 글 등 장르별 글쓰기를 배웁니다. 〈문학〉 영역에서는 이야기, 소설, 극 등 좀 더 다양한 문학 작품을 접하게 됩니다. 이야기나 극처럼 예술의 개념을 이해하고 인문학적 소양의 함양을 위해 5, 6학년 국어에는 '함께 연극을 즐겨요' 같은 연극 단원이 실리는 것이 특징입니다.

가정에서 국어를 복습할 때는 '읽기'와 '쓰기'에 초점을 맞춰야 합니다. 이와 관련해서 5학년 국어에서는 설명하는 글과 주장하는 글을 배웁니다. 설명하는 글을 처음 – 가운데 – 끝으로 구분하고, 문단의 중심문장을 찾아서 정리하는 연습을 합니다. 이 과정에서 비교와 대조, 열거 등을 학습합니다. 주장하는 글을 통해서는 사실과 주장을 구분해서 읽는 연습을 합니다. 글을 읽고 생각 그물을 활용해서 중요 내용을 요약하는 연습, 글로 쓸 내용을 다발 짓기(생각이나 느낌을 흐름에 맞게 묶는 것)로 나타내고, 쓴 글을 문장의 호응 관계(주어, 서술어, 목적어)를 생각하며 고쳐 쓰는 방법, 그리고 동형어와 다의어까지 배웁니다.

• 5학년 국어 교과서 단원 및 주요 학습 내용

학기	교과서	단원	주요 학습 내용
1학기	국어 (가)	1. 대화와 공감	대화의 특성을 알고 친구에게 칭찬하거나 조언하는 말하기
		2. 작품을 감상해요	경험을 떠올리며 작품 감상하기
		3. 글을 요약해요	글의 구조를 알고 내용 요약하기
		4. 글쓰기의 과정	글 쓰는 과정을 알고 자신의 생각을 바르게 표현하기
		5. 글쓴이의 주장	낱말 뜻을 생각하며 글을 읽고 글쓴이의 주장 파악하기
	국어 (나)	6. 토의하여 해결해요	토의 절차와 방법을 알고 토의에 활발하게 참여하기
		7. 기행문을 써요	여정, 견문, 감상이 드러나게 기행문 쓰기
		8. 아는 것과 새롭게 안 것	낱말을 만드는 방법과 배경지식을 활용해 글 읽기
		9. 여러 가지 방법으로 읽기	여러 가지 방법으로 글(설명하는 글, 주장하는 글) 읽기
		10. 주인공이 되어	자신이 경험한 일을 이야기로 쓰기
2학기	국어 (가)	1. 마음을 나누며 대화해요	상대의 말에 공감하며 바르게 대화하기
		2. 지식이나 경험을 활용해요	지식이나 경험을 활용해 글 읽고 쓰기
		3. 의견을 조정하며 토의해요	의견 조정의 필요성과 방법을 알고 토의하기
		4. 겪은 일을 써요	문장 성분의 호응 관계를 생각하며 겪은 일이 잘 드러나게 글 쓰기
	국어 (나)	5. 여러 가지 매체 자료	매체 자료를 읽고 친구들과 이야기하기
		6. 타당성을 생각하며 토론해요	토론 방법과 규칙을 알고 주제 정해 토론하기
		7. 중요한 내용을 요약해요	낱말의 뜻을 짐작하며 글을 읽고 중요한 내용 요약하기
		8. 우리말 지킴이	우리말 사용 실태를 조사해 친구들 앞에서 발표하기

중요한 개념과 내용이 많아지는 수학

　5학년 1학기 수학은 괄호가 있을 때와 없을 때의 덧셈, 뺄셈, 곱셈, 나눗셈이 섞여 있는 식을 계산 순서에 맞게 계산하는 방법을 배우는 것으로 시작됩니다. 이어서 약수와 배수, 최소공배수와 최대공약수, 기호를 사용해서 대응 관계를 식으로 나타내기, 약분과 통분, 기약분수, 분수의 덧셈과 뺄셈, 다각형(직사각형, 정사각형, 평행사변형, 삼각형, 마름모, 사다리꼴)의 넓이 구하기 등을 배웁니다. 4학년 때까지 배운 내용을 토대로 앞으로의 수학에 기초가 될 중요한 개념들을 학습한다고 생각하면 됩니다. 2학기도 마찬가지입니다.

　한마디로 5학년은 수학을 재미있어 하는 아이와 수학을 싫어하는 아이들로 나뉘는 시기입니다. 그렇다 보니 수학 과목에 있어서 아이들의 학습 편차가 눈에 띄게 벌어지고, 수학을 어려워하는 친구들에겐 또 한 번의 위기가 찾아옵니다. 그래서 이 시기에는 똑같은 과제를 제시했을 때 빨리 해결하고 다른 책을 읽고 있는 아이가 있는 반면 주어진 시간이 끝났음에도 여전히 문제를 풀지 못하고 끙끙대는 아이들도 있습니다.

　5학년 수학 교과서에는 아주 중요한 수학적 내용들이 담겨 있습니다. 하지만 아이들이 이해하고 응용하는 데 쉽지 않은 만큼 필히 반복과 연습, 복습이 이루어져야 합니다.

• 5학년 수학 교과서 단원 및 주요 학습 내용

학기	단원	주요 학습 내용
1학기	1. 자연수의 혼합 계산	덧셈, 뺄셈, 곱셈, 나눗셈이 섞여 있는 식 계산하기
	2. 약수와 배수	약수, 배수, 최소공배수, 최대공약수 구하기
	3. 규칙과 대응	대응 관계를 식으로 나타내기
	4. 약분과 통분	분모가 같은 분수로 나타내기
	5. 분수의 덧셈과 뺄셈	분수의 덧셈과 뺄셈 하기
	6. 다각형의 둘레와 넓이	사각형, 삼각형의 둘레와 넓이 구하기
2학기	1. 수의 범위와 어림하기	이상, 이하, 초과, 미만 알기 올림, 버림, 반올림을 활용하여 문제 해결하기
	2. 분수의 곱셈	(분수)×(자연수), (분수)×(분수) 하기
	3. 합동과 대칭	선대칭도형 및 점대칭도형 알기
	4. 소수의 곱셈	(자연수)×(소수), (소수)×(소수) 구하기
	5. 직육면체	직육면체의 전개도 및 겨냥도 알기
	6. 평균과 가능성	평균 구하기, 일이 일어날 가능성을 수로 표현하기

큰 흐름 속에서 역사를 파악하는 사회

5학년 사회는 1학기에서 다뤄지는 영역과 2학기에서 다뤄지는 영역에 조금 차이가 있습니다. 1학기에는 3, 4학년에 이어서 지리 및 법과 관련된 내용을 배웁니다. 또 3학년 때는 고장, 4학년 때는 지역의 지리에 대해 다루었다면 5학년 사회는 국토의 지리와 자연환경, 그리고 인문 환경의 특징을 살펴봅니다. 특히 2학기 사회는 역사와 관련된 내용이 많습니다. 크게 두 단원으로 되어 있는데, 첫 번째 소단원에서는 고조선~조선 전기까지, 두 번째 소단원에서는 조선 후기~6·25전쟁까지의 내용을 다룹니다. 다뤄지는 기간만 보더라도 근현대사에 더욱 초점이 맞춰져 있음을 알 수 있습니다.

역사 관련 내용은 단편적인 사실의 암기보다 전체적인 흐름 속에서 일어난 개개의 사건들을 이해하는 것이 중요합니다. 그런 만큼 교과서뿐만 아니라 다양한 참고도서를 많이 읽어야 합니다. 큰 뼈대를 알고 있으면 현재 영역뿐만 아니라 중학교, 고등학교에서 다루는 내용들을 이해하기가 쉽습니다. 한국사 학습 방법에 대한 설명은 여름방학 부분을 참고해 주십시오.

• 5학년 사회 교과서 단원 및 주요 학습 내용

학기	단원	주요 학습 내용
1학기	1. 국토와 우리 생활	우리 국토의 위치와 영역(우리나라의 영역, 우리나라 행정구역의 위치 알기), 우리 국토의 자연환경(산지, 하천, 평야, 해안의 특징 알기, 기후 및 기온, 강수량, 자연재해 알기), 우리 국토의 인문 환경(인구 구성의 변화, 도시 발달, 산업 발달, 교통 발달의 특징 알기)
	2. 인권 존중과 정의로운 사회	인권을 존중하는 삶(인권의 뜻, 인권 신장을 위한 제도 알기), 법의 의미와 역할(법의 정의, 법의 역할 알기), 헌법과 인권 보장(헌법의 의미, 국민의 기본권과 의무 알기)
2학기	1. 옛사람들의 삶과 문화	나라의 등장과 발전(고조선~신라의 성립 및 발전 과정), 독창적 문화를 발전시킨 고려(고려의 발전 과정 및 문화), 민족 문화를 지켜나간 조선(조선시대의 생활 모습 및 임진왜란, 병자호란 등)
	2. 사회의 새로운 변화와 오늘날의 우리	새로운 사회를 향한 움직임(조선 후기의 모습), 일제의 침략과 광복을 위한 노력, 대한민국 정부 수립과 6·25 전쟁

핵심 개념을 정확하게, 과학

　과학에는 '탐구'라는 단어가 자주 등장합니다. 탐구란 '의문의 답을 찾는 과정'이라고 할 수 있습니다. 4학년까지는 탐구 중에서도 기초탐구(관찰, 분류, 측정, 예상, 추리, 의사소통)에 대해 배웁니다. 그리고 5학년 1학기가 되면 첫 단원에서 통합탐구(문제 인식, 가설 설정, 변인 통제, 자료 변환, 자료 해석, 결론 도출, 일반화)에 대해 배웁니다. 2학기 첫 단원에서는 기초탐구와 통합탐구를 바탕으로 탐구의 과정을 거치면서 과학적 사고력과 탐구 능력을 기르는 연습을 합니다.

　그런데 이러한 탐구 부분을 어려워하는 아이들이 많습니다. 물리나 화학, 생명과학, 지구과학 단원들에 비해 과학적 내용이 친절하게 제시되지도 않고, 생각도 많이 해야 하기 때문입니다. 하지만 이 부분을 공부하지 않고 다른 단원을 학습하게 되면 '실험 순서가 왜 이렇게 되는지', '실험 과정 중에서 이 부분이 왜 필요한지' 등 실험에 대해 제대로 이해하기 어려울 수 있습니다.

　5학년 과학에는 4학년 때처럼 많은 핵심 용어들이 등장합니다. 핵심 용어에 대한 이해가 부족하면 배우는 내용이 머릿속에서 엉켜버립니다. 그러면 실험을 해도 그 실험을 왜 하는지, 실험 결과가 무엇을 의미하는지 잘 이해하지 못합니다.

　개념을 확실히 파악하기 위해서는 각 단원별로 핵심 용어를 중심으로 핵심 개념이 무엇인지 파악하는 것이 중요합니다. 또 과학의 여러 영역이 골고루 제시되므로 아이가 특히 관심 있어 하는 단원과 관련된 내용의 책을 읽거나 자료를 찾아보거나 체험 활동을 하는 것도 추천합니다.

• 5학년 과학 교과서 단원 및 주요 학습 내용

학기	단원	주요 학습 내용
1학기	1. 과학자는 어떻게 탐구할까요?	문제 인식(탐구 문제 정하기), 변인 통제(실험 계획 세우기, 실험하기), 자료 변환 및 자료 해석(실험 결과 정리 및 해석하기), 결론 도출(결론 내리기)
	2. 온도와 열	온도를 측정하는 까닭, 온도가 다른 두 물질이 접촉했을 때의 온도 변화, 고체에서 열의 이동, 액체에서 열의 이동, 기체에서 열의 이동
	3. 태양계와 별	태양이 우리에게 미치는 영향, 태양계의 구성원, 별과 별자리, 밤하늘에서 북극성 찾기
	4. 용해와 용액	물질을 물에 넣었을 때의 변화, 용질의 종류에 따라 물에 용해되는 양, 물의 온도에 따라 용질이 용해되는 양, 용액의 진하기 비교
	5. 다양한 생물과 우리 생활	동물과 식물 이외에 우리 주변에 사는 생물(균류-곰팡이, 버섯/원생생물-짚신벌레, 해캄/세균-여러 모양과 종류), 다양한 생물이 우리 생활에 미치는 영향, 첨단 생명 과학의 활용
2학기	1. 재미있는 나의 탐구	탐구 문제 정하기, 탐구 계획 세우기, 탐구 실행하기, 탐구 결과 발표하기, 새로운 탐구 시작하기
	2. 생물과 환경	생태계의 구성(생물 요소-생산자, 소비자, 분해자/비생물 요소-온도, 햇빛, 물), 생물의 먹이 관계(먹이사슬, 먹이그물), 비생물 요소가 생물에 미치는 영향, 생태계 보전을 위한 실천 방법
	3. 날씨와 우리 생활	습도와 우리 생활, 이슬/안개/구름의 공통점과 차이점, 바람과 기압의 관계(고기압, 저기압, 기압 차), 계절별 날씨와 공기 덩어리
	4. 물체의 운동	물체의 운동, 물체의 빠르기, 속력, 우리 생활 속 속력과 안전
	5. 산과 염기	지시약으로 산성 용액과 염기성 용액으로 분류하기, 산성 용액과 염기성 용액의 특징, 우리 생활 속 산성 용액과 염기성 용액의 이용

소유격, 과거형, 미래형으로 확장되는 영어

5학년은 '수포자'처럼 '영포자'도 속출하는 시기입니다. 그렇다 보니 영어 수업에 대한 5학년 아이들의 반응은 다양합니다. 교과서 내용이 너무 쉬워서 유치하다고 생각하는 아이, 잘 아는 내용이어서 자신 있다며 즐겁게 참여하는 아이, 아는 내용이 반 모르는 내용이 반이라서 능숙하진 않지만 열심히 하려는 아이, 그리고 영어가 너무 어렵다며 벌써부터 포기해 버리는 아이까지 한 교실에서도 여러 가지 모습을 볼 수 있습니다.

다음 두 출판사의 목차와 주요 의사소통 기능을 보면 알 수 있듯이 5학년이 되면 소유격, 과거형, 미래형 등 다양한 표현을 배웁니다. 4학년 때에 비해서 학습 난이도가 상당히 높아진 것을 알 수 있습니다.

배운 내용을 능숙하게 듣고 말하고 읽고 쓰기 위해서는 반드시 반복과 연습이 필요합니다. 아이가 제대로 이해했는지 방학을 이용해 듣기, 말하기, 읽기, 쓰기 부분을 꼭 점검해 주십시오.

'수포자', '영포자'처럼 '포기'란 단어가 들어간 말을 들을 때만큼 안타까운 순간이 없습니다. 수학도 그렇고 영어도 그렇고 포기라는 말이 나올 만큼 어려운 과목이 아닙니다. 중요한 것은 기초이며, 교과서는 기초를 쌓을 수 있는 최고의 교재라는 사실을 잊지 마십시오. 교과서에 나온 내용만 완전하게 이해해도 수포자나 영포자가 될 일은 없을 것입니다.

• 5학년 영어 교과서 단원 및 주요 학습 내용

학기	단원	의사소통 기능	단원	의사소통 기능
1학기	1. I'm from Mexico	출신 국가 묻고 답하기 -Where are you from? -I'm from Mexico. 이름의 철자 묻고 답하기 -How do you spell.	1. Where Are You From?	출신 국가 묻고 답하기 -Where are you from? -I'm from France. 헤어질 때 하는 인사말 하기 -See you, later.
	2. What Are These?	여러 개의 물건이 무엇인지 묻고 답하기 -What are these? -They're plates. 이해했음을 나타내는 말하기 They're mirrors. -Oh, I see.	2. Whose Drone Is This?	물건의 소유 묻고 답하기 -Whose drone is this?/that? -It's mine. / It's Ryna's. 확인 요청하기 -Are you sure?
	3. Can I Take a Picture?	허락을 구하고 이에 답하기 -Can I feed the beavers? -Yes, you can./Sorry, you can't. 감사하는 말에 답하기 -Thanks. -My pleasure.	3. Please Try Some	음식의 맛 표현하기 -It's Sweet. 음식 권하고 답하기 -Please try some./ Help yourself. -Do you want some more? -Yes, please. / No, thanks.
	4. Whose Shoes Are These?	물건의 주인이 누구인지 묻고 답하기 -Whose belt is this? -It's Suho's. 물건을 묘사하는 말하기 -His shoes are very big.	4. What's Your Favorite Subject?	좋아하는 과목 묻고 답하기 -What's your favorite subject? -My favorite subject is music. 좋아하는 인물 묻고 답하기 -Who's your favorite musician? -My favorite musician is Mozart.

학기	단원	의사소통 기능	단원	의사소통 기능
1학기	5. My Favorite Subject Is Music.	좋아하는 과목 묻고 답하기 -What's your favorite subject? -My favorite subject is music. 좋아하는 활동 말하기 -I like singing songs.	5. I Get Up at Seven	일과 묻고 답하기 -What time do you get up? -I get up at 6. 동의하기 -Same here.
1학기	6. I Get Up at Five	일과를 묻고 답하기 -What time do you get up? -I get up at 6. 판단하는 말하기 -That's very early.	6. Can I Take a Picture?	허락 요청하고 답하기 -Can I take a picture? -Yes(Sure), you can. / Of course. / Sorry, you can't. 감사에 답하기 -No problem.
1학기	7. I Will Join a Book Club	미래의 계획 묻고 답하기 -What will you do this summer? -I will join a book club. 관심 표현하는 말하기 -That sounds great.	7. What Did You Do During Your Vacation?	과거에 한 일 묻고 답하기 -What did you do during your vacation? -I visited my grandparents. 과거에 한 일에 대한 소감 묻고 답하기 -How was it? -It was great.
2학기	8. I Went to the Beach	과거에 한 일 묻고 답하기 -What did you do last summer? -I went to the beach and rode in a boat. 과거에 한 일에 관한 느낌 묻고 답하기 -How was it? -It was fun.	8. She Has Long Curly Hair	외모에 대해 묻고 답하기 -What dose he/she look like? -He/She is tall. -He / She has long curly hair. 옷차림에 대해 묻고 답하기 -What is he / she wearing? -He / She is wearing a blue shirt and white pants.

학기	단원	의사소통 기능	단원	의사소통 기능
2학기	9. Where Is the Ticket Office?	길을 묻고 답하기 -Where is the 4D Studio? -Go straight and turn right. -It's on your left. 장소의 위치를 나타내는 말 하기 -It's on your right.	9. Is Emily There?	전화를 하거나 받기 -Hello?/Hello. This is Emily. -Can I speak to Ryan? -Is Minjun there? 제안하고 답하기 -Let's go hiking. -Sure. / Sorry, I can't.
	10. How Much Are These Gloves?	물건의 가격을 묻고 답하기 -How much is this cap? -It's nine hundred won. 도움을 제안하고 이에 답하기 -Can I help you? -Yes, please.	10. Where Is the Market?	길 묻고 답하기 -Where is the market? -Go straight two blocks and turn left. It's on your right. 장소의 위치 말하기 -It's next to the bank.
	11. What's in the Bedroom?	집 내부 소개하기 -This is the living room. 특정 장소에 무엇이 있는지 묻고 답하기 -What's in the kitchen? -There is a stove in the kitchen.	11. I Want to Be a Phtographer	장래희망 묻고 답하기 -What do you want to be? -I want to be a photographer. 좋아하는 일을 나타내는 말 하기 -I like to take pictures.
	12. I Want to Climb Hallasan	하고 싶은 일 묻고 답하기 -What do you want to do? -I want to climb Hallasan. 상대방의 생각에 동의하기 -That's a good idea.	12. I Will Join a Ski Camp	앞으로 할 일 묻고 답하기 -What will you do during winter vacation? -I will join a ski camp. 새해 인사말 하기 -Happy New Year.
	13. What Season Do You Like?	좋아하는 계절 묻고 답하기 -What season do you like? -I like spring. 이유 말하기 -I like spring because I can see beautiful flowers.		
	출판사: YBM(최)		출판사: 대교	

고학년이 되어 맞이하는 여름방학

한 학기, 잘 보냈을까?

5학년부터는 국어 지문이 길어지고, 배우는 내용도 더 깊어집니다. 그래서 부모님이 가정에서 아이와 교과서의 글을 함께 읽고 이야기를 나누는 방법으로 아이의 학습 정도를 파악하기가 생각만큼 쉽지 않습니다. 이때는 체크리스트를 참고하여 문제집의 문제를 얼마나 정확하게 푸는지 보면서 이해 정도를 확인하는 것도 방법입니다. 어려워졌다는 이유로 학원에 맡겨 버리거나 '아이가 알아서 하겠지' 하는 마음으로 그냥 둔다면 아이의 수준을 점검할 수 없습니다.

수학의 경우에는 4학년 때까지와 마찬가지로 수학 교과서와 수학익힘을 먼저 확인합니다. 5학년부터는 수학적 개념들이 많이 나오기 때문에 각 개념을 제대로 이해하고 있는지, 수학 교과서에 나오는 정의와 성질을 정확하게 파악하고 있는지를 확인해야 합니다. 이를 확인하여 부족한 부분을 문제집으로 풀면서 연습하고 반복해야 합니다. 그리고 위 방법과 별개로 방학을 이용해 이전 학기의 수학 문제집을 한두 권 정도 푸는 것이 전체적으로 복습하는 데 도움이 됩니다. 이때부터는 수학 문제를 풀 때 정확성과 속도가 동시에 요구되기 때문입니다. 한 쪽을 풀더라도 분량과 시간을 정해서 집중하는 것이 중요합니다.

영어의 경우에도 지금까지 해 온 대로 아이가 배우는 영어 교과서를 함께 보면서 교과서에 나온 단어와 문장을 확인합니다. 방학은 어느 정도 시간 여유가 있는 시기인 만큼 주요 단어뿐만 아니라 가능하다면 문장까지 듣고 말하고 읽고 쓰는 단계까지 가능하도록 복습하는 것을 추천합니다.

• 과목별 알아야 할 주요 학습 내용

과목	알아야 할 주요 학습 내용	체크하기
국어	◆ 경험을 떠올리며 작품을 감상할 수 있는가?	☐
	◆ 글의 구조를 알고 내용을 요약할 수 있는가?	☐
	◆ 글쓰는 과정을 알고 자신의 생각을 표현할 수 있는가?	☐
	◆ 낱말 뜻을 생각하며 글을 읽고 글쓴이의 주장을 파악할 수 있는가?	☐
	◆ 토의 절차와 방법을 아는가?	☐

과목	알아야 할 주요 학습 내용	체크하기
국어	◆ 여정, 견문, 감상이 드러나도록 기행문을 쓸 수 있는가?	☐
	◆ 여러 가지 방법으로 글(설명하는 글, 주장하는 글)을 읽을 수 있는가?	☐
	◆ 자신이 경험한 일을 이야기로 쓸 수 있는가?	☐
수학	◆ 덧셈, 뺄셈, 곱셈, 나눗셈이 섞여 있는 식을 순서대로 계산할 수 있는가?	☐
	◆ 약수, 배수, 최소공배수, 최대공약수를 구할 수 있는가?	☐
	◆ 대응관계를 식으로 나타낼 수 있는가?	☐
	◆ 분모가 같은 분수로 나타낼 수 있는가?	☐
	◆ 분수의 덧셈과 뺄셈을 할 수 있는가?	☐
	◆ 사각형, 삼각형의 둘레와 넓이를 구할 수 있는가?	☐
영어	◆ 교과서에 나온 주요 단어를 모두 읽고 뜻을 아는가?	☐
	◆ 교과서에 나온 주요 문장을 모두 읽고 뜻을 아는가?	☐

천천히, 제대로 인문고전 읽기

여러 분야의 책을 읽으면서 어느 정도 독서 습관이 형성되었다면 이제는 인문고전 읽기를 시도할 때입니다. 사회적으로도 인문고전 읽기에 대한 관심이 높아지고 있으며, 이런 분위기를 반영하여 이미 인문도서 읽기 활동을 실시하고 있는 학교도 많습니다. 인문고전이라고 하면 무겁고 어렵게 느껴질 수 있는데, 학교에서는 한 달에 한 권이나 한 학기에 한 권 정도를 읽기 때문에 양적으로 무리가 되지 않습니다.

　가정에서도 같은 활동이 이루어지면 좋은데, 인문고전이라고 해서 부담스럽게 생각할 필요가 없습니다. 한 가지 주의할 점은, 유명한 책이라는 이유로 지루한 책부터 시작하거나 처음부터 전집을 구매해서 아이의 숨을 막히게 해서는 안 됩니다. 먼저 아이와 함께 제목을 보면서 재미있을 것 같은 책, 표지나 구성이 마음에 드는 책을 한두 권 골라서 읽은 뒤 아이가 흥미를 보이는 책이나 전집을 구매해도 충분합니다.

　일반적으로 동양 고전보다 서양 고전이 아이들 눈높이에 좀 더 맞게 번역되어 있는 경우가 많습니다. 내용 또한 서양 고전이 아이들에게 조금 더 흥미로운 경우가 많습니다. 원작을 처음부터 시도하기보다는 주니어용으로 먼저 접한 다음 아이가 읽고 싶어 할 때 원작을 읽게 하는 순서를 따라가는 것이 좋습니다.

　또 고전 읽는 방법에 대해서도 떠도는 얘기들이 많은데, 그런 방법(천천히 읽기, 여러 번 반복해서 읽기)은 어느 정도 고전 읽기에 익숙한 아이에게는 효과가 있지만 고전 읽기가 처음인 아이에게는 어려울 수 있습니다. 다시 말해, 추천하는 방법을 꼭 지켜야 하는 것은 아닙니다. 다른 분야의 책을 읽듯 자연스럽게 접하면 되고, 이 과정에서 아이가 좋아하는 책을 찾으면 됩니다.

　고전을 좀 더 쉽게 이해하기 위해서는 이야기의 배경이 되는 시대 상황을 알아보거나 이야기를 쓴 저자에 대해 알아보는 활동도 도움이 됩니다. 이 부분은 아이 혼자 하기에는 어려울 수 있으므로 부모님이 함께해 주시는 것이 좋습니다.

몸과 마음의 건강을 위한 운동과 악기 연주

많은 학생들, 특히 남학생들은 운동을 통해 공부와 일상에서 오는 스트레스를 풀고 교우관계를 형성합니다. 저학년 때는 대개 부모님이 하라고 하는 운동을 하거나 부모님이 짜 주는 스케줄에 맞춰 몸을 움직였다면 고학년이 되면서부터는 자발적으로 운동 모임을 구성하여 참여하거나 자신이 하고 싶은 종목의 운동을 하려 합니다. 혹 학기 중에 학원이나 다른 스케줄로 바빠서, 또는 친구들과 시간이 맞지 않아서 원하는 운동을 충분히 하지 못했다면 방학을 이용해 몸을 맘껏 쓸 수 있도록 해 주는 것이 좋습니다.

악기 연주도 아이들의 재능 계발과 심리적 안정에 큰 도움이 되는 활동입니다. 하지만 학기 중에는 국어, 수학, 영어 같은 주요 과목에 밀려 악기 연주에 충분한 시간을 투자하기 힘든 것이 사실입니다. 좋아하는 악기가 있다면 역시나 방학을 이용해 충분한 경험을 할 수 있게 해 주는 것이 좋습니다.

조금 반경을 넓혀 지역 오케스트라 활동에 참여하는 것도 방법입니다. 이 경우 협업의 중요성을 경험하는 것은 물론 성취감까지 한 번에 맛볼 수 있습니다. 더불어 3, 4학년 음악 시간에 주로 다루던 악기가 리코더였다면 5, 6학년 때는 리코더와 함께 단소를 다루게 됩니다. 비교적 소리를 내기 쉬웠던 리코더에 비해 단소는 소리를 내기까지 많은 노력과 시간이 필요합니다. 이로 인해 음악 수업에 흥미를 잃고 포기해 버리는 경우가 종종 있습니다. 방학을 이용하여 단소를 연습해 보는 것도 추천합니다.

미리 익혀두면 편한 ppt

　5학년 2학기 국어 '5. 여러 가지 매체 자료'는 인쇄 매체 자료, 영상 매체 자료, 인터넷 매체 자료 등 여러 매체(내용을 전달하는 수단)의 특성을 알고, 각 매체의 특성에 맞게 읽는 연습을 하는 단원입니다. 그리고 6학년 1학기가 되면 '3. 짜임새 있게 구성해요' 단원을 통해 자료를 활용하여 발표하는 활동을 하고, '6. 내용을 추론해요' 단원을 통해 알리고 싶은 내용을 영상 광고로 만들면서 매체를 활용하는 방법을 배웁니다.

　국어 과목이 아니더라도 5, 6학년 때는 미술이나 다른 교과에서도 매체를 활용한 발표와 작품을 만드는 활동이 이루어집니다. 따라서 비교적 시간 여유가 있는 방학을 이용해 ppt 사용법을 익혀 두면 학기 중 활동에 큰 도움이 됩니다.

　무엇보다 ppt는 나중에 중학교에 진학해서도 활용하는 경우가 많기 때문에 미리 만드는 법을 익혀 두면 유용합니다. 그런데 아이들이 발표 자료로 ppt를 만들 때 공통적으로 많이 하는 실수가 있습니다. 발표할 멘트 전체를 ppt에 빼곡하게 다 넣는 것, 가독성을 고려하지 못한 채 모든 글씨의 크기와 색깔을 동일하게 넣는 것, 그림이나 사진을 적절하게 배치하지 못하는 것, 내용과 어울리지 않는 효과와 소리를 넣는 것 등입니다.

　이런 실수들을 옆에서 보고 있기 답답하다는 이유로 부모님이 대신 만들어 주시거나 도와주시는 경우가 많습니다. 하지만 처음부터 엄마가 많이 도와주다 보면 아이의 실력이 늘지 않아 나중엔 결국 엄마 숙제가 될 수 있는 만큼 스스로 해 보게 하는 것이 중요합니다. 제목 쓰기를 시작으로 중요 내용과 낱말 넣기, 필요한 그림과 사진 넣기, 효과와 소리 넣기 등 쉬운 단계부터 연습하면 됩니다. 인터넷에 무료 폰트와 무료 틀이 제공되고 있으니 이를 이용하는 것도 방법입니다.

한국사, 전체적인 흐름 파악이 우선

5학년 2학기부터 6학년 1학기 사회에서는 고조선을 시작으로 1990년대 이후 우리나라의 경제 성장 모습에 이르기까지 우리나라의 역사를 배웁니다. 그런 만큼 부모님들은 아이가 한국사를 어느 범위까지, 어느 정도의 양과 깊이만큼 공부해야 하는지, 또 어떻게 공부해야 하는지를 많이 궁금해 하십니다. 하지만 아직 어린 나이에 너무 자세하게 공부할 경우 아이 입장에서는 역사를 암기해야 하는 과목으로 오해하여 수업 자체를 지루해할 수 있습니다.

가장 좋은 방법은 '옛날 사람들은 어떻게 살았을까?'라는 궁금증을 푼다는 느낌으로 책을 통해 자연스럽게 접하고, 가족 여행이나 주말 나들이 삼아 시대별 유적지를 체험해 보는 것입니다. 예를 들어 선사시대에 관한 책과 영상을 본 뒤 암사동 유적지에 가서 직접 움집을 보거나 연천에 위치한 전곡선사박물관에 가서 구석기시대로 시간여행을 다녀온다면 훨씬 오랫동안 기억에 남을 것입니다. 그 외에 궁궐이나 박물관에서 제공하는 무료 해설 서비스를 이용하는 것도 방법입니다. 체험이나 여행을 하기 어려운 경우라면 만들기

키트를 이용해서 유물이나 문화재 만들기를 할 수도 있습니다.

  아이들이 한국사를 어려워하는 이유는 전체적인 흐름을 이해하지 못한 채 각각의 사건들만 공부하기 때문입니다. 그렇다 보니 역사를 하나하나 외워야 하는 것으로 느끼게 되고, 이것이 부담으로 작용했을 것입니다. 전체적인 흐름은 모른 채 단편적인 부분만 공부할 경우 사건의 순서가 머릿속에서 뒤죽박죽될 수 있습니다. 여기에 나라 이름, 유물 이름, 인물 이름까지 끊임없이 등장하니 아이들이 한국사를 어려운 과목으로 느낄 수밖에 없습니다.

  역사를 이해할 때는 시대의 흐름을 아는 것이 중요합니다. 선사시대부터 조선시대까지 순서대로 전체적인 흐름을 먼저 파악한 다음 각 시대별로 접근하는 방법을 권합니다. 연표를 활용해서 대강의 흐름을 파악하고 세부적으로 들어가야 내가 지금 무엇을 공부하고 있는지, 어느 부분을 학습하고 있는지 알 수 있습니다. 시대별 접근은 독서를 기본으로 하되 추가적으로 영상을 관람하거나 박물관 또는 유적지를 체험하거나 연표와 키트 등을 활용해 복습하면 더욱 효과적입니다. 이러한 방식으로 용어를 자연스럽게 익히다 보면 역사가 재미있어질 것입니다.

  모든 과목이 그렇겠지만 고학년이라고 해서 문제집 중심으로 공부하는 것은 바람직하지 않습니다. 반대로 이론은 제대로 모른 채 체험에만 집중할 경우 역사 인식이 부족해질 수 있습니다. 첫 시작을 만화로 하는 아이도 많은데, 이 경우 글과 사진만 보다 보면 생각하고 상상하며 접근하는 데 방해가 될 수 있고, 또 잘못된 이미지가 형성될 수 있으므로 만화는 아이가 어느 정도 흐름과 내용을 파악한 뒤에 접하게 하는 것이 좋습니다.

자기주도학습을 다지는 겨울방학

한 학기, 잘 보냈을까?

국어, 수학, 영어의 경우에는 여름방학과 마찬가지로 2학기 내용을 잘 이해하고 있는지 체크리스트를 활용해서 확인해 봅니다. 특히 이 시기에는 사교육 기관을 통해 중학교 수학 진도를 나가는 아이들이 종종 있습니다. '초등 수학을 모두 이해했으니까', '학원에서 중등 진도를 나가야 한다고 했으니까', '다른 아이들이 하니까' 등의 이유로 중등 수학 선행을 합니다. 중요한 것은, 현행이 단단한 상태에서 선행을 해야지 현행이 완벽하지 않은 상태에서 하는 선행은 아무 의미가 없다는 사실입니다.

사회와 과학의 경우에는 2학기 교과서를 다시 읽어보며 핵심 용어와 개념을 잘 이해하고 기억하고 있는지 확인하면 됩니다. 여기서도 중요한 것은 역시나 교과 연계 독서입니다. 예를 들어 사회 연계 독서로 한국사뿐만 아니라 세계사로 범위를 넓혀가는 것입니다.

• 과목별 알아야 할 주요 학습 내용

과목	알아야 할 주요 학습 내용	체크하기
국어	◆ 지식이나 경험을 활용해 글을 읽고 쓸 수 있는가?	☐
	◆ 의견 조정의 필요성과 방법을 이해하는가?	☐
	◆ 문장 성분의 호응 관계를 생각하며 겪은 일이 드러나게 글을 쓸 수 있는가?	☐
	◆ 알맞은 방법으로 매체 자료를 읽고 주요 내용을 파악할 수 있는가?	☐
	◆ 토론 방법과 규칙을 이해하는가?	☐
	◆ 낱말의 뜻을 짐작하며 글을 읽고 중요한 내용을 요약할 수 있는가?	☐
수학	◆ 이상, 이하, 초과, 미만을 알고, 올림, 버림, 반올림을 활용해서 문제를 해결할 수 있는가?	☐
	◆ (분수)×(자연수), (분수)×(분수)를 계산할 수 있는가?	☐
	◆ 합동과 대칭(선대칭도형, 점대칭도형)을 이해하는가?	☐
	◆ (자연수)×(소수), (소수)×(소수)를 계산할 수 있는가?	☐
	◆ 직육면체의 성질을 이해하고, 전개도 및 겨냥도를 그릴 수 있는가?	☐
	◆ 평균을 구하고, 일이 일어난 가능성을 수로 표현할 수 있는가?	☐
영어	◆ 교과서에 나온 주요 단어를 모두 읽고 뜻을 아는가?	☐
	◆ 교과서에 나온 주요 문장을 모두 읽고 뜻을 아는가?	☐

실력 향상을 위한 오답 노트 작성하기

요즘 같은 온라인 학습 시기에는 자기주도학습 습관이 무엇보다 중요합니다. 자기주도학습 습관을 기르는 단계적 방법으로 4학년에서는 공부 스케줄 세우기와 공책 정리법(그중에서도 첫 번째 단계인 학습 내용 다지기 방법 - 배움 공책이라고도 하고 복습 공책이라고도 합니다.)의 중요성과 방법을 말씀드렸습니다. 이것이 어느 정도 익숙해졌다면 5학년부터는 공책 정리법의 두 번째 단계인 실력 향상 방법을 연습해야 합니다. 바로 오답 노트 작성을 습관화하는 것입니다.

대부분의 아이들은 틀린 문제를 또 틀립니다. 이는 그 부분을 제대로 이해하지 못했다는 뜻입니다. 오답 노트는 모든 과목에서 중요하지만 수학에서 특히 중요합니다. 수학에서 오답 노트를 활용하다 보면 어떤 개념에 대해 이해가 부족한지, 자주 틀리는 연산 유형이 무엇인지를 쉽게 파악할 수 있습니다. 참고로 고학년부터는 학교에서도 오답 노트를 사용하는 경우가 종종 있기 때문에 부모님이 생각하시는 것보다 아이들이 더 잘 작성할 수 있습니다.

오답 노트를 작성하는 방법은 한 가지로 정해져 있는 것이 아닙니다. 다음에 나오는 예시를 따라하셔도 되고 조금씩 수정해서 사용하셔도 됩니다. 시중에 나와 있는 오답 노트용 공책을 구입해도 됩니다. 오답 노트는 귀찮은 것이지 어려운 것이 아니기 때문에 꾸준히 하는 것이 중요합니다. 오답 노트 작성이 익숙해지면 중학교 이후부터는 손으로 쓰는 방법, 오려서 붙이는 방법, 앱을 이용하는 방법 등 자신에게 잘 맞는 방법을 사용하게 될 것입니다. 나아가 과목별로 더 유용한 오답 노트 작성법을 선택해서 활용할 수도 있습니다.

오답 노트 작성 예시

1. 날짜, 과목, 단원명, 문제 출처

처음에는 한 권의 공책에 여러 과목을 함께 작성해도 됩니다. 그러다 오답 노트 작성이 익숙해지고 학습량이 많아지면 과목별로 노트를 사용해도 됩니다. 문제 출처는 교과서, ○○평가, ○○문제집, ○○학원 교재 등으로 기록합니다.

2. 문제와 틀린 이유

문제를 적는 것은 단순히 옮겨 적어서 노트 필기를 하는 것이 아니라 문제를 다시 찬찬히 읽으면서 파악하기 위함입니다. 써야 할 내용이 많을 때는 복사해서 붙이거나 오려서 붙여도 됩니다. 그런 다음 틀린 이유를 기록합니다. 문제를 틀렸을 때는 내가 왜 이 문제를 틀렸는지 틀린 이유를 정확하게 파악해야 합니다. 오답 노트를 쓸 때 아이들이 잘 쓰지 못하는 부분 중 하나가 바로 이 부분입니다. "그냥 틀렸는데요" "몰라서 틀렸는데요" "왜 틀렸는지 모르겠어요" 같은 다양한 반응이 나옵니다. 틀린 이유를 적기 어려워하면 예시처럼 틀린 이유를 객관식으로 제시해 주는 것도 방법입니다.

3. 문제 해석

문제를 해석하여 문제에서 원하는 내용이 무엇인지, 그것을 위해 주어진 조건이 무엇인지를 씁니다. 이 부분은 수학에서는 중요하지만 국어나 사회 등 다른 과목에서는 생략할 수도 있습니다.

4. 풀이 과정 및 정답

다시 문제를 제대로 풀어봅니다. 수학에서는 이 부분이 특히 중요합니다. 다른 과목에서는 왜 그것이 답인지 이유를 적습니다. 형광펜이나 색연필, 색볼펜, 스티커 등을 활용하면 덜 지루하기도 하고 눈에도 잘 들어옵니다.

5. 다시 풀기

오답 노트를 작성하고 3~10일 뒤에 다시 문제 부분만 보고 손이나 종이로 문제 해석과 풀이 과정을 가린 채 다시 풀어보는 부분입니다. 이렇게 다시 확인해야 같은 문제를 또 틀리는 실수를 줄일 수 있습니다.

과목	수학	날짜	9월 3일 금요일
단원명	4. 소수의 곱셈	문제 출처	수학익힘책

문제

지혜네 학교에서 놀이터의 가로와 세로를 각각 1.5배로 늘려 새로운 놀이터를 만들려고 합니다. 새로운 놀이터의 넓이를 구해 보세요.

틀린 이유

① 내용(개념)을 모름
② 무엇을 묻는지 모름
③ 문제를 제대로 읽지 않음
④ 시간 안에 풀지 못함
⑤ 기타(계산 실수)

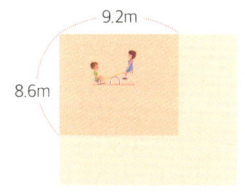

문제 해석	• 구하려고 하는 것: 새로운 놀이터의 넓이 • 주어진 조건: 놀이터의 가로와 세로 현재 길이, 1.5배씩 늘리려고 함

풀이 과정 및 정답

- 새로운 놀이터의 가로 길이: 9.2 X 1.5 = 13.8(m)
- 새로운 놀이터의 세로 길이: 8.6 X 1.5 = 12.9(m)
- 넓이는 가로X세로 이므로 새로운 놀이터의 넓이는

$$13.8 \times 12.9 = 178.02 \, m^2$$

다시 풀기(날짜: 9/8 수요일)

계산 실수? 고학년 수학 발목을 잡을 수 있다!

해당 단원의 수학 원리나 개념을 확인해 보면 다 잘 이해하고 있는데 유독 문제 풀이에서 계산 실수를 하여 답을 틀리는 학생들이 있습니다. '내용을 잘 알고 있으니 사소한 실수 정도는 괜찮아.' 정말일까요? 이런 생각으로 넘어갔다가 나중에 중요한 순간에 수학에 발목을 잡힐 수 있습니다. 실수로 틀렸다고 해서 정상참작을 해 주는 것은 아니니까요. 수학에서는 정답이 아니면 모두 오답입니다.

계산 실수는 정확성의 문제입니다. 연산은 반복 연습을 통해 실수를 줄여야 합니다. 저학년 때부터 매일 한 장이라도 연산을 꾸준히 해 온 아이들은 확실히 실수가 적습니다. 수학은 사고력도 중요하지만 시험 문제를 풀려면 연산이 반드시 필요하고, 연산은 반복 훈련을 통해 키워야 하기 때문입니다.

아이들은 반복적인 연산 연습을 당연히 싫어합니다. 재미도 없고 지루하기 때문입니다. 부모님 역시 일일이 챙기기 번거롭고 아이를 억지로 시키는 것 같아서, 또 저학년이나 중학년 때는 연산 연습의 결과가 확실하게 티가 나지 않아서 등을 이유로 연산의 중요성을 간과합니다. 하지만 학년이 올라가면서 티가 납니다. 수학 개념을 이해해도 결국 문제를 풀 때 연산에서 틀려버리는 안타까운 상황이 발생하는 것입니다. 특히 고학년 남자 아이들은 여자 아이들에 비해 상대적으로 계산 실수가 많습니다. '아는데 틀리는 문제'가 많아질수록 '계산 실수'가 수학 실력의 한끗 차이라는 걸 실감하게 될 것입니다.

수학 점수가 낮았어도 5학년 무렵부터 열심히 노력하면 실력을 올릴 수 있습니다. 단, 이때 수학 실력이 오르는 아이들은 기본 연산이 되는 아이들입니다. 기본 연산이 되지 않는 아이들은 계속해서 실수합니다. 덜렁대는 성격도 원인 중 하나입니다. 문제를 풀기 전에 수학은 차분하게 생각하고 꼼꼼하게 계산하는 과목이라는 걸 다시 한 번 상기시키고 문제 풀이를 시작하는 것이 중요합니다.

스마트폰 슬기롭게 사용하기

중학년까지는 키즈폰을 사용하는 아이들이 많지만 고학년이 되면 스마트폰을 사용하는 아이들이 눈에 띄게 늘어납니다. 아이 역시 친구들을 언급하며 부모님께 자신도 스마트폰을 사달라고 조르곤 합니다. 하지만 스마트폰은 가능하면 늦게 사 주는 것이 좋다는 선배 맘들의 말에 부모님은 여전히 망설입니다.

실제로 학교에서도 스마트폰으로 인한 여러 문제들로 아이들이 상처를 받는 경우가 종종 있습니다. 채팅 어플을 통한 집단 따돌림과 언어 폭력, 게임 중독으로 인한 학습 결손, 과도한 아이템 구매, 그리고 성적 매체들로 인한 피해까지 단순히 '우리 아이만 없다'는 이유로 스마트폰을 사주기에는 떠안아야 할 부담이 큰 것도 사실입니다.

십여 년 전 첫 학교에 근무하던 때만 해도 아이들이 학교에 오면 핸드폰의 전원을 끈 다음 지정된 위치에 제출하게 했습니다. 하지만 요즘은 기기를 걷지도, 소지 여부를 매번 확인하지도 않습니다. 이제는 '스마트폰은 유해하니 사용하지 말라'가 아니라 '스마트폰을 바르게 사용하게 하자'는 방향으로 교육이 이루어지고 있습니다.

우리 아이들은 순간순간 매체에 노출되고, 그것을 다루는 능력이 개인의 역량이 되는 시대를 살고 있습니다. 그런 만큼 무작정 차단하기보다는 자제력을 발휘하고, 정해진 목적과 방법으로 올바르게 사용할 수 있도록 가르칠 필요가 있습니다. 하지만 성인도 갖기 힘든 자제력을 아이가 갖게 하는 것은 쉬운 일이 아닙니다. 그렇기 때문에 아이와 충분히 상의하여 스마트폰 사용 원칙을 세우는 것이 중요합니다. 원칙에는 사용 시간, 데이터 사용량, 사용 가능한 어플리케이션 등이 구체적으로 포함되어야 합니다. 이러한 원칙을 세웠음에도 자제하는 힘이 부족한 아이라면 스마트폰을 서둘러 장만해 줄 필요는 없습니다.

'매체를 올바르게 사용하는 힘'을 갖도록 하기 위해 교육 과정에도 이들 매체를 활용한 활동이 종종 등장합니다. 미술이나 국어과에는 핸드폰을 이용해 영상을 촬영하고 편집하는 활동이 나오고, 과학과에서는 천체의 모습을 관찰하는 데 도움을 주는 어플을 추천하고 있습니다. 여기서 오해하지 말아야 할 것은, 모둠별로 하나의 스마트폰으로 함께 활동을 하기도 하는 등 교과서의 활동이 학생 개인이 반드시 스마트폰을 소유하고 있어야 함을 전제로 하지 않는다는 것입니다. 결론적으로, 스마트폰 사용 규칙에 대해 아이와 충분히 논의하여 아이가 이를 지킬 힘이 있다는 판단이 들 때 구입을 고려하면 됩니다.

아이들이 스마트폰을 이용해 가장 많이 하는 것 중 하나가 '유튜브 영상 시청'일 것입니다. 조사해 보면 반에서 두 명 이상은 '크리에이터'를 장래희망으로 꼽곤 합니다. 하지만 비교적 정제되고 걸러진 TV 프로그램들과 달리 일부 유튜브 영상들은 사실과 다른 부분을 사실로 왜곡하거나 흥미 위주의 자극적인 언어를 여과없이 내보내곤 합니다. 심지어 잘못된 가치관을 심어줄 만한 내용을 다루는 경우도 있습니다. 수시로 매체에 노출되는 만큼, 또 아직까지 정확한 판단이 부족한 만큼 아이가 관심 있게 시청하는 영상을 확인하여 아이의 몸과 마음이 성장하는 데 도움이 되지 않는 콘텐츠는 제한해 주는 것이 부모님의 역할입니다.

또한 요즘 아이들은 단순히 영상을 시청하는 데 만족하지 않고 자신의 영상을 직접 찍어 올리기도 합니다. 그만큼 자기를 표현하고 보여 주는 데 익숙하고, 또 잘합니다.

관심 있는 분야에 대해 영상으로 기록해 두는 것은 아이가 좋아하는 분야를 정하고, 그 영역을 확대해 나가는 데 도움이 됩니다. 게다가 이런 능력은 아이의 '스펙'이 될 수도 있습니다. 특히 영상을 업로드할 때는 영상 속 인물들의 초상권과 저작권에 대해 아이가 인지할 수 있도록 해 주어야 합니다. 더불어 아이가 올린 영상이 현재 위치를 노출한 것은 아닌지도 확인해야 합니다. 영상에 달린 댓글이나 메시지에 대한 대응법도 미리 고민하는 것이 좋습니다.

과학, 역사, 코딩, 축구… 좋아하는 것에 빠지기

5학년쯤 되면 아이가 좋아하는 것에 대한 선호가 뚜렷하게 드러납니다. 그런 만큼 상대적으로 시간적인 여유가 많은 겨울방학과 학년 말 방학을 이용하여 아이가 좋아하는 것을 충분히 해 볼 수 있는 시간과 기회를 주는 것이 좋습니다.

사고의 깊이가 깊어지는 시기이므로 좋아하는 것에 대한 지식의 깊이와 수준이 저학년 때와는 확실히 다릅니다. 이 무렵 아이가 한 분야에 푹 빠질 경우 성인보다 깊고 많은 지식의 습득과 탐구가 가능할 수 있습니다. 대표적인 분야가 과학 및 공학, 코딩 그리고 역사입니다. 이러한 분야가 당장의 학교 수업 내용과는 연관 없어 보이겠지만 아이에게는 아주 의미 있는 시간과 경험이 될 수 있습니다.

아이가 이들 분야에 흥미를 보인다면 다양한 책과 체험활동을 통해 관심의 폭과 깊이를 더해갈 수 있도록 도와주세요. 여기에 혼자만의 책을 만들거나 웹사이트에 정리하는 등 습득한 지식을 정리하고 탐구한 과정을 기록해 본다면 더 의미 있는 시간이 될 것입니다.

체험 학습, 어디가 좋을까?

아이들의 발달 단계와 초등학교 커리큘럼을 바탕으로 방학 때 방문하면 좋은 교과 연계 체험 장소를 선정하였습니다. 현재 학년을 기준으로 복습의 의미로 활용하셔도 좋고, 다음 학년의 추천 장소를 보며 예습의 의미로 이용하셔도 됩니다.

체험 주제	체험 장소	체험 내용
국어	각 시도별 시티투어	5학년 1학기 '기행문을 써요' 단원에서는 여정, 견문, 감상이 드러나도록 기행문을 쓰는 방법을 배웁니다. 또 '주인공이 되어' 단원에서는 자신이 경험한 일을 이야기로 씁니다. 시도별 시티투어를 통해 즐거운 시간을 보내는 동시에 글쓰기 소재를 마련할 수 있습니다.
수학	수학박물관	제법 복잡한 수학 개념을 퀴즈나 마술 형태로 접할 수 있습니다. 수학 원리와 개념을 배우고 체험하는 의미 있는 시간이 될 것입니다.
사회	국립중앙박물관, 서대문형무소역사관, 용산전쟁기념관, 독립기념관, 대한민국역사박물관 등 역사박물관	5학년 2학기에는 고조선부터 6.25 전쟁에 이르기까지 우리나라의 역사에 대해서 배웁니다. 역사는 글로 공부하는 것보다 실제 유물 등을 보며 학습하는 것이 더 효과적입니다. 중앙박물관이나 역사박물관을 방문하여 우리나라 역사의 흐름을 살펴보고 그 시대의 생활모습을 경험하기를 추천합니다.
사회	수도국산 달동네 박물관 등 부모님, 조부모님 시절의 내용을 담은 박물관	역사박물관이라고 부르기에는 비교적 최근 내용을 담고 있는 박물관을 가족과 함께 방문하는 것도 추천합니다. 부모님이나 조부모님의 어린 시절 이야기를 듣고, 함께 가족 사진을 찍으면 좋은 추억이 될 것입니다.
과학	천문대, 항공우주박물관	5학년 1학기에는 '태양계와 별' 단원을 학습합니다. 천문대나 항공우주박물관을 방문하여 행성과 별, 별자리 등에 대해 이해하고, 보다 넓은 세상을 보게 하는 프로그램에 참여하면 좋습니다.
미술	국립현대미술관 등 미술관, 미술 전시 체험	지역별로 다양한 미술관이 있습니다. 방학 특별 프로그램을 운영하는 곳도 많고, 사진 찍기 좋도록 꾸며 놓은 전시회장도 많습니다.
실과	코딩 체험전, 코딩캠프	코딩에 관심이 있는 아이라면 사설 코딩 프로그램을 이용하는 것도 방법입니다. 코딩의 원리를 이해하고 다양한 소프트웨어를 경험할 수 있습니다.

6장

예비 중학생이 된 6학년

6학년의 특징

6학년 아이들의 전반적인 발달 특징

(1) 신체적 특징

- 슬슬 청소년기로 들어가는 단계로, 2차 성징이 일어납니다. 특히 남자 아이들의 경우 어느 정도 몸을 쓰는 신체 활동을 해 줘야 합니다. 여자 아이들에게도 신체 활동을 할 기회를 의도적으로 만들어주는 것이 좋습니다.
- 자신의 신체적 특징과 신체 이미지에 민감합니다. 다른 사람들이 자신의 외모를 판단한다고 생각해서 화장을 하는 등 외모를 열심히 꾸미기도 합니다.
- 성에 대한 관심이 많아집니다.

(2) 지적 특징

- 자신의 정체성, 진로, 교우 관계 등에 대해 다양한 고민을 합니다. 진로와 관련된 다양한 체험과 경험을 하게 해 주는 것이 좋습니다.
- 논리적인 사고 능력이 발달하면서 선생님이나 부모님의 잘못, 앞뒤가 다른 말에 대해 지적을 하기도 합니다. 이때는 아이의 말을 받아들이고 솔직하게 잘못을 인정하는 것이 좋습니다.
- 동시에 비논리적인 태도를 보이기도 합니다. 반대를 위한 반대, 반항을 위한 반항을 하기도 합니다. 이럴 때는 작고 사소한 일은 넘기고 큰 잘못을 했을 때는 아이와의 대화를 통해 합리적이고 이성적으로 해결해야 합니다.
- 아이들 간에 학업 능력, 성적 등의 차이가 많이 나타나는 만큼 공부를 기준으로 다른 친구와 자신을 비교하고, 그것으로 자신의 능력으로 단정 짓기도 합니다.
- 온라인 학습을 할 때 대체로 발표에 소극적이고, 카메라에 자신의 모습이 보이는 것을 신경 쓰며 카메라를 꺼 놓는 아이들도 있습니다.

(3) 정서적 특징

- 청소년기 아이들의 머릿속에서는 리모델링이 일어납니다. 그만큼 감정 기복이 심하고 불안정한 시기가 시작됩니다.
- 자신만의 공간과 시간이 필요합니다.
- 이성 교제를 하는 아이들도 있습니다.

(4) 사회적 특징
- 부모님이나 선생님의 영향으로부터 벗어나려는 독립성을 보입니다. 교우 관계가 중요한 시기이기 때문에 무언가를 결정하거나 말과 행동을 함에 있어 친구의 영향을 절대적으로 받습니다.

진짜 공부는 이제부터

EBS 교육프라임 〈초등 성장 보고서〉에서 초등학교 6학년 아이들이 싫어하는 부모님의 모습을 조사한 적이 있습니다. 아이들이 꼽은 네 가지 모습은 '내 성적이 나쁜 상황에서 다른 친구와 비교하며 화를 낼 때', '한 가지 실수를 했는데 다른 실수까지 가져와 혼을 낼 때', '스마트폰을 만지고 있으면 무엇을 하는지 묻지도 않고 화부터 낼 때', '이제 막 공부나 숙제를 시작하려고 하는데 빨리 하라고 닦달할 때'였습니다.

초등 고학년은 몸과 마음이 급속도로 성장하는 시기입니다. 이 시기를 어떻게 보내느냐에 따라 아이와 부모님의 향후 관계가, 그리고 아이들의 미래가 달라집니다. 게다가 이때부터 진짜 공부가 시작된다고 할 수 있습니다. 그렇다 보니 아이는 아이대로, 부모님은 부모님대로 각자의 역할이 중요합니다. 먼저 아이는 제대로 된 공부를 위해 자신의 진로를 고민해 보고, 자기주도학습을 통해 공부 내공을 닦아나가야 합니다. 부모님은 아이의 학습에 있어서 주도적인 역할을 하기보다는 한 발 물러서서 학습을 보조하는 역할을 해 주어야 합니다. 특히 아이와의 관계를 긍정적으로 유지해야 합니다. 그중에서도 가장 중요한 것은 아이를 있는 그대로 받아들이고 인정하는 것입니다. 물론 쉽지는 않을 것입니다. 도를 닦는 심정으로 아이를 대해야 하는 시기가 시작되었으니까요. 또 이때는 가급적이면 아이의 기를 죽이거나 비난하거나 탓하는 말투, 귀찮아하거나 짜증스러운 태도는 보이지 말아주시기를 당부드립니다.

학습 때문에 조급한 부모 vs. 친구 관계가 중요한 아이

"내 마음은 급한데 넌 왜 이렇게 느긋하니." "대체 언제까지 엄마가 다 해줘야 하니?"

아이와 함께하다 보면 외출 준비를 하거나 잠자리에 들 준비를 하는 사소한 일에서도 이런 생각이 들 때가 많을 것입니다. 게다가 아이가 중학교 입학을 앞둔 고학년이라면 더욱 이런 생각이 들 것입니다. 엄마는 학업과 관련된 일뿐만 아니라 진로 고민, 진학 고민 등 고민할 게 한두 가지가 아닌데, 막상 아이는 느긋해 보이니 답답하게 느껴지는 게 당연합니다.

사실 이 시기의 아이들에게는 학습도 중요하지만 교우관계가 더욱 중요합니다. '친구들이 이렇게 하자고 하는데, 불편하지만 같이 해야 할까? 싫다고 하면 날 싫어하겠지?', '인정받고 싶은 친구들 무리가 있는데 그 친구들은 나를 별로 좋아하지 않는 것 같아. 어쩌지?'와 같은 고민이 더 큽니다. 물론 어른들에게는 사소하게 느껴질 것입니다. 하지만 아이들에게는 친구가 '학교에 가고 싶은 이유'이자 '학교에 가기 싫은 이유'가 될 만큼 중요한 문제입니다. 6학년 아이들에게는 또래집단이 세상의 전부일 만큼 중요하다는 사실을 알아주세요.

더불어 이 시기의 아이들은 아직 가보지 않은 세계에 대한 막연한 두려움을 갖고 있는 경우가 있습니다. 초등학교 입학은 아무것도 모르고 했지만 중학교 입학에 관해서는 여기저기서 듣기 때문이지요. 무서운 선생님, 무서운 선후배, 새로 만날 친구들, 시험 등이 모두 아이들에게는 막연한 두려움의 대상입니다. 따라서 이 시기에는 아이가 의지할 수 있는 대상을 만들어주는 것이 꼭 필요합니다. 먼저 진학한 선배가 그 대상이 될 수도 있고, 선생님이나 부모님 역시 그 대상이 될 수 있습니다. 혹 아이가 고민을 털어놓는다면 무작정 해결해 주려고 나서거나 비난하기보다는 가장 먼저 아이의 마음에 공감해 주세요.

중학교 선택, 어떻게 하면 될까?

일반적으로 중학교는 주소지에 따라 배정됩니다. 하지만 학교별 정원이 정해져 있기 때문에 같은 아파트 단지나 동네에 산다고 해서 같은 중학교에 배정되는 것은 아닙니다. 따라서 진학할 중학교를 학생이 선택하는 것은 어렵습니다. 하지만 아이의 중학교 진학을 앞두고 이사를 고민 중이라면 진학할 학교가 어떤 특성을 가지고 있는지 파악해 둘 필요가 있습니다.

중학교는 고등학교와 달리 절대평가를 실시합니다. 90점 이상이 몇 명인지 상관없이 90점 이상이면 A등급이 됩니다. 공립 중학교의 경우 선생님들이 몇 년에 한 번씩 새로운 학교로 이동하기 때문에 학교별 수업 스타일이나 시험 문제의 특징이 비교적 뚜렷하게 드러나지 않습니다. 그러나 사립중학교의 경우 같은 선생님들이 오랜 기간 같은 학교에서 근무하는 일이 많기 때문에 학교별·과목별 특징이 드러난다고 합니다. 이 경우 인터넷 사이트 등에 올라와 있는 학교별 기출문제를 분석해 보면 학교별 특징을 파악할 수 있습니다.

그 외의 학교에 대한 정보는 학교 알리미를 통해 접할 수 있습니다. 중점적으로 실시하는 교육 활동이 무엇인지, 학교 구성원은 어떻게 되는지, 학교폭력 관련 처리는 어떻게 이루어졌는지는 물론 시험별 ABCDE 등급의 비율도 알 수 있습니다.

그렇다면 중학교의 선택 및 그에 따른 입학 준비는 어떻게 하면 될까요? 일반적으로 많이 지망하거나 진학하는 학교는 사립 또는 공립입니다. 특별한 목적을 가지고 진학하는 예술중학교나 국제중학교 같은 곳들과 달리 공립과 사립은 일반적인 교육 과정을 기본으로 합니다. 의무교육이 된 요즘은 설립 주체에 따른 학비 차이는 없습니다. 그러나 공립학교의 경우 교장선생님과 교감선생님을 비롯한 교사진이 주기적으로 교체되는 반면 사립학교의 경우에는 선생님들이 오랜 기간 근무하기 때문에 학교별 특징이 비교적 잘 드러난다는 차이가 있습니다.

예술 관련 과목들에 중점을 두고 교육 활동이 이루어지는 예술중학교도 고민해 볼 수 있습니다. 예술중학교는 예고에 진학하거나 예술 계열로 진로를 생각하고 있는 학생들이 주로 선택합니다. 선발을 위해 전공별 실기고사가 진행되며, 학교에 따라 다르지만 일반적으로 관련 시험을 본 뒤 실기고사와 면접, 그리고 생활기록부 점수를 종합하여 선발합니다. 자세한 내용은 희망하는 학교의 홈페이지에서 확인할 수 있습니다. 원서 접수 및 전형 일정이 일반 중학교 진학 일정보다 먼저 이루어지는 만큼 예술중학교 진학에 관심이 있다면 미리 담임선생님께 말씀드려 준비하는 것이 좋습니다.

국제중학교 진학도 고민해 볼 수 있습니다. 국제중학교는 국제 관계에 전문성을 갖춘 인재 양성을 목표로 하는 특성화 학교로, 중학교 교과 과정에서 가르쳐야 할 범위 내의 학습 영역을 학교에서 자유롭게 구성할 수 있습니다. 기숙학교로 운영되는 경우가 많다 보니 아이들이 자기주도적으로 학습 및 생활을 계획하고 조직해 나갈 수 있는지 여부가 적응에 가장 중요합니다. 과거에는 특목고 진학을 희망하는 학생들이 국제중학교를 많이 선택했습니다. 특목고 폐지 여부와 상관없이 아이가 보다 깊이 있는 교육을 원하고 또 진로를 위해 필요하다고 생각된다면 진학을 고려해 보는 것도 좋습니다. 전형 일정 및 단계별 비율은 학교마다 다르지만 일반적으로 추첨, 자기소개서 및 면접의 과정을 거칩니다. 이와 관련해서는 학교 홈페이지를 참고하여 담임선생님과 상의하는 것이 좋습니다. 참고로 국제중학교와 국제학교는 다릅니다. 국제학교는 유학을 보내지 않고도 한국에서 미국이나 영국 사립학교 시스템으로 교육하는 것을 목표로 설립된 학교입니다. 한국 대학교 진학도 가능하나 대개 외국 학교 진학을 목적으로 선택하는 아이들이 많습니다.

6학년, 무엇을 배울까?

    초등학교의 최고 학년이 된 6학년. 이제는 몸도 마음도 많이 성장했습니다. 부모님보다 훌쩍 키가 큰 아이도 있고, 제법 아는 것이 많아져서 어떤 분야에서는 부모님보다 더 잘 아는 모습을 보이는 아이도 있습니다.

    아이를 임신했을 때는 건강하게 태어나 주는 것이 가장 큰 바람이었을 것입니다. 처음 기관에 가던 날엔 새로운 곳에 가서 친구들과 잘 어울리고 원만하게 적응해 주기를 바라는 마음 한 가지였습니다. 초등학교 입학을 앞두고도 많은 걱정을 했을 것입니다. 하지만 막상 초등학생이 되니 엄마의 걱정과 고민을 무색하게 할 만큼 아이는 학교에 잘 적응해 주었고, 그렇게 한 해, 두 해 울고 웃으며 키우다 보니 어느새 초등학생으로서 맞는 마지막 여름방학이 되었습니다.

다시, 새로운 걱정이 시작됩니다. '6학년이면 이제 제대로 된 공부를 시켜야 하는 게 아닌가?', '초등학교 생활을 어떻게 마무리해야 하지?', '중학교에 갈 대비를 얼마나 해야 하나?', '중학교 선행은 어디까지 빼야 하지?' 초등학교 입학을 앞두고 했던 것과는 다른 내용의 고민과 걱정이 하루하루 쌓여갑니다.

4학년에서 5학년으로 진급할 때 학습 난이도가 꽤 높아지듯 5학년에서 6학년으로 올라갈 때도 학습 난이도가 많이 높아집니다. 6학년 주지 교과(국어, 수학, 사회, 과학, 영어)에서 어떤 내용을 학습하는지 확인해 보십시오.

어휘력과 독해력을 더 단단하게, 국어

1학기에는 이야기 구조(발달-전개-절정-결말)에 따라 사건의 중심 내용 간추리기, 추론(이미 아는 정보를 바탕으로 다른 판단 이끌어내기)을 활용해서 이야기를 듣거나 읽기, 글쓰기 과정 중 글을 쓸 계획하기(상황과 목적 파악하기, 쓸 내용 정하기, 표현하기) 단계를 연습하는 등의 학습을 합니다. 2학기에는 관용 표현('발이 넓다', '말꼬리를 물고 늘어지다'처럼 두 개 이상의 낱말이 합쳐져서 새로운 뜻으로 쓰이는 표현)을 활용하기, 영상 자료를 만들어서 내용 전달하기, 자신이 쓴 글을 낱말, 문장, 문단, 글 수준에서 고쳐쓰기 등을 배우게 됩니다. 난이도가 높아지는 만큼 꾸준한 독서와 스스로 생각해 보는 시간을 바탕으로 어휘력과 독해력을 키워나가야 합니다.

• 6학년 국어 교과서 단원 및 주요 학습 내용

학기	교과서	단원	주요 학습 내용
1학기	국어 (가)	1. 비유하는 표현	비유하는 표현을 살려 생각을 다양하게 표현하기
		2. 이야기를 간추려요	이야기의 구조를 생각하며 내용 간추리기
		3. 짜임새 있게 구성해요	짜임새 있게 구성하기
		4. 주장과 근거를 판단해요	주장하는 글에 담긴 내용이 타당하고 표현이 적절한지 판단하기
		5. 속담을 활용해요	속담을 활용해 자신의 생각을 효과적으로 표현하기
	국어 (나)	6. 내용을 추론해요	이야기를 듣거나 읽고 드러나지 않은 내용을 추론하기
		7. 우리말을 가꾸어요	올바른 우리말 사용을 주제로 근거를 들어 글 쓰기
		8. 인물의 삶을 찾아서	이야기에서 인물이 추구하는 가치를 파악하고 자신의 삶과 관련 짓기
		9. 마음을 나누는 글을 써요	글쓰기 과정을 생각하며 마음을 나누는 글 쓰기
2학기	국어 (가)	1. 작품 속 인물과 나	작품에 등장하는 인물의 삶을 이해하고, 인물의 삶과 자신의 삶을 관련 짓기
		2. 관용 표현을 활용해요	관용 표현을 적절하게 활용해 자신의 생각을 효과적으로 말하기
		3. 타당한 근거로 글을 써요	타당한 근거와 알맞은 자료를 활용해 논설문 쓰기
		4. 효과적으로 발표해요	다양한 매체 자료를 활용해 내용을 효과적으로 전하기
	국어 (나)	5. 글에 담긴 생각과 비교해요	글에 담긴 글쓴이의 생각을 자신의 생각과 비교하며 읽기
		6. 정보와 표현 판단하기	뉴스와 광고에서 정보의 타당성과 표현의 적절성 판단하기
		7. 글 고쳐 쓰기	글의 내용과 표현이 더 나아지도록 자신이 쓴 글을 다시 읽고 고쳐 쓰기
		8. 작품으로 경험하기	자신의 경험을 떠올리며 영화나 기행문을 감상하고 다양하게 표현하기

고학년인데도 글씨 쓰기 연습을?

쓰기 연습도 중요합니다. 일반적으로 글씨를 바르게 쓰는 연습은 초등 저학년 때만 하는 것이라고 생각하기 쉬운데, 고학년이 되어서도 해야 할 필요가 있습니다. 중등 수행평가에 글쓰기 내용이 많이 포함되기 때문입니다. 내용이 훌륭해도 글씨가 엉망이라 무슨 내용을 썼는지 알아보기 힘든 경우가 생각보다 많습니다. 특히 남자 아이들이 이런 경우가 많습니다.

내용을 잘 이해하고 평가에 착실하게 임했음에도 엉망인 글씨 때문에 좋은 점수를 받지 못한다면 속상할 것입니다. 바르고 깨끗한 글은 내용에 대한 집중력을 높여 주고, 글쓴이에 대한 호감도를 높여 줍니다. 중등 진학에 대비해서도 글씨를 바르고 깔끔하게 쓰는 연습을 해 둘 것을 추천합니다.

높아진 난이도만큼 완벽한 이해가 필요한 수학

6학년 수학에서는 1학기 '비와 비율' 단원과 2학기 '비례식과 비례 배분'을 어려워하는 아이들이 많습니다. 이 부분이 약하다면 무작정 많은 문제를 푸는 것보다 교과서의 내용을 이해하는 것이 먼저입니다. 수학 교과서와 수학 익힘책의 문제를 모두 이해하며 풀 수 있게 된 다음에 문제집이나 다른 문제를 접해야 이 부분에 대한 부담을 줄일 수 있습니다.

입체 도형에 약한 아이들은 1학기 '각기둥과 각뿔', '직육면체의 부피와 겉넓이' 단원, 2학기 '공간과 입체', '원기둥, 원뿔, 구' 단원을 힘들어합니다. 원기둥과 원뿔, 구 단원을 예로 들면, 이 단원을 학습하고 난 뒤에는 이들 도형의 성질을 이해해야 합니다. 이와 함께 원기둥의 전개도를 그리고 원기둥의 겉넓이와 부피를 구할 줄 알아야 합니다. 원뿔의 모선과 높이의 길이를 바르게 잴 수 있어야 하며, 구의 중심과 반지름도 설명할 수 있어야 합니다.

이처럼 난이도가 상당히 높아지는 만큼 도형 감각이 부족한 아이들은 이 단원이 낯설고 어렵게 느껴질 수밖에 없습니다. 그러므로 도형 및 측정 단원이 어렵다면 전개도를 그리는 연습과 이를 바탕으로 오려서 완성하는 반복 활동을 통해 머릿속으로 이 과정을 그려보아야 합니다.

쌓기 나무로 만든 입체 도형를 실제로 조작해 보는 것도 도움이 됩니다. 반대로 아이들이 다른 단원에 비해 상대적으로 쉽고 재미있게 느끼는 단원도 있는데, 그래프 부분이 그렇습니다.

- 6학년 수학 교과서 단원 및 주요 학습 내용

학기	단원	주요 학습 내용
1학기	1. 분수의 나눗셈	(분수)÷(자연수)
	2. 각기둥과 각뿔	각기둥과 각뿔의 전개도, 특징
	3. 소수의 나눗셈	(소수)÷(자연수), 몫과 소수점의 특징
	4. 비와 비율	비율, 백분율
	5. 여러 가지 그래프	그림그래프, 띠그래프, 원그래프
	6. 직육면체의 부피와 겉넓이	직육면체의 부피와 겉넓이 구하기

2학기	1. 분수의 나눗셈	(분수)÷(분수)
	2. 소수의 나눗셈	(소수)÷(소수)
	3. 공간과 입체	쌓기 나무
	4. 비례식과 비례배분	비의 성질, 비례식, 비례배분
	5. 원의 넓이	원주율, 원의 넓이 알아보기
	6. 원기둥, 원뿔, 구	원기둥, 원뿔, 구의 특징 알아보기

세계지리와 문화로 확대되는 사회

6학년 1학기가 되면 '사회가 어렵다'고 느끼는 아이들이 종종 생겨납니다. 정치나 경제 위주의 내용으로 구성되어 있기 때문에 평소 이에 관심을 갖지 않았던 아이들에게는 용어나 체계가 생소할 수밖에 없습니다. 하지만 평소 책이나 뉴스, 신문 등을 통해 정치 및 경제 관련 소식을 접하고 이에 관해 얘기를 나눠본 적이 있다면 충분히 흥미를 가질 만한 내용들입니다.

2학기가 되면 세계지리 및 문화와 관련된 내용 중심으로 학습이 이루어집니다. 이 단원은 아이들이 흥미를 가지고 접근하는 부분입니다. 이를 통해 세계의 분쟁 지역 및 갈등 상황에 놓인 나라들에 대한 공부를 하는데, 평소에 이와 관련된 뉴스에 관심을 가지고 있다면 더욱 깊이 있는 이해가 가능합니다.

모든 과목이 그렇겠지만 사회는 우리 주변에서 일어나는 일들과 가장 밀접한 관련이 있는 과목입니다. 평소에 뉴스나 신문을 통해 내 주변에서 일어나는 일, 다른 나라에서 벌어지는 일에 관심을 가지려는 노력이 필요합니다.

• 6학년 사회 교과서 단원 및 주요 학습 내용

학기	단원	주요 학습 내용
1학기	7. 우리나라의 정치 발전	민주주의의 발전과 시민 참여, 일상생활과 민주주의, 민주정치의 원리와 국가 기관의 역할
	8. 우리나라의 경제 발전	우리나라 경제 체제의 특징, 우리나라 경제의 성장, 세계 속의 우리나라 경제
2학기	2. 세계 여러 나라의 자연과 문화	지구 대륙 그리고 국가들, 세계의 다양한 삶의 모습, 우리나라와 가까운 나라들
	2. 통일 한국의 미래와 지구촌의 평화	한반도의 미래와 통일, 지구촌의 평화와 발전, 지속 가능한 지구촌

추상적이어서 어렵고 복잡해지는 과학

6학년 과학 역시 아이들의 실제 생활을 바탕으로 합니다. 하지만 구체적이고 실제적이라기보다는 추상적인 내용이 많기 때문에 아이들 입장에서는 학습 내용이 어렵고 복잡해졌다고 느낄 수 있습니다. 그러므로 학습할 때는 제시된 여러 예시를 하나의 낱말이나 문장으로 어떻게 표현할 수 있는지 핵심 용어나 문장으로 정리해 보는 연습이 필요합니다. 반대로 핵심 개념에 해당하는 예시를 여러 개로 나타내는 연습도 필요합니다.

• 6학년 과학 교과서 단원 및 주요 학습 내용

학기	단원	주요 학습 내용
1학기	9. 과학자처럼 탐구해 볼까요?	탐구 문제 정하기, 가설 세우기, 실험 계획하기, 실험하기, 실험 결과 변환 및 해석하기, 결론 내리기
	10. 지구와 달의 운동	하루 동안 태양과 달의 위치가 달라지는 까닭, 여러 날 동안 관측한 달의 모양과 위치 변화, 계절에 따라 보이는 별자리가 달라지는 까닭
	11. 여러 가지 기체	공기를 이루는 기체, 산소와 이산화탄소의 성질, 압력과 온도에 따른 기체의 부피 변화
	12. 식물의 구조와 기능	식물을 이루는 세포, 식물의 각 부분(뿌리, 줄기, 잎, 꽃, 열매)의 생김새와 하는 일, 씨가 퍼지는 방법
	13. 빛과 렌즈	프리즘을 통과한 햇빛이 흰 도화지에 나타나는 모습, 공기와 물의 경계에서 빛이 나아가는 모습, 볼록렌즈로 본 물체의 모습, 볼록렌즈의 쓰임새
2학기	3. 전기의 이용	전구에 불이 켜지는 조건, 전구의 밝기 비교, 전자석, 전기의 안전과 절약
	4. 계절의 변화	하루 동안 태양의 고도, 그림자의 길이, 기온의 관계, 계절별 태양의 남중 고도, 낮의 길이, 기온의 변화, 계절이 변하는 까닭
	5. 연소와 소화	물질이 연소할 때 필요한 조건, 초가 연소할 때 생기는 물질, 불을 끄는 방법, 화재 발생 시 대처 방법
	6. 우리 몸의 구조와 기능	우리 몸속 기관의 생김새와 기관이 하는 일, 자극이 전달되고 반응하는 과정, 운동할 때 우리 몸에 나타나는 변화
	7. 에너지와 생활	에너지의 필요성, 에너지의 형태, 에너지 전환, 에너지의 효율적 이용

중학교 입학 전에 완전 점검, 영어

영어 교과서는 출판사별로 단원의 순서는 조금씩 다르지만 어느 교과서나 배우는 내용은 비슷합니다. 6학년 영어 교과서 역시 마찬가지입니다. 학습의 기본은 교과서입니다. 복습할 때 각 단원별 의사소통 기능에 대해 듣고 말하고 읽을 수 있도록 하며, 가능하면 쓸 수 있는 수준까지 연습한다면 교과서를 완벽하게 이해했다고 할 수 있습니다.

• 6학년 영어 교과서 단원 및 주요 학습 내용

학기	단원	의사소통 기능	단원	의사소통 기능
1학기	1. I'm in the Sixth Grade	학년 묻고 답하기 -What grade are you in? -I'm in the sixth grade. 교실의 층수를 묻고 답하기 -Where is your classroom? -It's on the fourth floor.	1. What Grade Are You In?	학년 묻고 답하기 -What grade are you in? -I'm in the third grade. 동아리 묻고 답하기 -What club are you in? -I'm in the music club.
	2. I Want to Be a Pilot	장래 희망 묻고 답하기 -What do you want to be? -I want to be a photographer. 잘하는 것을 표현하는 말하기 -You're good at taking pictures.	2. Do You Know Anything About Hanok?	알고 있는지 묻고 답하기 -Do you know anything about hanok? -Yes, I do./No, I don't. 진술하기 -It's a traditional Korean house. 반복 요청하고 답하기 -What did you say? -I said wait.

학기	단원	의사소통 기능	단원	의사소통 기능
1학기	3. Let's Go swimming	활동을 제안하고 이에 답하기 - Let's go swimming. Sounds great./Sorry, I can't. I'm busy. 전화 대화하기 -Hello? -Hello, this is Jack. -May I speak to Sora? -Speaking.	3. When Is Earth Day?	날짜 묻고 답하기 -When is Earth Day? -It's April 22nd. 기대를 나타내는 말하기 -I can't wait.
	4. When is Your Birthday?	날짜를 묻고 답하기 -When is your birthday? -It's on April 28th. 기대되는 말하기 -I can't wait.	4. How Much Are These Pants?	가격 묻고 답하기 -How much are these pants? -They're forty thousand won. 도움 제안하기 -May I help you? -Yes, please.
	5. I'm Going to Plant Trees	계획을 묻고 답하기 -What are you going to do? -I'm going to plant trees. 기원하는 말하기 -Have a good time.	5. What's Wrong?	아픈 곳 묻고 답하기 -What's wrong?/ What's the -problem? -I have a headache. 아픈 증상에 대해 조언하기 -Drink warm water./ Go see a doctor./ Take some medicine./ Get some rest.
	6. I Have a Headache	아픈 곳을 묻고 답하기 -What's wrong? -I have a headache. 아픈 사람에게 조언하는 말하기 -You should go and see a doctor.	6. I'm Going to Go on a Trip	계획 묻고 답하기 -What are you going to do this summer? -I'm going to go on a trip. 만족 표현하기 -That's a good plan.
	7. What Would You Like to Have?	음식 주문 주고받기 -What would you like to have? -I'd like to have fried rice. 맛 표현하기 -It's salty.		

학기	단원	의사소통 기능	단원	의사소통 기능
2학기	8. He Has Short Straight Hair	외모를 묻거나 묘사하는 말하기 -What does he look like? -He has short straight hair. 옷차림을 묘사하는 말하기 -He's wearing a green T-shirt.	7. You Should Wear a Helmet	의무를 나타내는 말하기 -You should wear a helmet. 잊지 말아야 할 일을 알려주는 말하기 -Don't forget to stop at the red light.
			8. How Can I Get to the Museum?	특정 장소에 가는 방법 묻고 답하기 -How can I get to the museum? -Take Bus Number 4 and get off at the hospital. 건물 위치 안내하기 -It's near the bank.
	9. I'm Stronger Than You	두 대상을 비교하는 말하기 -A watermelon is bigger than a melon. 감탄하는 말하기 -How big!	9. How Often Do You Exercise?	빈도 묻고 답하기 -How often do you exercise? -Three times a week(day/month). 의견 표현하기 -I think that's good./ I don't think that's good.
	10. I Know About It	어떤 것에 관해 알고 있는지 묻기 -Do you know anything about pansori? 알고 있음과 모르고 있음을 표현하기 -Yes, I know about it./ No, I have no idea.	10. Emily Is Faster than Yuna	비교하는 질문하고 답하기 -Who(Which) is faster? -Suji is faster than Hana. 다른 사람의 의견에 반대하는 말하기 -I don't think so

학기	단원	의사소통 기능	단원	의사소통 기능
2학기	11. How Can I Get to Museum?	목적지에 갈 수 있는 교통수단을 묻고 답하기 -How can I get to the museum? -You can get there by subway. 건물 위치 안내하기 -It's between the post office and the bank.	11. Why Are Tou Happy?	감정 표현하기 -I'm happy. 감정의 이유 묻고 답하기 -Why are you happy? -Because I got a new watch. 낙담 위로하기 -Cheer up!
	12. What Do You Think?	의견을 나타내는 말하기 -This book looks interesting. 동의 여부를 묻고 답하기 -What do you think? -I think so, too./I don't think so.	12. Would You Like to Come to My Graduation?	제안하고 답하기 -Would you like to come to my graduation? -Sure, I'd love to./ Sorry, I'd love to, but I can't. 축하하기 -Congratulations.
	13. Why Are You Happy?	감정이나 상태의 이유 묻고 답하기 -Why are you happy? -Because I won the baseball game. 위로 또는 격려하는 말하기 -Cheer up./Don't worry.		
출판사: YBM(최)			출판사: 대교	

'나'에 대해 생각해 보는 여름방학

한 학기, 잘 보냈을까?

한 학기 동안 배운 내용을 잘 숙지하고 있는지 확인할 때 교과서만 한 교재가 없습니다. 어떤 문제집도 교과서만큼 많은 사람들이 오랜 시간과 공을 들여서 만들지 못합니다. 그런 만큼 국어, 수학, 영어 교과서를 다시 한 번 보면서 복습하기를 권합니다.

국어의 경우에는 교과서 내 지문을 다시 읽고 수업 시간에 선생님과 함께 정리한 해당 지문의 문제와 답을 찬찬히 읽어보기를 바랍니다. 수학은 정의와 성질을 이해하고 있는지 확인하고 해당 문제를 풀어보면서 확인하면 됩니다. 영어는 교과서에 나온 주요 단어와 문장을 모두 이해하고 있어야 합니다.

문제집으로 한 학기 내용을 복습할 때는 부모님께서 다음의 체크리스트 항목을 참고하여 아이의 내용 이해도를 점검해 보시기 바랍니다.

• 과목별 알아야 할 주요 학습 내용

과목	알아야 할 주요 학습 내용	체크하기
국어	◆ 비유하는 표현을 생각하며 시를 읽고 쓸 수 있는가?	☐
	◆ 이야기의 구조를 생각하며 내용을 간추릴 수 있는가?	☐
	◆ 짜임새 있게 구성할 수 있는가?	☐
	◆ 주장하는 글에 담긴 내용이 타당하고, 표현이 적절한지 판단할 수 있는가?	☐
	◆ 속담을 활용해서 자신의 생각을 표현할 수 있는가?	☐
	◆ 이야기를 듣거나 읽으면서 드러나지 않은 내용을 추론할 수 있는가?	☐
	◆ 올바른 우리말 사용을 주제로 근거를 들어 글을 쓸 수 있는가?	☐
	◆ 이야기에서 인물이 추구하는 가치를 파악하고 자신의 삶과 관련지을 수 있는가?	☐
	◆ 글쓰기 과정을 생각하며 마음을 나누는 글을 쓸 수 있는가?	☐
수학	◆ (분수)÷(자연수)를 할 수 있는가?	☐
	◆ 각기둥과 각뿔의 전개도를 그릴 수 있는가?	☐
	◆ 각기둥 및 각뿔의 특징을 알고 있는가?	☐
	◆ (소수)÷(자연수)를 할 수 있는가?	☐
	◆ 비율을 이용하여 크기를 비교할 수 있는가?	☐
	◆ 백분율을 이용하여 크기를 비교할 수 있는가?	☐

과목	알아야 할 주요 학습 내용	체크하기
수학	◆ 그림그래프, 띠그래프, 원그래프를 알고 있는가?	☐
	◆ 직육면체의 부피를 구할 수 있는가?	☐
	◆ 직육면체의 겉넓이를 구할 수 있는가?	☐
영어	◆ 교과서에 나온 주요 단어를 모두 읽고 뜻을 아는가?	☐
	◆ 교과서에 나온 주요 문장을 모두 읽고 뜻을 아는가?	☐

'나' 알아가기

중학생을 반 년 정도 앞둔 시기, 단순히 '나중에 어떤 직업을 갖고 싶다'라는 수준이 아닌 나의 특징, 장점과 보완할 점에 대해 진지하게 생각해 보는 시간이 필요합니다. '공부를 왜 해야 하지?'에서 '이러이러한 이유로 공부를 해야 하는구나'로 공부 의욕을 갖게 하는 것입니다.

사실 초등학생 때 진로를 정하고 '난 ○○○라는 직업을 가지고 싶으니 이렇게 공부할 거야'라는 목표를 갖기는 어렵습니다. 그보다는 내가 갈 수 있는 다양한 길이 있음을 알고, 학년이 올라갈수록 그 길의 폭이나 수를 좁혀나가면 됩니다. 중요한 것은 나를 이해하고 다양한 직업군에 대한 탐색을 통해 시야를 넓혀두는 것입니다. 직업에 대한 이해를 높일 수 있는 검사를 참고하여 아이에게 맞는 검사를 해 보고, 아이와 함께 포트폴리오를 만드는 활동을 해 보기를 권합니다.

- 나와 직업에 대한 이해를 높일 수 있는 검사

검사명	특성
홀랜드 직업흥미 검사	학생의 흥미를 분석하여 6가지 직업군 중 적절한 직업군을 살펴볼 수 있다.
직업적성검사 (EBS표준화검사)	3~6학년 대상, 인지 스타일을 검사하고 이에 따른 직업군을 살펴본다.
자기주도학습검사 (EBS표준화검사)	학업 동기, 학습 기술, 학업 정서 등 자기주도학습과 관련된 정보를 알 수 있다.
성격강점검사 (EBS표준화 검사)	지혜 및 지식, 인간애, 초월, 용기, 절제, 정의 등 아이가 가지고 있는 강점을 알 수 있다.
종합심리검사 (EBS표준화 검사)	학업, 성격, 진로 관련 기능 등과 관련해 종합적으로 알 수 있다.
커리어넷	진로흥미탐색(초등), 직업적성검사(중등) 등 각종 검사 및 직업 탐색이 가능하다.

꿀팁

나만의 진로 포트폴리오 만들기

아직 직업군이나 진로가 확실하게 정해지지 않았더라도 그동안 아이가 산출해낸 결과물이나 각종 검사결과지, 아이의 흥미 등을 포트폴리오로 구성해 두면 아이의 진로 탐색에 도움을 줄 수 있습니다. 사실 초등 저학년 때는 아이가 스스로 진로를 선택한다기보다는 어른들에 의해서, 친구에 의해서, 또는 매체에 의해서 큰 탐색 없이 진로를 결정하는 경향이 있습니다. 이러한 포트폴리오 만들기 활동은 아이가 스스로를 더 객관적으로 이해하는 데 도움을 줍니다. 나아가 특수한 목적을 가지고 있는 중고등학교나 대학에 진학할 때도 도움을 줍니다.

구분	영역	주요 학습 내용
진로 활동	진로 탐색	진로 관련 각종 검사 자료
	진로 체험	외부 진로 체험 경험
	학교 탐방	나의 진로와 관계된 학교 탐방
전공 적합성	성적 자료	단원평가, 중간평가 등 각종 성적 자료
	대회 참가	교내외 대회 참가, 수상 경력
	특별 활동	체험, 동아리, 공연 등
	독서 이력	내가 흥미롭게 읽은 책(독서 목록이나 감상문 정리)
	자격증	
	기타 교과 관련	방과후 수강, 학교 내 동아리 등
문화예술 활동	취미 특기	
	여행 견학	여행 경험, 견학 경험, 체육 경기 간담, 문화 공연 관람 등
네트워크	각종 동아리	
	sns	
리더십과 봉사	자율활동	학급 임원, 자치 활동
	봉사활동	학급 내 봉사, 교외 봉사, 교내 봉사 등

공부의 기본은 체력! 체력 기르기

　간혹 초등 고학년 중에 중학교 진학을 앞두고 국어, 영어, 수학 과목에 더 집중하기 위해 혹은 선행 학습에 더 시간을 쓰기 위해 국영수 사교육 시간은 크게 늘리는 반면 예체능과 관련된 시간은 모두 없애는 경우가 있습니다. 그런데 본격적인 공부를 시작한다는 것은 그만큼 아이가 많은 스트레스에 노출된다는 의미이기도 합니다. 예체능은 아이의 건강한 몸과 마음을 위해 꼭 필요합니다. 체력은 꾸준히 길러줘야 하고, 그래야만 나중에 아이가 하고 싶은 것을 지속할 수 있는 힘과 치고나갈 수 있는 힘이 생깁니다.

　문화체육관광부가 조사한 결과를 보면 많은 학생들이 운동의 목적에 대해 '건강 유지 및 증진'이라고 대답했습니다. 가장 선호하는 운동은 구기 및 라켓

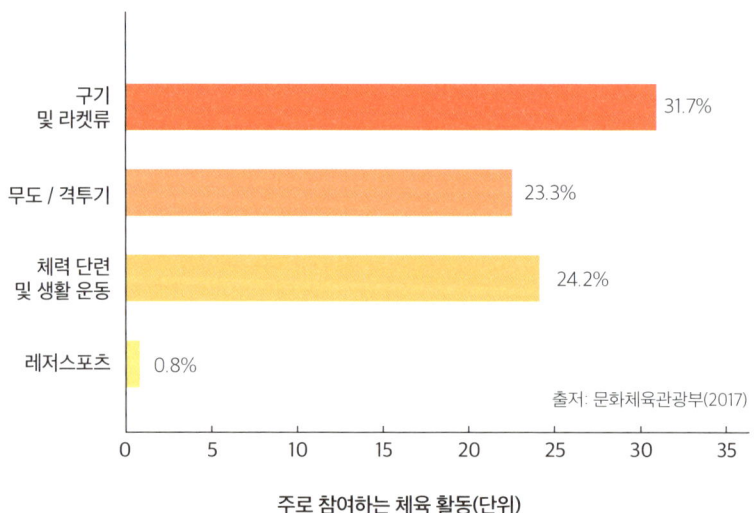

주로 참여하는 체육 활동(단위)

운동으로 나타났습니다. 이처럼 아이들은 친구들과 축구나 풋살, 배드민턴, 농구, 야구 등의 운동을 함께하며 스트레스를 풀고 있습니다. 한편 친구들과 시간을 맞춰 운동하기 어려운 경우에는 줄넘기, 요가, 필라테스, 자전거, 사이클, 체조, 발레, 인라인스케이트 등을 통해 건강한 몸과 마음을 만든다고 대답했습니다. 운동은 학년이 올라갈수록 꼭 필요합니다. 아이가 특정 운동 기능을 익혀 스스로 즐겁게 참여할 수 있도록 도와주는 것이 부모님의 역할입니다.

선행 학습 효과를 보려면…

이 무렵 학생들은 경쟁적으로 선행 진도를 자랑하는 경향이 있습니다. "너 중2해? 난 중3하는데…"라는 한마디에 마음이 급해져 현재 자신이 공부하고 있는 개념을 점검하는 것을 넘어 선행 진도를 빼는 데 조바심을 내는 경우도 많습니다. 2학년 부분에서도 말씀드렸듯이 선행이 무조건 나쁜 것만은 아닙니다. 그렇다고 선행을 꼭 해야만 하는 것도 아닙니다. 분명한 것은 현행 개념 70%와 선행 개념 70%를 가지고 있는 아이보다 현행 개념 100%, 선행 개념 30%를 가지고 있는 아이가 '현재' 시험에서는 더 높은 성적을 낸다는 것입니다. 따라서 예습과 복습의 비중을 적절히 조절하여 현재 꼭 가져가야 할 개념을 탄탄히 다지며 복습하는 것이 중요합니다.

특히 수학의 경우 진도를 빠르게 빼다 보면 현행 학습처럼 꼼꼼히 다져나갈 수가 없습니다. 그렇게 되면 아이는 그 단원의 진도를 나갈 때 '아는 부분'

이라는 생각에 집중을 덜 하거나 '두 번 들으니 지겹다'라는 생각에 소홀히 하고 넘어갈 수 있습니다. 이러한 일이 반복되면 일명 '구멍'이 생깁니다. 그리고 이렇게 되면 심화 학습이 제대로 이루어질 수 없습니다. '우리 아이는 중학교 2학년 진도를 나가고 있으니 초등 6학년 과정은 완벽하게 알고 있을 거야'라고 안심하지 말고 현재 단원에서의 성취도를 꼼꼼히 확인해야 합니다. 특히 아이가 중등 수학 진도를 나가고 있는데, 학교에서 받아오는 수학 단원 평가 점수가 낮다면 현행 진도에서 구멍이 생긴 것은 아닌지 꼭 점검해야 합니다. 선행 개념이 확립되면 현재 개념은 자연스럽게 메꿔지겠지만 그렇지 않을 경우 아이는 계속해서 그 부분에 두려움을 갖거나 자신감을 잃을 수 있으니 반드시 점검이 필요합니다.

메타인지 능력 향상을 위한 3가지 방법

메타인지란 인지에 대한 인지 즉, 내가 얼마나 알고 있는지를 이해하는 것을 의미합니다. 상위 1퍼센트 학생과 평범한 학생의 차이는 지능도, 부모의 경제력도, 부모의 학력도 아닌 메타인지의 차이라는 연구 결과도 있습니다.

메타인지가 잘 발달한 학생들은 시험을 본 뒤 자신이 생각한 예상 점수와 실제 점수가 거의 일치합니다. 자신이 잘 모르는 부분이 무엇인지, 더 공부해야 할 부분이 어디인지를 잘 파악하고 있기 때문에 같은 시간을 공부해도 더 효율적이고 효과적인 공부가 가능합니다.

메타인지를 높이고 이를 이용한 여러 가지 복습 방법을 연습하는 것은 자기주도학습에서 매우 중요합니다. 메타인지 향상에 도움이 되는 몇 가지 방법을 소개합니다.

(1) 설명하기

공부한 부분을 칠판이나 종이에 써 가면서 마치 선생님이 된 듯 소리 내어 설명하는 방법입니다. 설명을 제대로 못하거나 막히는 부분은 아이가 잘 이해하지 못했다는 뜻입니다. 반복하다 보면 스스로 자신이 어느 부분을 정확하게 이해하지 못했는지 파악할 수 있습니다.

우선 학습 내용을 설명할 수 있게 정리하는 과정이 필요합니다. 마구잡이로 말하는 것이 아니라 핵심 내용 위주로 조직화해서 설명해야 하기 때문입니다. 그런 다음 듣는 사람이 있다고 치고 혼자 설명하면서 말해 봅니다. 그 다음 부모님을 이해시키는 것을 목표로 부모님께 설명을 합니다. 이 과정에서 설명이 원활하지 않은 부분이 있다면 그 부분을 완벽하게 이해하지 못했다고 보면 됩니다.

(2) 문제 내기

출제자의 입장에서 중요한 내용이 무엇인지 생각해 보는 방법입니다. 그런 만큼 핵심 내용을 제대로 알아야 문제를 출제할 수 있습니다. 단순한 OX 문제부터 빈칸 채우기, 4지선다, 5지선다, 주관식(단답형, 한두 문장으로 답하기) 문제 등으로 연습해 보면 됩니다.

처음 몇 번은 내용에 맞는 문제인지 부모님이 확인해 주셔야 합니다. 반복하다 보면 아이가 낸 문제가 시중 문제집의 문제와 비슷해지거나 일치하는 경험을 할 수 있습니다.

(3) 백지 쓰기

가장 어렵지만 그만큼 가장 효과적인 복습 방법입니다. 사실 이 방법을 알더라도 어렵고 귀찮아서 실천하기는 쉽지 않습니다.

먼저 A4 용지 또는 공책에 오늘 배운 내용을 다 씁니다. 처음에는 생각나는 낱말들을 다 써 봅니다. 막상 쓰려고 하면 생각한 만큼 기억이 많이 나지 않고, 심지어 머릿속이 하얗게 되는 경험을 하기도 합니다. 그러다 보면 앞에 어떤 단어가 있었는지, 무슨 내용이었는지를 확인하기 위해 다시 해당 부분을 읽어보게 되는데, 이 과정에서 이해력이 높아지고 용어가 외워집니다. 그리고 이렇게 몇 번 반복하다 보면, 뒤에 쓸 백지 쓰기에 대비하여 핵심 낱말을 찾고 핵심 내용을 이해하고 기억하기 위해 더 집중하게 됩니다.

핵심 용어들을 나열하는 것이 어느 정도 익숙해지면 이제는 핵심 용어와 내용을 머릿속으로 생각하면서 얼개(목차)를 짠 다음 여기에 핵심 용어들을 적습니다. 그런 다음 그 용어를 다른 용어 또는 문장으로 설명합니다. 이때 앞의 설명하기 과정처럼 해도 효과적입니다.

3가지 모두 쉬운 방법이 아닌 만큼 첫 번째 방법부터 해 볼 것을 권합니다. 하다 보면 조금씩 익숙해져 백지 쓰기도 가능해질 것입니다.

메타인지 예시

6학년 1학기 과학〈식물의 구조와 기능〉단원에서 '뿌리와 줄기'를 배운 다음 스스로 복습하는 방법을 예를 들어보면 다음과 같습니다.

1. 설명하기

처음에는 교과서의 해당 부분을 보면서 선생님이 된 듯 소리 내어 설명합니다. 익숙해지면 책을 덮고 칠판이나 종이에 주요 낱말을 쓰거나 그림을 그리거나 숫자를 쓰면서 소리 내어 설명합니다.

2. 문제 내기

다음과 같이 뿌리, 줄기의 기능과 관련된 문제를 낼 수 있습니다.

OX문제 뿌리는 물을 흡수합니다. (O/X) 정답-O

빈칸 채우기 줄기는 식물이 쓰러지지 않도록 (   )합니다. 정답-지지/지탱

선다형 다음 중 설명이 바르지 않은 것은? 정답-4
① 뿌리는 물을 흡수한다.
② 뿌리는 땅속으로 뻗어 식물을 지지한다.
③ 줄기는 물의 이동통로가 된다.
④ 무, 고구마, 당근은 줄기에 양분을 저장한다.

주관식 1월 12일에 뿌리를 자르지 않은 양파와 뿌리를 자른 양파의 밑부분이 물에 닿도록 비커에 올려놓았습니다. 16일에 두 비커를 관찰했을 때 볼 수 있는 결과를 쓰세요.
정답-뿌리를 자르지 않은 양파 비커의 물이 더 많이 줄어들었다.

3. 백지 쓰기

배운 내용이 무엇인지 생각합니다. 내용을 확인하는 가장 좋은 방법은, 한두 소단원을 복습할 때는 그 부분의 제목을 보는 것이고, 한 단원을 복습할 때는 그 부분의 목차를 확인하면 됩니다.

> 3) 뿌리의 생김새와 하는 일을 알아볼까요?
> 4) 줄기의 생김새와 하는 일을 알아볼까요?

각 제목을 백지에 씁니다.

> 〈뿌리의 생김새와 하는 일〉
> 〈줄기의 생김새와 하는 일〉

그런 다음 책을 덮고 각 제목과 관련된 핵심 용어를 생각해서 적습니다.

> **〈뿌리의 생김새와 하는 일〉**
> 곧은 뿌리, 가는 뿌리, 수염처럼, 뿌리털, 양파 실험, 흡수, 지지, 저장
>
> **〈줄기의 생김새와 하는 일〉**
> 곧은 줄기, 감는 줄기, 기는 줄기, 껍질, 백합 실험, 이동 통로, 지지, 저장

그런 다음 설명할 수 있도록 씁니다. 낱말을 더하여 말로 설명해도 됩니다.

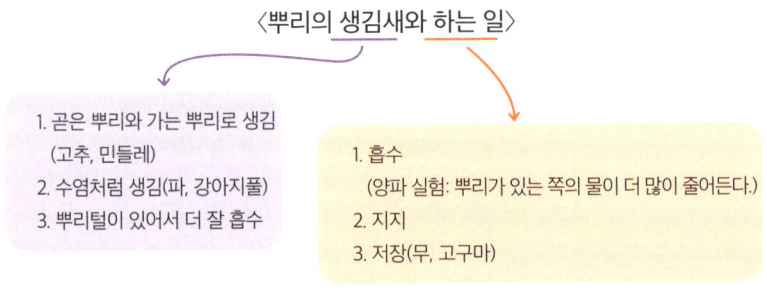

264

〈줄기의 생김새와 하는 일〉

1. 곧은 줄기(느티나무)
2. 감는 줄기(나팔꽃)
3. 기는 줄기(고구마)
4. 줄기 껍질은 식물 보호

1. 이동 통로 역할
   (백합 실험: 붉게 보이는 부분이 이동 통로)
2. 지지
3. 저장 (감자)

6년을 마무리하고 새로운 시작을 준비하는 겨울방학

한 학기, 잘 보냈을까?

초등학생으로서 맞이하는 마지막 방학입니다. 초등학교 생활을 마치는 것에 대한 아쉬움과 중학교 진학에 대한 설렘, 두려움이 동시에 몰려올 것입니다. 그런 만큼 초등 생활을 잘 마무리해야 합니다.

이번 방학에도 역시나 중요한 것은 복습입니다. 체크리스트를 참고하여 지금까지 배운 것 중 가장 어려웠던 2학기 국어, 수학, 영어의 내용 이해도를 확인해 보세요.

• 과목별 알아야 할 주요 학습 내용

과목	알아야 할 주요 학습 내용	체크하기
국어	◆ 작품에 등장하는 인물의 삶을 이해하고, 인물의 삶과 자신의 삶을 관련지을 수 있는가?	☐
	◆ 관용 표현의 뜻을 알고 적절하게 활용할 수 있는가?	☐
	◆ 타당한 근거와 알맞은 자료를 활용해 논설문을 쓸 수 있는가?	☐
	◆ 다양한 매체 자료를 활용해 내용을 효과적으로 전할 수 있는가?	☐
	◆ 글에 담긴 글쓴이의 생각을 자신의 생각과 비교하며 읽을 수 있는가?	☐
	◆ 뉴스와 광고를 보고 정보의 타당성과 표현의 적절성을 판단할 수 있는가?	☐
	◆ 자신이 쓴 글을 다시 읽고 고쳐 쓸 수 있는가?	☐
	◆ 자신의 경험과 비교하며 영화 감상문, 독서 감상문을 쓸 수 있는가?	☐
수학	◆ (분수)÷(분수)를 계산할 수 있는가?	☐
	◆ (소수)÷(소수)를 계산할 수 있는가?	☐
	◆ 쌓은 모양을 통해 쌓기 나무의 개수를 알 수 있는가?	☐
	◆ 비의 성질을 알고 있는가?	☐
	◆ 비례식을 계산할 수 있는가?	☐
	◆ 비례배분을 할 수 있는가?	☐
	◆ 원의 넓이를 구할 수 있는가?	☐
	◆ 원기둥, 원뿔, 구의 특징을 알고 있는가?	☐
영어	◆ 교과서에 나온 주요 단어를 모두 읽고 뜻을 아는가?	☐
	◆ 교과서에 나온 주요 문장을 모두 읽고 뜻을 아는가?	☐

중학생이 되어 국영수에 발목 잡히지 않으려면

여느 방학과 마찬가지로 방학 때는 그 전 학기에 배운 내용을 잘 이해하고 있는지 확인하고 필요한 부분을 복습하는 것이 중요합니다. 그 후에 다음 학기에 배울 내용을 예습하는 방식으로 방학을 활용하는 것이 좋습니다.

초등학교에서의 마지막 방학도 마찬가지입니다. 일단 6학년 때 배운 수학, 영어를 제대로 이해했는지 확인한 다음 부족한 부분을 복습해야 합니다. 기초가 제대로 다져졌는지 확인한 다음에 중학 진도로 나가는 것이 순서입니다. 다 안다는 생각, 나중에 해도 된다는 생각으로 미뤘다가는 중학교에 입학하여 당황할 수 있습니다.

모든 방학이 중요하지만 6학년 겨울방학은 특히나 중요합니다. 이 시기를 어떻게 보내느냐에 따라 중학 생활의 시작이 달라질 수 있기 때문입니다. 부모님과 아이 모두 중학교 입학을 앞두고 설레는 마음 반, 걱정스런 마음 반일 것입니다. 흔들리지 말고 차분하게 독서와 함께 수학, 영어에 구멍이 생기지 않도록 잘 마무리해야겠습니다.

자유학기제, 자유학년제 대비하기

자유학년제는 중학교 1학년 1년 동안 진로 탐색과 흥미 탐구 활동을 통해 미래의 꿈을 키우고 체험 중심 활동으로 학습에 대한 흥미와 적성을 키워주는 교육 제도입니다. 자유학기제는 원래 한 학기 동안만 시행되었으나 2018년부터는 확대하여 두 학기로 시행하고 있습니다.

중학교의 일주일 교육 과정은 교과 활동 30시간과 창의적 체험활동 2시간으로 구성되어 있습니다. 하지만 자유학년제 기간 동안에는 교과 활동 22시간과 자율 과정 12시간으로 운영됩니다. 자유학기제에는 교과 수업의 일부가 자율 과정으로 운영되고, 성적이 산출되지 않기 때문에 성적에서 벗어나 자율적으로 진로 탐색 활동을 할 수 있습니다. 보통 오전에는 국어, 영어, 수학, 과학, 기술·가정, 체육, 도덕 등의 교과 학습을 하고, 오후에는 진로 탐색 활동, 주제 선택 활동, 동아리 활동, 예술 체육 활동, 진로 활동을 합니다. 즉 교과 시간은 줄어들고 활동 수업은 늘어난다고 보면 됩니다.

자유학기제에는 기존의 암기식·주입식 방식의 교과 수업에서 벗어나 토론과 실습 중심의 참여형 수업이 이루어집니다. 자유학기제는 학생들이 자신의 흥미와 관심사를 감안하여 다양한 프로그램에 활동 수업 형태로 참여할 수 있도록 하기 위한 취지로 만들어졌습니다. 또 자유학기제 기간 동안에는 지필평가 대신 학습 과정에 초점을 둔 수행평가 중심으로 평가가 이루어집니다. 학생부의 교과 학습 발달 상황에도 학업 성취도는 기록되지 않고 세부 능력 및 특기 사항만 기재됩니다. 그런 만큼 학업에 소홀해지지 않도록 주의가 필요합니다.

그런데 많은 학생들이 자유학기제에 '시험 없는 학기'의 함정에 빠지곤 합니다. 중간고사, 기말고사 등의 지필고사가 없고 성적이 기재되지 않기 때문입니다. 안타깝게도 중학교 1학년을 허투로 보내고 시간을 낭비하는 경우가 의외로 많은데, 이는 중학교 2학년 교과에 부정적인 요인으로 작용합니다. 자유학기제, 자유학년제 동안에도 중학교 1학년 교과 학습은 정상적으로 진행되기 때문에 교과 학습과 비교과 학습의 균형을 잃어버리면 학습 습관이 깨지기 쉽습니다. 심할 경우 학습 결손으로 이어져 진도를 따라가기 어려울 수 있으니 자유학년제를 대비하여 학습 습관을 형성해 두는 것이 좋습니다.

자유학기제, 자유학년제 현명하게 활용하는 법

예습과 복습 습관 지키기

자유학기제에는 평균 8시간 정도 교과 수업이 줄어들지만 진도는 모두 나가기 때문에 수업 진도가 평소보다 빠릅니다. 그러므로 예습과 복습 습관을 지켜 수업을 잘 소화할 수 있도록 해야 합니다. 1학년의 학습 결손은 2학년부터의 본격적인 학습에 영향을 미치므로 공부 습관을 잘 지켜야 합니다.

진로탐색 활동을 통해 꿈 구체화하기

자유학기제에는 다양한 활동을 통해 자신의 꿈을 그리고, 꿈을 구체화할 수 있는 시간적인 여유가 있습니다. 시험 부담이 적으므로 자유학기제를 통해 자신의 진로를 발견하고, 자신의 꿈을 이루기 위한 공부 계획을 세우면 학습 동기에 큰 도움을 받을 수 있습니다.

참여형 수업에 적극적으로 참여하기

자유학기제에는 평소보다 발표, 토론, 프로젝트 등의 모둠형 수업이 늘어납니다. 참여형 수업에 참여하기 위해서는 교과 지식에 대한 기본 지식이 있어야 하므로 예습이 반드시 필요합니다. 기존의 수업 방식보다 더 많은 흥미와 재미를 얻으려면 교과 지식을 활용하여 수업에 더 적극적으로 참여해야 합니다.

독서를 통해 배경지식 넓히기

자신의 진로 희망 분야나 교과 연계 지식의 확장을 위해 독서만큼 좋은 것은 없습니다. 하지만 내신 관리가 필요한 시기가 되면 독서 시간이 줄어듭니다. 자유학기제를 활용하여 충분한 독서를 해 두는 것이 좋습니다.

수행평가에 대한 적응력 키우기

중학교는 지필고사와 수행평가 점수를 합산하여 평가하는 방식입니다. 중학교 1학년 수업은 주로 수행평가로 이루어지지만 2학년부터 본격적인 내신 대비를 위해 수행평가에 대한 적응력을 미리 키워두는 것이 좋습니다. 자기주도적 학습 태도와 다양한 형태의 수행평가를 대비할 수 있는 능력을 키우는 데 있어 자유학기제는 가장 좋은 기회입니다.

과목별 공부 방법 익히기

자유학기제 동안에는 정기적인 지필고사 형태의 시험은 없지만 형성평가 등의 간단한 평가는 할 수 있습니다. 다만, 성적이 산출되지 않기 때문에 학습 부담은 적습니다. 상대적으로 부족한 과목의 학습 결손을 보충할 시간적인 여유가 있는 만큼 이때 자신에게 맞는 공부 방법을 찾고 공부 습관을 형성하면 좋습니다. 한마디로, 자유학기제를 잘 활용하면 학습 능력과 학업 역량을 키우는 데 도움이 됩니다.

진학 설계 구체화하기

진로 탐색 활동을 통해 자신의 진로 목표를 세웠다면 이를 토대로 자신이 원하는 목표 대학과 전공을 정하고 학업 계획을 세워야 합니다. 특목고 또는 자사고 진학 목표가 있다면 자유학기제 기간 동안의 창의적 체험활동과 세특, 행특 등의 기록이 고입에 영향을 주므로 학생부 기록 관리에 신경 쓰는 것이 좋습니다.

중학생 선배들의 말말말

졸업생들이 가끔 학교로 찾아오면 많은 이야기를 나누게 됩니다. 아이들에게 "다시 초등학생이 된다면 무엇을 할래?"라고 물으면 다양한 대답이 나오는데, 아이들에게 도움이 될 만한 몇 가지 대답을 소개합니다.

많은 아이들이 1순위로 꼽는 것이 아이러니하게도 '독서'입니다. 초등학교 시절 내내 학교와 가정에서 강조하는 것이 '독서'인지라 독서 시간은 충분하다고 생각했는데 그것이 아니었나 봅니다. "중학생이 되니 다양한 분야의 배경지식이 더 많이 필요해요. 그런데 책 읽을 시간이 부족해요."라고 얘기합니다. 심지어 한 아이는 "부모님이 맞벌이라 바쁘시고 저희 남매가 책 읽는 걸 별로 좋아하지 않아서 독서를 많이 못했는데요. 동생한테는 꼭 독서학원 다니라고 할 거예요."라고 말했습니다.

두 번째는 '비주요 교과 소홀히 하지 않기'입니다. 음악이나 미술, 체육처럼 초등학교에서 가볍게 배웠던 과목들이 이제는 내신과 연결되니 부담스럽게 느껴진다는 하소연입니다. 사실 이들 과목은 학업으로 받는 스트레스를 풀 수 있는 하나의 돌파구이기도 합니다. 주지 과목에 집중해야 한다는 이유로, 시간이 없다는 이유로 예체능 과목에는 소홀하기 쉬운데, 중요하지 않은 과목은 없다는 걸 기억했으면 좋겠습니다.

마지막으로 꼽은 것은 '혼자 공부할 수 있는 힘'입니다. 초등학교 때는 평가의 부담이 크지 않고 평가 범위도 한 단원 정도였던지라 교과서를 복습한다거나 문제집을 풀거나 학원 스케줄을 따라가다 보면 저절로 해결되는 경우가 많습니다. 그러나 중학생이 되면 달라집니다. 공부해야 하는 과목 수도 많지만 일단 범위가 넓어지기 때문에 스스로 학습 계획을 세우고 부족한 점을 알아서 채워나가야 합니다. 한마디로 중학생이 되면 주어진 진도에 끌려가는 공부를 해서는 충분한 성취도를 보이기가 어렵습니다. 해 보지 않은 일을 하게 되면 어렵습니다. 중학생이 되어 당황하지 않도록 방학을 이용해 혼자 공부하는 연습을 해 보는 것도 중요합니다.

'학습'이라는 말은 배울 '학(學)' 자와 익힐 '습(習)' 자가 더해져 만들어진 단어입니다. 단순히 배우는 것을 넘어 다양한 독서와 자기주도학습 습관을 통해 배운 것을 온전히 내 것으로 만들 때 진정한 의미의 학습이 이루어졌다고 할 수 있습니다.

초등학생으로서의 마지막 방학을 '학습'에 집중한다면 중학생으로서의 시작이 어렵게만 다가오지는 않을 것입니다.

체험 학습, 어디가 좋을까?

아이들의 발달 단계와 초등학교 커리큘럼을 바탕으로 방학 때 방문하면 좋은 교과 연계 체험 장소를 선정하였습니다. 현재 학년을 기준으로 복습의 의미로 활용하셔도 좋고, 다음 학년의 추천 장소를 보며 예습의 의미로 이용하셔도 됩니다.

체험 주제	체험 장소	체험 내용
국어, 음악	뮤지컬, 연극, 음악관 관람	5, 6학년 국어 교과서에는 '함께 연극을 즐겨요'와 같은 단원명의 연극 단원이 실립니다. 직접 공연을 관람하면 아이의 시야를 넓혀주고 인문학적 소양을 길러줄 수 있습니다. 단, 공연을 선택할 때는 초등학생이 봐도 괜찮은지 부모님이 먼저 내용을 확인해야 합니다.
사회	경복궁, 덕수궁 등 고궁	궁 투어 프로그램을 이용하면 좀 더 쉽게 역사 공부를 할 수 있습니다. 대여 한복을 입고 예쁜 사진을 남기는 것은 또 하나의 추억입니다. 이때는 어른들이 재미있다고 느끼는 것을 아이도 재미있다고 느끼는 시기라서 즐거움을 동시에 공유할 수 있습니다.
과학	조명박물관	6학년 2학기에 학습하는 '전기의 이용' 단원과 관련됩니다. 꼭 과학 교과와 연관 짓지 않더라도 부모님과 함께 좋은 추억을 만들 수 있습니다.
체육	케이블카, 스카이워크, 모노레일 등	공부 이전에 부모님과의 돈독한 관계가 우선이라는 사실을 꼭 기억하세요. 아이가 좋아할 만한 경험을 통해 아이와 함께하는 것도 중요합니다.
체육	운동 경기장	운동 경기를 관람하는 것도 좋은 경험입니다. 평소 운동에 관심이 많은 아이에게는 더 흥미로운 시간이 될 것이고, 관심이 적은 아이에게는 해당 운동에 재미를 느끼는 계기가 될 것입니다.
직업 체험	한국잡월드	어린이뿐만 아니라 청소년(초등학교 5학년~고등학교 3학년)을 위한 직업 체험 프로그램을 운영하고 있습니다. 홈페이지에서 예약 후 이용할 수 있습니다.

부록

일기 쓰기 연습

1. 다양한 감정 표현

일기를 쓸 때 아이가 '재미있었다.', '즐거운 하루였다.' 등의 표현만 반복한다면 다른 여러 가지 표현을 모르기 때문일 가능성이 큽니다. 감정과 관련된 다양한 어휘를 알아두면 더 풍부한 내용의 일기 쓰기와 글쓰기가 가능합니다.

대표적인 감정	다양한 감정 표현 어휘
좋다	괜찮다/근사하다/아끼다/사랑하다/사랑스럽다/애지중지하다
싫다	나쁘다/밉다/얄밉다/못마땅하다/거슬리다/아니꼽다/시기하다/지긋지긋하다
기쁘다	즐겁다/반갑다/행복하다/만족하다/흡족하다/흐뭇하다/감격스럽다/통쾌하다
슬프다	속상하다/서럽다/구슬프다/우울하다/울적하다/애처롭다/침울하다
화나다	화내다/성나다/노발대발하다/욱하다/분하다/꾸짖다/섭섭하다/ 상하다

2. 주제 일기 쓰기

• 공통 주제

학년을 불문하고 자신의 글쓰기 실력에 맞춰서 쓸 수 있는 주제를 소개합니다.

대주제	소주제
나	자기 소개하기
	나의 장점 세 가지와 그 이유 쓰기
	나의 단점 세 가지와 단점을 고치는 방법에 대해 쓰기
	내가 행복한 순간들과 그 이유 쓰기

나	내가 좋아하는 음식/물건/동물/과목 세 가지와 그 이유 쓰기
	내가 (부모님께/친구들에게) 듣고 싶은 말, 듣기 싫은 말과 그 이유 쓰기
	내가 어른이 된다면 어떤 모습일지/20년 후 나의 모습 쓰기
	나에게 스트레스를 주는 것과 그 스트레스를 해소할 수 있는 방법 쓰기
가족	우리 가족 소개하는 글 쓰기
	엄마/아빠가 좋아하시는 것 세 가지 쓰기
	엄마/아빠께 감사했던 일/서운했던 일 쓰기
친구	내가 좋아하는 친구에 대해 쓰기(이름, 성격, 장점, 내가 좋아하는 이유 등)
	내가 선생님이라면 상장을 주고 싶은 친구들과 그 상의 내용과 이유 쓰기
	내가 닮고 싶은 친구가 있다면 누구이고 어떤 면을 닮고 싶은지 쓰기
	친구에게 고마웠던 일 쓰기
	친구와 친해지는 나만의 방법/노하우 소개하기
	친구와 싸우고 나서 화해하는 방법에는 무엇이 있는지 쓰기
	요즘 우리 반의 뉴스(우리 반에서 요즘 가장 유행하는 것은?) 쓰기
문학 작품 관련	계절(봄/여름/가을/겨울)을 주제로 동시 쓰기
	감명 깊게 읽은 책/감명 깊게 본 영화 소개하기
방학	이번 여름방학에 꼭 하고 싶은 일과 그 이유 쓰기
	이번 겨울방학에 꼭 하고 싶은 일과 그 이유 쓰기
	한 학년을 마치며(반성, 새로운 계획 및 다짐)
기타	나에게 요술램프가 있다면 말하고 싶은 세 가지 소원과 그 이유 쓰기
	올해 꼭 이루고 싶은 것 쓰기
	일기를 쓰는 이유 생각해 보기

• **1~2 학년용 주제**

동화책을 즐겨 읽고 상상의 세계에 자주 빠지는 저학년 아이들이 재미있게 쓸 수 있는 일기 주제를 정리했습니다.

- 유치원과 학교의 다른 점 세 가지
- 구름은 무슨 맛일까?
- 화장실에 갔는데 내가 황금으로 된 똥을 눴다면?
- 하늘에서 비/눈 대신에 음식이 내린다면?
- 내 책상은 밤에 교실에서 무슨 생각을 할까?
- 우리 반에 외계인이 전학을 온다면?
- 수도꼭지를 틀었는데 물이 아닌 초코우유가 나온다면?
- 내가 산타클로스가 된다면 누구에게 어떤 선물을 줄까?
- 내가 공룡이 될 수 있다면 어떤 공룡이 되고 싶은가?
- 내가 꾼 꿈 중에서 가장 기분 좋았던 꿈 소개하기
- 우리 가족 구성원을 동물/식물/색깔/캐릭터로 표현한다면?
- 신비한 알을 선물받았다면 어떻게 할까?
- 내가 다른 사람의 꿈에 들어갈 수 있다면 누구의, 어떤 꿈에 들어갈까?

• **3~4 학년용 주제**

생각이 점점 깊고 넓어지는 중학년에게 적합한 일기 주제입니다.

- 내가 만약 동물/식물로 태어난다면 무엇으로 태어나고 싶은지, 그 이유는 무엇인지 쓰기
- 우리 학교 운동장에서 석유를 발견했다면?
- 우리 반에 70세 할머니가 전학을 왔다면?
- 자고 일어났는데 내가 돼지가 되어 있다면?
- 외계인이 있다면 어디서 어떤 모습으로 살고 있을까?
- 사람들을 가장 행복하게 해 주는 음식은 무엇일까? 그 이유와 함께 설명해 보기
- 친구가 나에게 사실은 자신이 마법을 부릴 수 있다는 사실을 털어놓는다면?
- 엄마가 내일부터 마법학교로 전학을 가게 되었다고 말씀하신다면?

- 세상에서 가장 아름다운 낱말은 무엇일까? 그 이유와 함께 설명해 보기
- 어른이 되면 해 보고 싶은 것 세 가지 쓰기
- 책이나 영화 속 세계에서 평생을 살아야 한다면 어떤 책이나 영화를 선택할 것인지 이유와 함께 설명하기
- 하기 싫은데 억지로 하고 있는 것이 있다면?(예: 피아노 학원 다니기)
- 내가 선생님이라면 우리 반을 어떻게 운영할까?
- 전래동화의 뒷부분 자유롭게 상상하여 바꿔 써보기
- 두세 가지 낱말이 들어가게 이야기 쓰기(예: 고양이, 책)

5~6 학년용 주제

논리적으로 생각할 줄 아는 고학년에게 적합한 일기 주제입니다.

- 실시간 화상 수업을 하면서 느낀 점 쓰기
- 내가 생각하는 '좋은 친구'란?
- 왜 공부를 해야 할까? 그 이유 생각해 보기
- 초등학생의 휴대폰 사용에 대한 나의 생각은?
- 나에게 100만 원이 생긴다면 무엇을 할 것인지, 그 이유는?
- 타임머신이 있다면 가고 싶은 곳과 그 이유는?
- 만약 신문에 내 사진이 실린다면? 그 사진에 어울리는 뉴스 기사 쓰기
- 실내화로 할 수 있는 세 가지 놀이와 설명 쓰기
- 친일파에게 보내는 분노의 편지 쓰기
- 내가 일제 강점기에 태어났다면 나는 독립투사가 되었을까?
- 미래에 생길 것 같은 전염병에 대해 쓰기
- 지금껏 살면서 가장 서럽게 울었던 일에 대해 쓰기
- 코로나-19로 인해 달라진 사람들의 생활 모습에 대해 쓰기
- 지금껏 살면서 가장 많이 웃었던 일에 대해 쓰기
- 나에게 세상에서 단 한 사람을 도와줄 수 있는 능력이 생긴다면 누구를 도와줄 것인지, 그 이유는?
- 가족 중 한 사람의 입장이 되어 나에 대한 관찰일기 쓰기
- 서너 가지 낱말이 들어가게 이야기 쓰기(예: 오리, 책상, 운동장, 우산)

저학년 직업 체험 학습지

1. 직업 체험을 다녀와서 표로 정리해 보기

여러 가지 직업 가운데 가장 기억에 남는 직업 한두 가지를 골라서 정리해 보세요.

날짜		
직업 체험 장소		
체험한 직업		
이 직업을 가진 사람들이 하는 일	그림으로 나타내요	
	글로 표현해요	
이 직업을 체험하면서 느낀 점, 생각한 점		
직업 체험 난이도(별 색칠하기)		☆☆☆☆☆
이 직업을 나중에 갖고 싶은가? (별 색칠하기)		☆☆☆☆☆

2. 크로스퍼즐 만들기

① 7×7 또는 8×8 네모 칸을 그립니다.
② 문제로 넣을 직업과 그 직업에 대한 간단한 설명(한두 문장)을 추가합니다.
③ 가로, 세로 문제로 정리합니다.
④ 답안지를 만듭니다.

이 연습은 직업뿐만 아니라 다른 교과의 학습에도(복습에도) 적용할 수 있습니다.

3. 일기로 표현하기

아이의 쓰기 수준에 따라 다음 예시 문장들을 선택해서 글을 써보세요.

- 그림 그리기(그림일기의 경우 그림으로 표현)
- 글쓰기
  (직업 체험 장소   )에 갔다.
  (체험한 직업 종류 나열   ) 직업 체험을 했다.
  가장 재미있었던/ 기억에 남는 직업은 (직업   )이었다.
  왜냐하면 (그 직업이 인상 깊었던 이유   ) 때문이다.
  이 직업을 체험하면서 (직업 체험을 통해 느낀 점, 직업 체험을 하며 생각한 점, 새롭게 알게 된 점   ).

독서 감상문 쓰기 연습

독서 감상문을 쓰는 가장 중요한 목표는 바로 '독서와 생각 키우기'입니다. 감상문 쓰기가 독서보다 중요한 것이 되어서는 안 됩니다. 독서에 흥미를 잃지 않게 접근하되, 아이가 읽은 책에 대해 충분히 생각해 보고 글 쓰는 것을 목표로 해야 합니다.

1. 1단계

날짜	
책 제목	
지은이	
책 속의 낱말 10개 쓰기	

날짜	
책 제목	
지은이	
책 속의 낱말을 이용해서 끝말잇기	

2. 2단계

내가 읽은 도서 목록을 정리하는 것도 독서 습관을 기르는 데 도움이 됩니다.

날짜	책 제목	지은이	책을 읽고 느낀 점, 생각한 점, 알게 된 점 (한두 문장으로 간단하게)	이 책을 친구에게 추천하나요?	추천하는/ 추천하지 않는 이유 (한두 문장으로 간단하게)

3. 3단계

생각그물을 그려서 연습하는 방법, 익숙해지면 줄글로 연습하는 방법이 있습니다.

날짜	
책 제목	
지은이	
등장인물	
사건(있었던 일)	
느낀 점, 생각한 점, 알게 된 점	

4. 4단계

3단계 내용을 머릿속으로 또는 부모님과 대화로 정리해 본 후,

- 등장인물에게 편지 쓰기
- 일기로 표현하기
- 책의 내용을 암시하는 책 표지 꾸미기
- 결말 부분 각색해서 써보기
- 결말에 이어 나만의 이야기 붙여 써보기를 해 봅니다.

한눈에 보는 초등 수학 진도표

수학은 다른 어떤 과목보다도 위계가 중요한 과목입니다. 그래서 각 학년에서 주목해야 할 영역별 특징을 알고 있으면 아이와 부모님이 6년의 학습 로드맵을 짤 때 큰 도움이 됩니다.

			1학년	2학년	3학년
알아두면 좋은 영역별 특징	수와 연산	수	① 100까지의 수 ② 짝수와 홀수	① 네 자리 수	
		덧셈과 뺄셈	① 덧셈 도입 (몇)+(몇)=(십몇)까지 ② 뺄셈 도입 (십몇)-(몇)=(몇)까지	① 두 자리 수끼리의 덧셈과 뺄셈	① 세 자리 수끼리의 덧셈과 뺄셈
		곱셈과 나눗셈		① 곱셈 도입 (한 자리 수)×(한 자리 수)까지	① 곱셈 (몇십몇)×(몇십몇)까지 ② 나눗셈 도입 나머지가 있는 (세 자리 수)÷(한 자리 수)까지
		분수와 소수			① 분수 도입 ② 소수 도입
	도형		① 도형 도입 (네모, 세모, 동그라미, 상자 모양, 둥근 기둥 모양, 공 모양)	① 원, 삼각형, 사각형, 오각형, 육각형	① 선, 각, 직각삼각형, 직사각형, 정사각형 ② 원의 성질
	측정, 규칙성, 자료와 가능성		① 시계 보기 (몇 시, 몇 시 30분)	① 시계 보기 (몇 시 몇 분, 시간) ② 분류하기	① 자료의 정리 (표, 그림그래프)

4학년	5학년	6학년
① 큰 수 (억과 조)까지	② 약수와 배수	
① 곱셈 (세 자리 수) X (두 자리 수)까지 ② 나눗셈 (세 자리 수) ÷ (두 자리 수)까지		
① 분수의 덧셈과 뺄셈 ② 소수의 덧셈과 뺄셈 (소수 두 자리 수의 덧셈과 뺄셈) 까지	① 약분, 통분 ② 분수의 덧셈과 뺄셈 ③ 분수의 곱셈 (진분수의 곱셈)까지 ④ 소수의 곱셈 (소수x소수)까지	① 분수의 나눗셈 ② 소수의 나눗셈
① 평면도형의 이동 ② 이등변 삼각형, 정삼각형, ③ 사다리꼴, 평행사변형, 마름모, 다각형	① 합동, 대칭 ② 직육면체, 정육면체	① 각기둥, 각뿔 ② 원기둥, 원뿔, 구
① 그래프 (막대그래프, 꺾은선그래프)	① 평균, 가능성 ② 다각형의 둘레와 넓이 ③ 범위(이상, 이하, 초과 미만), 어림(올림, 버림, 반올림)	① 그래프 (그림그래프, 띠그래프, 원그래프) ② 직육면체의 부피와 겉넓이 ③ 원의 넓이 ④ 비와 비율(백분율) ⑤ 비례식, 비례배분

한눈에 보는 초등 수학 계통도

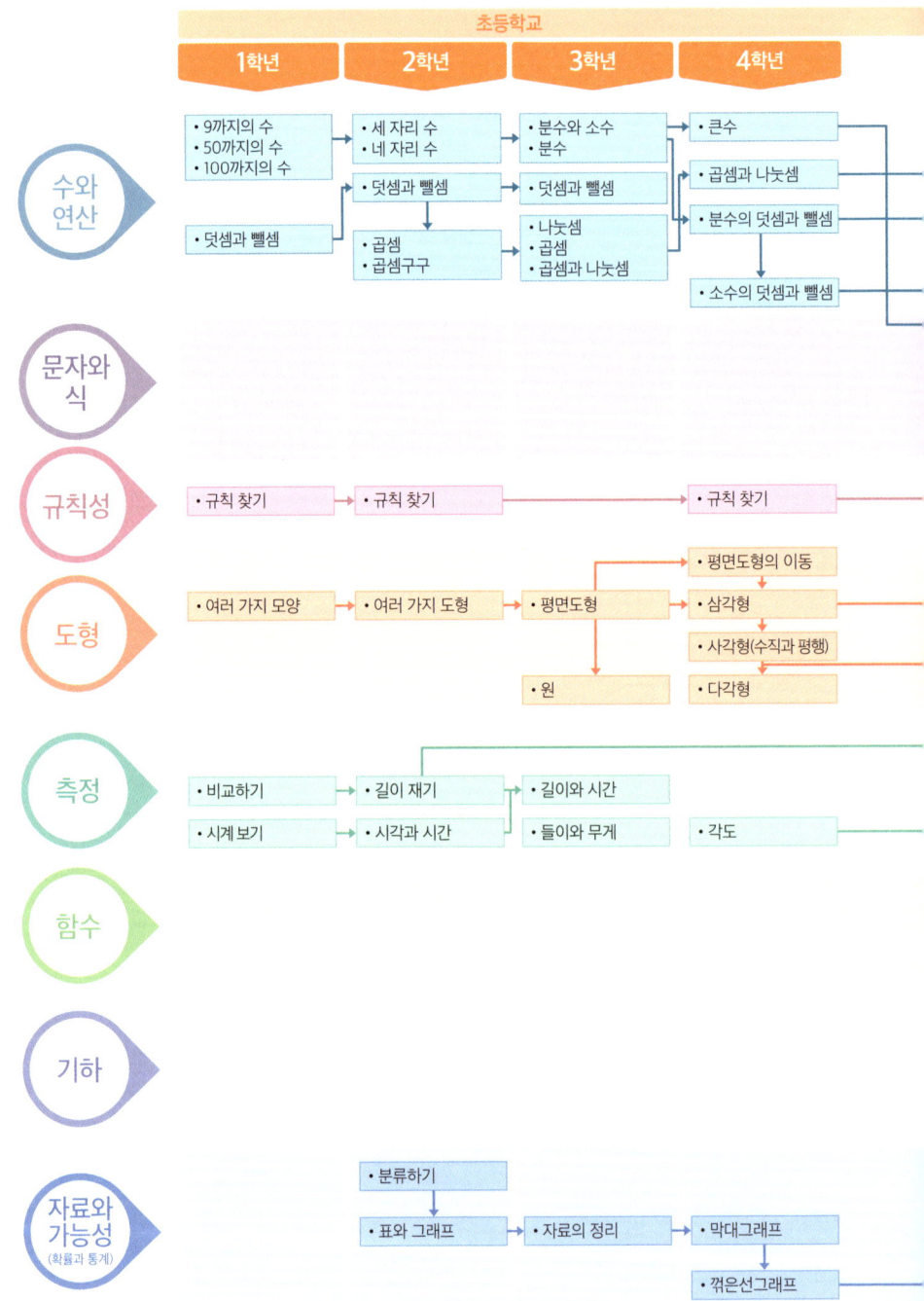

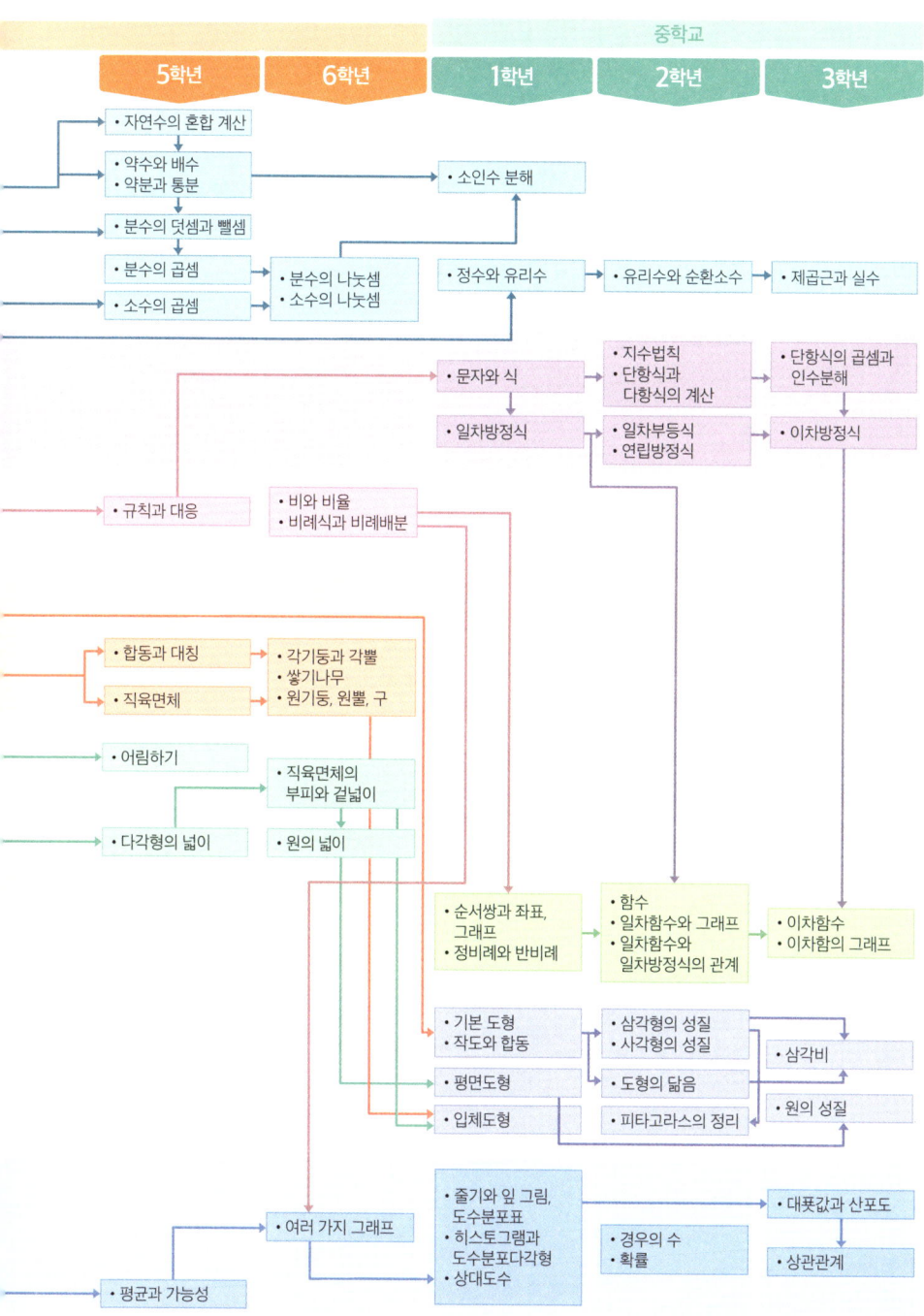

과학 보고서 쓰기 연습

　과학 보고서는 과학 실험에 대한 전체적인 이해도 및 과학적 사고력을 향상시키는 데 도움이 됩니다. 처음부터 완벽한 과학 보고서를 쓰려 하지 말고, 아이의 현재 수준에 맞는 단계를 충분히 연습한 뒤 다음 단계로 넘어가도록 합니다.

1. 1단계

실험 제목	
준비물	
실험 과정	
실험 결과	- 그림으로 표현 - 글로 표현 - 그림과 글로 표현
새로 알게 된 점, 느낀 점, 생각한 점	
궁금한 점, 더 알고 싶은 점	

2. 2단계

　실험 목적(또는 실험을 하게 된 이유)등을 추가하고, 다양한 형식으로 과학 보고서를 써 봅니다. 과학탐구 일기를 쓸 수도 있습니다.

```
(   어떤 책을 읽고 등등   )이 궁금해졌다.
(     실험 주제     )에 대해 알고 싶어졌다.
그래서 (     실험 제목     ) 실험을 했다.
준비물은 (     실험 준비물     ) 이었다.
우선 (     실험 과정을 순서대로 제시     )하고, (       )했다.
```

그 다음에는 (   ) 했다.
실험 결과 (실험 결과   )를 알 수 있었다.
이번 실험을 하면서 (알게 된 점   )를 알게 되었다. / (느낀 점   )를 느꼈다. /
(궁금한 점   )에 대해서 궁금해졌다.
다음에는 (관련된 / 다른 실험 주제 또는 제목   )에 대해서도 알아보고/실험해 보고 싶다.

3단계

가설 설정, 변인 통제와 같은 개념이 포함됩니다.

가설	
같게 해야 할 조건	
다르게 해야 할 조건	

한눈에 보는 역사 연표

시대	연대	주요 사항	세계사
선사시대	약 70만 년 전 8000년경 BC2333	구석기문화 신석기문화 단군왕검, 고조선 건국	
연맹왕국	BC2000년경 BC400년경 BC194 BC108 BC57 BC37 BC18	청동기 문화의 보급 철기문화의 보급 위만, 고조선의 왕이 됨. 고조선 멸망 신라 건국 고구려 건국 백제 건국	3500년경 메소포타미아 문명 발생 3000년경 이집트 문명 발생 2500년경 중국 문명 발생 221 진의 중국 통일 202 한의 중국 통일
삼국시대	AD 194	고구려, 진대법 실시	25 후한 성립
	260	백제(고이왕), 16관등과 공복 제정	220 후한의 멸망
	372 384	고구려, 불교 전래, 태학 설치 백제, 불교 전래	313 로마, 크리스트교 공인 395 로마 제국, 동
	27 433 475	고구려, 평양 천도 나·제 동맹 성립 백제, 웅진 천도	439 중국, 남북조 성립 476 서로마 제국 멸망 481 프랑크 왕국 건국
	503 520 527 538	신라, 국호와 왕호를 정함 신라, 율령 반포, 백관의 공복 제정 신라, 불교 공인 백제, 사비 천도	589 수, 중국 통일
	612 645 660 668 676 698	고구려, 살수 대첩 고구려, 안시성 싸움 백제 멸망 고구려 멸망 신라, 삼국 통일 발해 건국	610 이슬람교 창시 618 당의 건국 622 헤지라(이슬람 기원 원년) 645 일본, 다이카 개신
통일신라 / 발해	751 788	불국사와 석굴암 중창 시작 독서삼품과 설치	755 당, 안·사의 난
	828 834	장보고, 청해진 설치 신라, 백관의 복색 제도 공포	875 당, 황소의 난

290

시대		연대	주요 사항	세계사
통일신라	발해	900	견훤, 후백제 건국	907 당 멸망, 5대 10국의 시작 916 거란(요) 건국 960 송의 건국
		901	궁예, 후고구려 건국	
		918	왕건, 고려 건국	
		926	발해 멸망	
		935	신라 멸망	
		936	고려, 후삼국 통일	
		956	노비안검법 실시	
		958	과거제 실시	
고려		976	전시과 실시	
		992	국자감 설치	
		1019	귀주 대첩	1054 크리스트교 동서로분열 1096 십자군 전쟁(~1270)
		1076	전시과 개정, 관제 개혁	
		1107	윤관, 여진 정벌	1115 여진, 금 건국 1127 송의 강남 이동(남송성립) 1192 일본, 가마쿠라 막부 성립
		1135	묘청의 서경 천도 운동	
		1145	김부식, 삼국사기 편찬	
		1170	무신 정변	
		1198	만적의 난	
		1231	몽골의 제1차 침입	1206 칭기즈 칸, 몽골 통일 1271 원 제국 성립 1279 남송 멸망
		1232	강화 천도	
		1270	개경 환도, 삼별초의 대몽 항쟁	
		1359	홍건적의 침입(~1361)	1309 교황, 아비뇽에 유페 1338 영국·프랑스, 백년 전쟁(~1453_ 1368 원 멸망, 명 건국
		1363	문익점, 원에서 목화씨 가져옴	
		1377	최무선의 건의로 화통도감 설치 직지심체요절 인쇄	
		1388	위화도 회군	
		1389	박위, 쓰시마 섬 토벌	
		1392	고려 멸망, 조선 건국	
조선		1402	호패법 실시	1450 구텐베르크, 활판 인쇄술 시작 1453 비잔티움 제국 멸망
		1413	조선 8도의 지방 행정 조직	
		1418	세종 즉위	
		1441	측우기 제작	1492 콜럼버스, 아메리카 항로 발견
		1446	훈민정음 반포	
		1485	경국대전 완성	
		1510	3포 왜란	1517 루터의 종교 개혁 1536 칼뱅의 종교 개혁 1588 영국, 무적함대 격파
		1555	을묘왜변	
		1592	임진왜란(~1598), 한산도대첩	
		1608	경기도에 대동법 실시	1603 일본, 에도 막부 성립 1616 여진, 후금 건국 1642 영국, 청교도혁명(~1649) 1644 명 멸망, 청의 중국 통일 1688 영국, 명예혁명
		1623	인조반정	
		1627	정묘호란	
		1636	병자호란	
		1678	상평통보 주조	

시대	연대	주요 사항	세계사
조선	1708 1712 1725 1776 1784	전국적으로 대동법 실시 백두산 정계비 건립 탕평책 실시 규장각 설치 이승훈, 천주교 전도	1765 영국 와트, 증기 기관 완성 1776 미국, 독립 선언 1789 프랑스 혁명, 인권 선언
조선	1811 1860 1861 1863 1866 1871 1875 1876 1882 1884 1894 1897	홍경래의 난 최제우, 동학 창시 김정호, 대동여지도 제작 고종 즉위, 흥선대원군 집권 병인양요, 제너럴셔먼호 사건 신미양요 운요호 사건 강화도 조약 맺음 임오군란 우정국 설치, 갑신정변 동학 농민 운동, 갑오개혁 대한제국 선포	1840 청·영국, 아편 전쟁(~1842) 1850 청, 태평천국 운동 1861 미국, 남북 전쟁(~1865) 1868 일본, 메이지 유신 1869 수에즈 운하 개통 1894 청·일 전쟁(~1895) 1896 제1회 올림픽 대회 개최
대한제국	1905 1907 1910	을사조약 헤이그 특사 파견, 고종 황제 퇴위 국권 피탈	1904 러·일 전쟁(~1905) 1911 중국, 신해혁명 1912 중화민국의 성립
일제 강점기	1919 1920 1926 1932 1945	3.1 운동 김좌진, 청산리 대첩 6.10 만세 운동 이봉창·윤봉길 의거 8.15 광복	1914 제1차 세계 대전(~1918) 1917 러시아 혁명 1920 국제 연맹 성립 1929 세계 경제 공황 1939 제2차 세계 대전(~1945) 1945 일본 항복, 유엔 성립
대한민국	1948 1950 1960 1961 1963 1970 1972 1980 1987 1988 1993 1997 1998	5.10 총선거 실시, 대한민국 정부 수립 6.25 전쟁 4.19 혁명, 장면 내각 성립 5.16 군사 정변 박정희 정부 수립 새마을 운동 제창, 경부 고속 국도 개통 7.4 남북 공동 성명, 남북 적십자 회담 5.18 민주화 운동 6월 민주 항쟁 노태우 정부 수립, 제24회 서울 올림픽 대회 김영삼 정부 수립, 대전 엑스포 IMF 외환 위기 김대중 정부 수립	1950 유엔, 한국 파병 결의 1969 아폴로 11호, 달 착륙 1989 베를린 장벽 붕괴 1990 독일 통일 1995 세계 무역 기구(WTO) 출범 1997 영국, 홍콩 중국에 반환

시대	연대	주요 사항	세계사
대한민국	2000 2002 2003 2005 2006 2008 2011 2013 2017	남북 정상 회담, 6.15 남북 공동 선언 한 · 일 월드컵 축구 대회 개최 노무현 정부 수립 아시아 · 태평양 경제 협력체(APEC) 정상 회의 개최 수출 3000억 달러 돌파 이명박 정부 수립 북한, 김정일 사망 박근혜 정부 수립 문재인 정부 수립	2003 미국, 이라크 침공 2003~2013 후진타오 중국 국가 주석 재임 2009~2017 오바마 정부 2012~현재 아베 총리 대신 2013~현재 시진핑 중국 국가 주석 2017~2021 트럼프 정부 2021~ 바이든 정부

초등학생이 많이 틀리는 맞춤법

1. 어떡해 vs 어떻게 해

'어떻게'는 '어떠하다'가 줄어든 '어떻다'에 '-게'가 결합한 말입니다.
'어떡해'는 '어떻게 해'가 줄어든 말입니다.

> **문제**
> ① 너 어떻게/어떡해 그럴 수 있니?   → 어떻게
> ② 나 어떻게/어떡해?   → 어떡해

2. 되 vs 돼

되, 돼 가 들어가는 자리에 해, 하를 대체하여 넣어 보세요.
문장에 '하'를 집어넣었을 때 말이 맞다면 '되'가 들어가야 하고,
문장에 '해'를 집어넣었을 때 말이 된다면 '돼'가 들어가야 합니다.

예) 철수는 4학년이(되서/돼서) 기분이 좋다.
→ ① 철수는 4학년이 하서 기분이 좋다.
→ ② 철수는 4학년이 해서 기분이 좋다.

①번과 ②번 문장 중 어느 문장이 말이 되나요? 답은 ②번. '4학년이 돼서'가 맞춤법에 맞습니다.

> **문제**
> ① 숙제를 해야(되서/돼서) 오늘 못 놀아.   → 돼서
> ② 복도에서 뛰면 (안 되요/안 돼요).   → 안 돼요
> ③ 6학년이 (되고서/돼고서) 그는 달라졌다. → 되고서

3. 맞추다 vs 맞히다

'맞추다'는 둘 이상을 비교하여 살피거나 일정 기준에 맞게 갖다 대어 붙이다는 의미입니다. "줄을 맞추어 서다" "짝을 맞추어 춤을 추다" "시험지를 정답과 맞추어 보았다"처럼 쓸 수 있습니다. '맞히다'는 틀리지 않게 하거나 적중하다는 의미로 쓰입니다. "정답을 맞히다" "화살을 과녁에 맞히다" "아이에게 주사를 맞혔다"처럼 쓸 수 있습니다.

문제
① 문제를 낼 테니 정답을 (맞혀봐/맞춰봐). → 맞혀봐.
② 시험 끝나고 답 (맞춰보자/맞혀보자). → 맞춰보자.
③ 마지막 화살이 10점을 (맞혔다/맞추었다.) → 맞혔다.

4. 안 vs 않

'안'은 '아니'의 줄임말이며, '않'은 '아니하'의 줄임말입니다. '안'은 띄어 쓰지만 '않'은 붙여 씁니다.

문제
① 숙제를 안 했어요./않 했어요. → 안 했어요.
② 복도에서 뛰면 안 됩니다./않 됩니다. → 복도에서 뛰면 안 됩니다.
③ 숙제를 하지 안았어요./숙제를 하지 않았어요. → 숙제를 하지 않았어요.

5. 왠 vs 웬

'왠'은 '왜인'의 줄임말입니다. 즉 "오늘은 왜인지 모르게 즐겁다" 등의 표현에 쓰입니다. 그 외에는 전부 '웬'이라고 보아도 됩니다.

문제
① 오늘은 왠지/웬지 된장찌개가 먹고 싶어. → 왠지
② 네가 왠일이니?/웬일이니? → 웬일이니?
③ 왠만해선/웬만해선 그럴 일이 없을 거야. → 웬만해선

6. 대 vs 데

'대'는 다른 사람이 말한 내용을 간접적으로 전달할 때 씁니다. ('~다고 해'로 바꿨을 때 어색하지 않음)
'데'는 자기가 직접 보거나 겪은 상황을 이야기할 때 씁니다. 스스로 감탄하거나 남의 의견을 구할 때 쓰기도 합니다.

> **문제**
> ① 어제 축구 시합은 3반이 이겼대./이겼데.   → 이겼대
> ② 왜 이렇게 숙제가 많대/많데?   → 많대
> ③ 오늘 체육 시간에 축구한대./축구한데.   → 축구한대
> ④ 어제 보니 호동이가 밥을 잘 먹데./잘 먹대. → 잘 먹데

7. 그 외 헷갈리는 말

1) '틀리다'는 옳지 않다, 즉 wrong의 뜻이고,
   '다르다'는 같지 않다, 즉 different의 뜻입니다.

2) '가리키다'는 멀리 있는 사물을 가리킬 때 쓰고,
   '가르치다'는 내가 아는 걸 다른 사람에게 알려줄 때 씁니다.

> **문제**
> ① 사람들의 생각은 제 각각 틀립니다/다릅니다. → 다릅니다
> ② 선생님, 이것 좀 가르켜주세요/가르쳐주세요. → 가르쳐주세요

8. 어느 단어가 맞을까요?

> **문제**
> ① 배게/베개   → 베개   ⑥ 틈틈이/틈틈히   → 틈틈이
> ② 설겆이/설거지   → 설거지   ⑦ 바람/바램   → 바람
> ③ 김치찌개/김치찌게 → 김치찌개   ⑧ 가만히/가만이   → 가만히
> ④ 굳이/구지   → 굳이   ⑨ 새벽녁/새벽녘   → 새벽녘
> ⑤ 깨끗히/깨끗이   → 깨끗이   ⑩ 위쪽/윗쪽   → 위쪽

나의 여행 계획서

일시	월 일 요일 ~ 월 일 요일(박 일간)		
장소			
함께한 사람들			
여행의 목적			
꼭 해야 할 것			
준비물			
세부 계획 (식사 일정, 숙박 일정, 방문 일정 등)			
	시간	장소	할 일
1일차			
2일차			
3일차			
다녀와서 해야 할 일			

나의 여행 보고서

일시	월 일 요일 ~ 월 일 요일(박 일간)
장소	
함께한 사람들	
여행의 목적 (관련 교과 등)	
알게 된 점, 인상 깊었던 것	
더 알아보고 싶은 것	

초등 공책 정리법 예시

○월 ○일 ○요일

과목	사회
대단원	3. 교통과 통신 수단의 발달
주제	옛날 사람들이 통신 수단을 이용했던 모습
옛날 통신 수단의 종류	서찰, 파발, 방이 등
옛날 사람들이 소식을 전한 방법	① 직접 가서 말로 전하거나 사람을 시켜 편지를 보냄
	② 많은 사람들이 볼 수 있도록 글을 써서 붙임
전쟁 상황에서 소식을 전한 방법	① 연기를 피워 알림
	② 연을 띄움
	③ 새를 이용해 편지를 전달함
	④ 북을 크게 쳐서 알림
이러한 방법을 사용한 까닭	- 연기를 피우면 먼 곳에서도 확인할 수 있음
	- 연의 무늬로 암호를 정하면 적이 알지 못하기 때문
	- 새는 날 수 있어서 사람보다 더 빨리 소식을 전할 수 있기 때문
	- 북을 쳐서 큰 소리를 내면 많은 사람이 들을 수 있기 때문

초등학교 교과 연계 도서 및 추천 도서 목록

서울시도서관연구회가 제공한 교과 연계 도서 목록, 인천광역시 과제지원센터 운영도서관이 제공한 교과 연계 도서 목록, 교보문고가 추천한 교과 연계 도서 목록, 서울특별시교육청 어린이도서관 선정 추천 도서 목록을 참고하여 정리했습니다.

1학년

국어 연계 도서 및 추천 도서

도서명	지은이	출판사
우리는 호기심쟁이 1학년	송재환	예담프랜드
두근 두근 1학년을 부탁해	이서윤	풀빛
몰라쟁이 엄마	이태준	우리교육
라면 맛있게 먹는 법	권오삼	문학동네
글자동물원	이안	문학동네
아가 입은 앵두	서정숙	보물창고
꿀 독에 빠진 여우	안선모	보물창고
맑음이와 여우 할머니	윤여림	천개의바람
학교가 즐거울 수밖에 없는 12가지 이유	노은주	단비어린이
너는 어떻게 학교에 가?	미란타 폴, 바트스트 폴	한겨레아이들
걱정 삼킨 학교	김지연	꿈터
나도 투표했어!	마크 슈먼	토토북
나한테 말해 봐!	무라카미 시이코	한림출판사

수학 연계 도서 및 추천 도서

도서명	지은이	출판사
하요 왕자의 행복한 숫자 왕국	엣바르트 판 더 펜델	그림책공작소
열 명의 아이들이 침대에 있어요	올리히 마스케	이음
수학에 빠진 아이	미겔 탕코	나는별
발 하나는 얼마나 클까요?	롤프 마일러	이음
쉿! 신데렐라는 시계를 못 본대	고자현	동아엠앤비
1, 2학년이 꼭 읽어야 할 교과서 수학 동화	이경윤, 주세영	효리원
똑똑해지는 수학 퍼즐 1단계:1, 2학년	하이라이츠 편집부	아라미

통합교과 연계 도서 및 추천 도서

도서명	지은이	출판사
역사를 바꾼 위대한 알갱이, 씨앗	서경석	미래아이
봄 숲 봄바람 소리	우종영, 레지나	파란자전거
봄이 오는 소리	정인철	베틀북
학교가 이렇게 좋은 줄 몰랐어	윤우재	큰북작은북
내가 끓이는 생일 미역국	고은정, 안경자	철수와영희
1학년 동시 교실	김종상 외	주니어김영사
우리 가족은 정원사입니다	조안나 게인즈	나는별
곤충의 몸무게를 재 볼까?	요시타니 아키노리	한림출판사
세상에서 제일 큰 우산	에이미 준 베이츠	열린어린이
떴다, 초원 빌라	이나영, 심은정	개암나무
케인, 오늘도 잘 부탁해!	송기역, 백은주	고래이야기
김치 도감	고은정, 안경자	현암주니어
그림으로 만나는 사계절 24절기	이여희	머스트비

안전한 생활 연계 도서 및 추천 도서

도서명	지은이	출판사
우리학교 마순경: 초등학교 안전한 생활	윤미경	키큰도토리
슬기로운 안전 생활	서지원, 김소희	개암나무
(노경실 선생님이 들려주는) 교통안전	노경실	알라딘북스
녹색 아버지가 떴다	홍민정, 김미연	잇츠북어린이
나 혼자가 편한데 왜 다 같이 해야 해?	최향미, 이향, 안경희	팜파스
내가 보여?	박지희	웅진주니어
앗! 지구가 이상해요	황근기	산하
바쁘다, 바빠! 소방관 24시	엠마뉴엘 케시르 르프티	푸른숲주니어

2학년

국어 연계 도서 및 추천 도서

도서명	지은이	출판사
아홉 살 마음 사전	박성우	창비
오늘은 칭찬 받고 싶은 날!	제니퍼 K.만	라임
공부를 해야 하는 12가지 이유	김미희	단비어린이
마음이 따끔따끔	정진	좋은책어린이
밥상에 우리말이 가득하네	이미애	웅진주니어
나무는 즐거워	이기철	비룡소
콩이네 옆집이 수상하다!	천효정	문학동네
아니, 방귀 뽕나무	김은영	사계절
신발 신은 강아지	고상미	위즈덤하우스
저 풀도 춥겠다	알리시오초등학교 어린이	보리
병구는 600살	이승민	주니어RHK
마스크 벗어도 돼?	교육을 위한 여성 과학자 모임	그레이트북스
내가 하는 말이 왜 나빠?	이현주	리틀씨엔톡

수학 연계 도서 및 추천 도서

도서명	지은이	출판사
덧셈, 뺄셈 꼼짝 마라!	조성실, 김마늘	북멘토
양치기 소년은 연산을 못한대	박영란	동아엠앤비
셜록본즈와 함께하는 덧셈뺄셈 수학 추리모험	조니 막스, 존 빅우드	사파리
도형과 공간 감각	리잔 플랫, 애슐리 바론	걸음동무
동전이 열리는 나무	낸시 켈리 알렌, 아담 도일	주니어김영사
곱셈 마법에 걸린 나라	팜 캘버트, 웨인 지핸	주니어김영사
떡장수 할머니와 호랑이는 구구단을 몰라	이안, 한지연	동아엠앤비
외우지 않고 구구단이 술술술	이경희 외	마음이음
줄일까 늘릴까, 이발사의 결투	스콧 선드비, 웨인 지핸	주니어김영사
시간이 보이니?	페르닐라 스탈펠트	시금치
80일간의 퀴즈 여행	알렉산드라 아르티모프스카	보림

통합교과 연계 도서 및 추천 도서

도서명	지은이	출판사
쪽지 싸움	신은영	가문비어린이
날씨를 전해드리겠습니다	이규희, 손호경	스푼북
우리 아빠	앤서니 브라운	웅진주니어
누구일까? 식물친구	이은정	이룸아이
세상이 조용해졌어요	에두아르다 리마	봄나무
어서와! 장풍아	미소노	책읽는곰
뿡! 재미있게 터지는 방귀 속 과학 이야기	보리스 보이체홉스키	청어람아이
이웃과 함께한 멋진 하루	줄리아 듀랑고, 비앙카 디아즈	고래이야기
100년 동안 우리 마을은 어떻게 변했을까	엘렌 라세르, 질 보노트	풀과바람
행복한 허수아비	베르페리 외	북극곰
추석 전날 달밤에	천미진, 정빛나	키즈엠
세계 음식 백과사전	알레산드라 마스트란젤로	그린북

안전한 생활 연계 도서 및 추천 도서

도서명	지은이	출판사
슬기로운 안전 생활	서지원, 김소희	개암나무
탈것 백과	클라이드 기포드	비룡소
초록불, 빨간불!	김미미, 김세영	아들과딸
내 탓이 아니야!	레이프 크리스티안손, 딕 스텐베리	고래이야기
미세먼지, 어디까지 알고 있니?	신현정, 김소희	토토북
화재	박승균, 마리	다림

3학년

국어 연계 도서 및 추천 도서

도서명	지은이	출판사
엄마가 봄이었어요	나태주	문학세계사
치즈 붕붕 과자 전쟁	노혜영	주니어김영사
참 좋은 짝	손동연	푸른책들
맞춤법 띄어쓰기 따라쓰기 2, 중급편 3, 4학년	윤선아	효리원
내 이름은 푸른점	쁘띠삐에	노란돼지
수상한 선글라스	고수산나	스푼북
녹두영감과 토끼	강미애	이야기꽃
반쪽 섬	이새미	소원나무
내 친구의 좋은 점	하루	르네상스
AI 명심보감	인정림, 강정화	휴먼어린이

수학 연계 도서 및 추천 도서

도서명	지은이	출판사
그래프를 만든 괴짜	헬레인 베커	담푸스
수학 유령의 미스터리 수학	류강은	글송이
오일러, 오즈의 입체도형 마법사를 찾아라	이안	뭉치
강미선쌤의 개념 잡는 나눗셈 비법	강미선	하우매쓰앤컴퍼니
페르마, 수리수리 규칙을 찾아라	황근기	뭉치
아르키는 어림하기로 걸리버 아저씨를 구했어	김승태	뭉치
분수의 변신	에드워드 아인혼	키다리
캠핑할 때도 수학이 필요할까?	샤르탄 포스키트	사파리
부자가 된 나눗셈 소년	네이선 지머먼	주니어김영사
신통방통 도형 첫걸음	서지원	좋은책어린이
소원이 이루어지는 분수	도나 조 나폴리	주니어김영사
단위와 측정	로지 호어	어스본코리아

사회 연계 도서 및 추천 도서

도서명	지은이	출판사
여름방학, 제주	전정임	안녕로비
선사 시대의 타임캡슐, 고인돌	박윤규	푸른숲주니어
돼지책	앤서니 브라운	웅진주니어
안녕! 우리나라는 처음이지?	모이라 버터필드	라이카미
북한 친구를 추가하겠습니까?	강미진	아르볼
짚신 신고 시간여행	주설자	청개구리
세계 음식 한입에 털어 넣기	김인혜	사계절
내 스마트폰이 아프리카에 있대요	양혜원	스콜라

과학 연계 도서 및 추천 도서

도서명	지은이	출판사
동물들의 세계사: 역사를 만든 위대한 50가지 동물 이야기	벤 러윌	책과콩나무
최강왕 곤충 슈퍼 대도감	이수영	글송이
진화가 뭐예요?	앤 루니	빅북
비밀스런 동물 이야기	제임스 올스틴	노란돼지
만약 우리 집이 지구라면	엠마뉘엘 피게라	푸른숲주니어
과학은 쉽다 5. 꿈틀꿈틀 살아 숨 쉬는 지구	최영준	비룡소
깊고 깊은 바닷속으로	미셸 쿠솔리토	썬더키즈
사소한 거미책	김은정	한권의책
우리가 지켜야 할 동물들	마틴 젠킨스	북극곰
초등학생을 위한 요리 과학실험실	민재회	바이킹
별빛의 속도	콜린 스튜어트	애플트리태일즈
코로나 탐구 생활: 생활 습관에서 지구 환경까지	폴 드 리브롱, 최재천	북멘토

4학년

국어 연계 도서 및 추천 도서

도서명	지은이	출판사
송아지가 뚫어준 울타리 구멍	손춘익	웅진주니어
아름다운 꼴찌	이철환	주니어랜덤
100년 후에도 읽고 싶은 한국명작동화	한국명작동화선정위원회	예림당
오세암	정채봉	창작과비평사
가끔씩 비 오는 날	이가을	창작과비평사
정약용	김은미	비룡소
주시경	이은정	비룡소
신사임당 갤러리	이광표	그린북
콩닥콩닥 짝 바꾸는 날	강정연	시공주니어
고래를 그리는 아이	윤수천	시공주니어
잘못 뽑은 반장	이은재	주니어김영사
나 좀 내버려 둬!	박현진	길벗어린이
지각 중계석	김현욱	문학동네

수학 연계 도서 및 추천 도서

도서명	지은이	출판사
아르키는 어림하기로 걸리버 아저씨를 구했어	김승태	동아앰엔비
서울교대 스토리텔링: 수학 친구 4학년	서울교대 초등수학연구회	녹색지팡이
쌍둥이 건물 속 대칭축을 찾아라	여승현	뭉치
정교수의 파자마 수학 탐험대	정완상, 알파교육연구소	아울북
수학 유령의 미스터리 캠핑 수학	정재은	글송이
꽃잎의 개수에 담긴 수열의 비밀	계영희	뭉치
분수와 소수가 우리 집으로 들어왔다!	황혜진	생각하는아이지
수학이 정말 우리 세상 곳곳에 있다고?	후안 사비아	찰리북
한 권으로 끝내는 초등 수학사전	이경희 외	뜨인돌어린이
초등학생이 딱 알아야 할 수학 상식 이야기	김성삼	파란정원

사회 연계 도서 및 추천 도서

도서명	지은이	출판사
너는 하늘을 그려, 나는 땅을 그릴게: 김정호와 최한기의 지도이야기	설흔	토토북
우리의 유네스코 세계유산	권동화	뭉치
내일을 바꾸는 사회참여	강로사	개암나무
가야에서 보낸 하루	김향금	웅진주니어
도시야, 안녕!	디디에 코르니유	놀궁리
여기는 마실장이어라	김유리	토토북
우리 할머니는 페미니스트	이향	지학사
미래는 어떨까요?	부뤼노 골드만	개암나무
지각 중계석	김현욱	문학동네

과학 연계 도서 및 추천 도서

도서명	지은이	출판사
김범준 선생님이 들려주는 빅데이터와 물리학	김범준	우리학교
세상에서 가장 착한 초록 반려식물	한영식	아르볼
알고 보니 내 생활이 다 과학	김해보	예림당
으악! 도와줘요 과학수사대	법과학전문가 그룹	북멘토
우리는 물이야	이정모	아자
어느 작은 물방울 이야기	베아트리체 알레마냐	책빛
안녕! 지구인	마크 테어 호어스트	길벗어린이
떴다! 지식탐험대: 지층과 화석	도엽	시공주니어
선유도 공원: 시간과 물이 머무는 공간	강은희	주니어김영사

5학년

국어 연계 도서 및 추천 도서

도서명	지은이	출판사
마음의 온도는 몇 도일까요?	정여민	주니어김영사
어린이를 위한 시크릿	윤태익	살림어린이
별을 사랑하는 아이들아	윤동주	푸른책들
수일이와 수일이	김우경	우리교육
마당을 나온 암탉	황선미	사계절
가랑비 가랑가랑 가랑파 가랑가랑	정완영	사계절
참 좋은 풍경	박방희	청개구리
악플 전쟁	이규희	별숲
바다가 튕겨낸 해님	박희순	청개구리
바람소리 물소리 자연을 닮은 우리 악기	청동말굽	문학동네
딸기 우유 공약	문경민	주니어김영사
(속담으로 시작해 속담으로 끝나는) 속담책	강승임	책속물고기

수학 연계 도서 및 추천 도서

도서명	지은이	출판사
오밀조밀 세상을 만든 수학	김용준	봄볕
멋진 수학 이야기	트레이스 영, 케이티 휴웨트	그린북
약수와 배수로 유령 선장을 이긴 15소년	정명훈	뭉치
수학 천재로 만들어주는 흥미진진한 수학 놀이	마이크 골드스미스	사파리
이야기로 배우는 교과서 수학	이혜옥	거인
초등 선생님이 콕 집은 제대로 수학개념 5~6학년	장은주, 김정혜, 이지연	다락원
도형이 도리도리	샤르탄 포스키트	주니어김영사
조선시대로 간 소년 자료와 가능성을 만나다!	김혜진, 조영석	자음과 모음

사회 연계 도서 및 추천 도서

도서명	지은이	출판사
다른 사람들	미안	고래뱃속
꼼짝 마! 사이버 폭력	떼오 베네데띠	마음이음
마땅히 누려야 할 인권탐구생활	이기규	파란자전거
어린이를 위한 인권이야기	이해진	봄볕
세계를 바꾸는 착한 국제조약 이야기	서선연	북멘토
붉은 보자기	윤소희	파랑새
고려왕이 납신다	어린이역사연구회	스콜라
한국사 사건 사전	이진경	시공주니어
왕을 빛낸 참모들	신현신	해와나무
고구려를 아로새긴 비석	감일옥	개암나무
고려 역사 탐험	김은빈	뜨인돌어린이
조선왕실의 보물 의궤	유지현	토토북
내 이름은 264	고은주	아이들판
선생님! 3·1운동이 뭐예요?	배성호	철수와영희
독립운동 스타실록	최설희	상상의집
3·1운동 일기	김영숙	풀빛
태극기를 든 소녀	황동진	그레이트북스
우리나라 구석구석 지도 위 한국사	정일웅	이케이북
지워지고 잊혀진 여성독립군열전	신영란	초록비공방
최초사 박물관	김영숙	파란자전거

과학 연계 도서 및 추천 도서

도서명	지은이	출판사
전통 속에 살아 숨 쉬는 첨단 과학 이야기	윤용헌	교학사
초등학생을 위한 개념과학 150	정윤선	바이킹
지구인이 우주로 가는 방법	피에르 프랑수아 모리오	라이카미
궁금했어, 우주	유윤한	나무생각
팡팡 터지고 탁탁 튀는 엄마의 오지랖	김용희	그린북
진짜 진짜 재밌는 작은 생물 그림책	톰 잭슨	라이카미
용선생의 시끌벅적 과학실 8: 산과 염기	사회평론과학교육연구소	사회평론
야생동물은 왜 사라졌을까?	이주희	철수와영희
두 얼굴의 하늘 날씨와 재배	신방실	아르볼

6학년

국어 연계 도서 및 추천 도서

도서명	지은이	출판사
샘마을 몽당깨비	황선미	창작과비평사
이모의 꿈꾸는 집	정옥	문학과지성사
말대꾸하면 안 돼요?	배봉기	창비
백 번째 손님	김병규	세상모든책
우주 호텔	유순희	해와나무
열두 사람의 아주 특별한 동화	송재찬 외	파랑새어린이
속담 하나 이야기 하나	임덕연	산하
뻥튀기	고일	주니어이서원
등대섬 아이들	주평	신아출판사
선생님을 팝니다	카레 산토스	베틀북
뉴스 좀 제대로 알고 싶다고?	강로사	개암나무
쓸모가 없어졌다	윤미경	국민서관
13일의 단톡방	방미진	상상의집
고민을 대신 전해 드립니다	김대조	주니어김영사

수학 연계 도서 및 추천 도서

도서명	지은이	출판사
개념연결 초등수학 사전 5, 6학년	전국수학교사모임 초등수학사전팀	비아에듀
수학 선생님도 궁금한 101가지 초등 수학 질문사전	김남준	북멘토
원주율로 떠나는 오디세우스의 수학 모험	노영란	뭉치
생활에서 발견한 재미있는 수학 55	에릭 요다	뜨인돌어린이
초등수학을 결정하는 개념 총정리	최완호	사람in

사회 연계 도서 및 추천 도서

도서명	지은이	출판사
내일을 바꾸는 사회참여	강로사	개암나무
헌법을 읽는 어린이	임병도	사계절
돈 이야기	마틴 젠킨스	제제의숲
초등학생이 알아야 할 돈과 금융	에디 레이놀즈	어스본코리아
세계를 한눈에, 왁실덕실 나라축제	마츠모토 리에코	천개의바람
나와 세계	미레이아 트리우스	책읽는곰
이 책은 지구를 시원하게 해 줘요	이사벨 토마스	머스트비
무기 팔지 마세요	위기철	현북스

과학 연계 도서 및 추천 도서

도서명	지은이	출판사
궁금한 식물 이야기	해바라기	토피
지구를 부탁해	전정아	그레이트북스
용선생의 시끌벅적 과학교실 16: 기체	사회평론과학교육연구소	사회평론
오늘날의 세상을 만든 6가지 놀라운 발견	스티브 존슨	한국경제신문
어린 과학자를 위한 몸 이야기	권오길	봄나무
하루 화학	이경윤	다림
미래가 온다, 미래 에너지	김성화	와이즈만Books
미래가 온다, 로봇	김성화	와이즈만Books

공부 습관을 잡아주는
초등 방학 탐구생활

초판 1쇄   발행일   2022년 1월 25일
초판 2쇄   발행일   2022년 2월 10일

지은이   권정아 전예름
펴낸이   유성권

편집장   양선우
책임편집   윤경선   편집   신혜진 임용옥
해외저작권 정지현   홍보   최예름 정가량   디자인   박정실
마케팅   김선우 강성 최성환 박혜민 김민지
제작   장재균   물류   김성훈 강동훈

펴낸곳   ㈜이퍼블릭
출판등록   1970년 7월 28일, 제1-170호
주소   서울시 양천구 목동서로 211 범문빌딩 (07995)
대표전화   02-2653-5131 | 팩스 02-2653-2455
메일   loginbook@epublic.co.kr
포스트   post.naver.com/epubliclogin
홈페이지   www.loginbook.com

- 이 책은 저작권법으로 보호받는 저작물이므로 무단 전재와 복제를 금지하며, 이 책 내용의 전부 또는 일부를 이용하려면 반드시 저작권자와 ㈜이퍼블릭의 서면 동의를 받아야 합니다.
- 잘못된 책은 구입처에서 교환해 드립니다.
- 책값과 ISBN은 뒤표지에 있습니다.

로그인은 ㈜이퍼블릭의 어학·자녀교육·실용 브랜드입니다.